# 農泊のススメ

宮田静一

弦書房

〈カバー表・写真〉安心院町グリーンツーリズム研究会提供
作家・司馬遼太郎が日本一と絶賛した安心院盆地の景色
〈カバー裏・イラスト〉濱野繁嗣
安心院町グリーンツーリズム研究会のシンボルマーク

安心院《あじむ》の奥の奥、ユートピアな福貴野《ふきの》

旅情を誘う大分県・長洲漁港の風景

〈上〉何度見てもあきない春の安心院の風景
〈下〉山と田んぼで囲まれたのどかな農村で心のせんたくを（安心院・小平地区）

〈上〉安心院で今でも120ヘクタールあるぶどう園の秋
〈下〉ミレーの『落ち穂拾い』のような、安心院の田園風景

心を一つに田植え体験。田んぼの中では裸足が、気持ちいい

しいたけ生産日本一の大分県。5月のコマ打ち体験

巨峰ぶどうの花きり作業を説明

6月、ぶどう作業のハイライト。皆でぶどう袋かけ体験

昼食用ピザ作り体験。パンも自家製

グリーンツーリズム実践大学。家庭訪問のお迎え料理

〈上右〉 JICA（国際協力機構）の紹介で安心院にてイモ掘り体験

〈上左〉 冬期、ぶどうの枝を集めてやきいも体験

〈中〉 家族と心の交流の夕食会。一番ゆったりする時間

〈下右〉 タイからの家族旅行。日本大好き一家

〈下左〉 農業体験の中学生とのお別れ「またおいでよ」

ドイツ・アッカレン村。ぶどう畑から望む

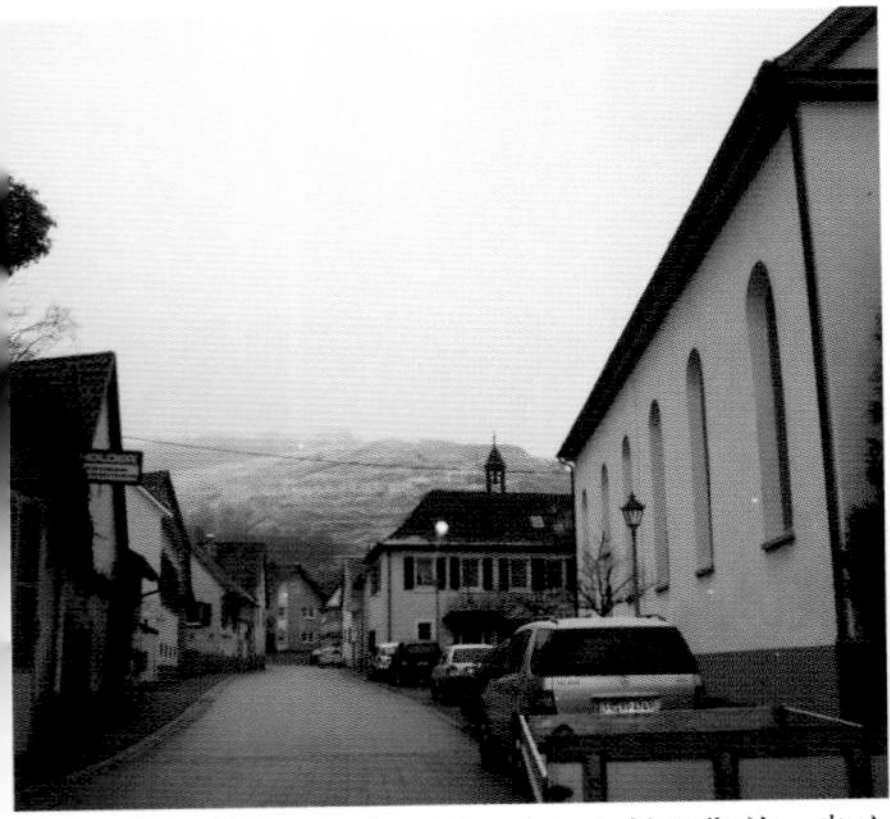

ゴミひとつ落ちていないアッカレン村の街並。歩くだけで楽しい

アッカレン村から望むぶどう畑に、うっすらと虹がさす

# 目次

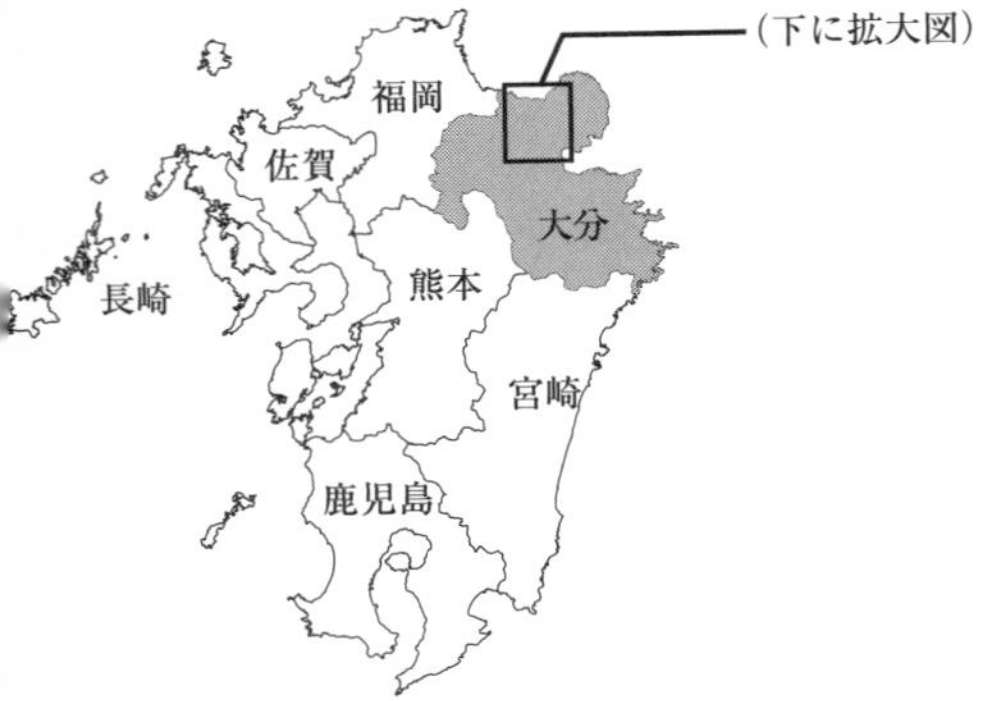


安心院《あじむ》町(大分県宇佐市)

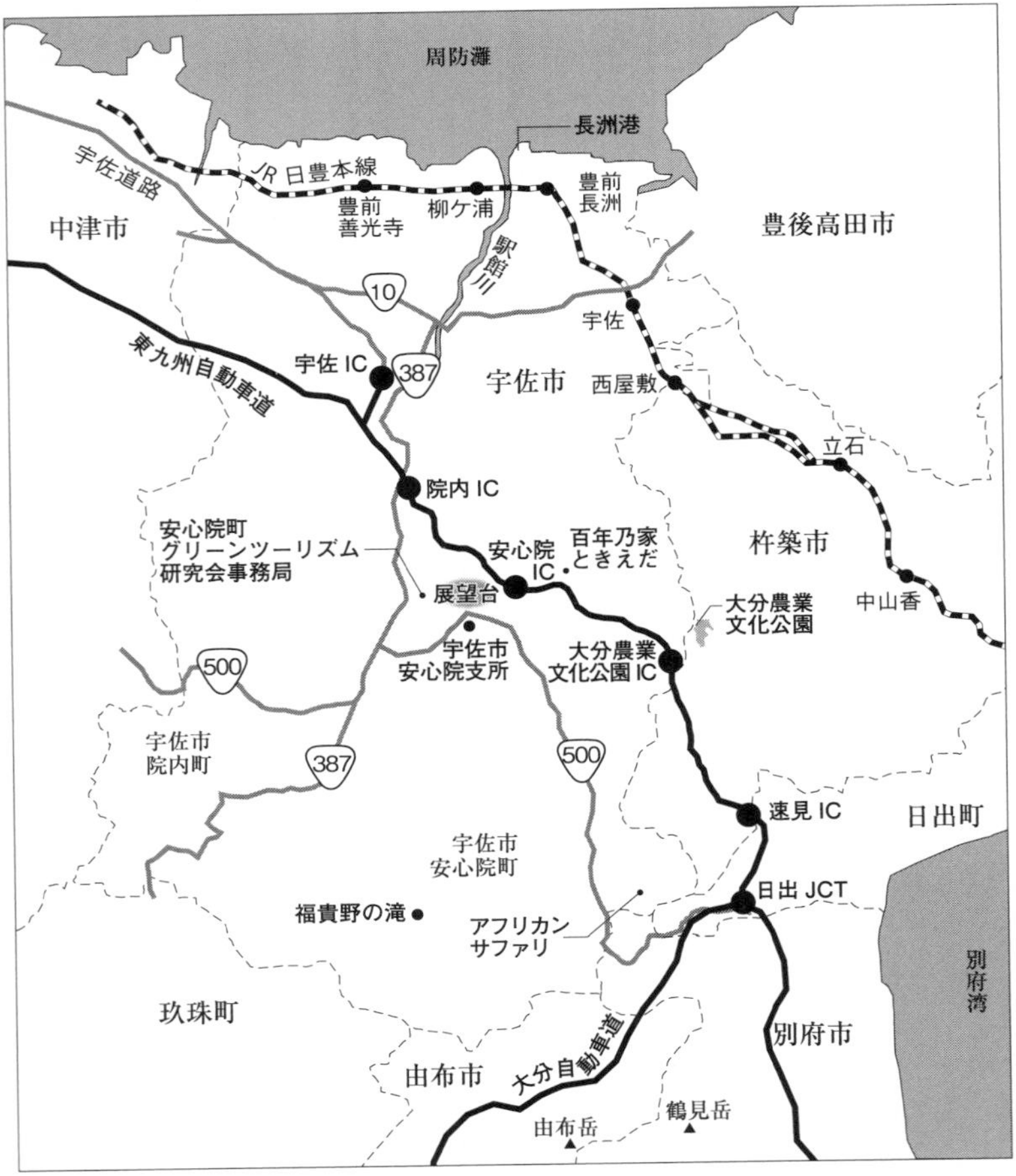

# はじめに

「おおっ！　見てみろ、電信柱がないぞ」。南西ドイツにあるブリティンゲン村ヴィンガー家に泊まり、朝もやの中、玄関のドアを開けた時の仲間の驚きの一声である。前日は夜に着いたので周りは暗くて見えなかったが、村並はおとぎ話に出てくるような石畳に、中世風の家々が自慢しあうように並んでいる。朝もやの向こうからアンデルセンが本を小脇に抱えて歩いてきそうな感じだった。

このドイツへの視察研修旅行は実は、日本で最初に農泊に取り組んだ安心院《あじむ》が、目標も教科書もないなか、目指すものを探しにヨーロッパまで出かけた次第だった。この時私は四七歳で一九九六年三月に安心院町グリーンツーリズム研究会を設立したばかりの十一月に、しかも初めての海外旅行だった。私にとって、この研修における最大のカルチャーショックは村にゴミが一つとして落ちていないことだった。村の中を流れる小川の中をのぞいてもゴミは一つも落ちていないのである。

日本に帰ってから冬の間、私はぶどう畑で剪定しているが、頭の中はゴミ一つないおしゃれなブリティンゲン村の景色が何ヶ月もの間、毎日のように浮かんできた。私は自分のブドウ畑の周辺にゴミが落ちていても気にならなかった自分が恥ずかしかった。ドイツから農泊の舞台の農村はゴミ一つ落ちていないということを学んだ。

そして、次の年、第二回目のドイツ研修旅行にも参加した。同じく南西ドイツの前年に農泊したブリティンゲン村にも近い、人口六〇〇〇人のフォークトヴルグ市を訪ねた。その後、ヨーロッパ研修は一六回続いたが、農泊先は同市のアッカレン村のイゼールさん宅とした。

二二歳で安心院町でブドウ農家になり、四七歳でグリーンツーリズム研究会を立ち上げたよそ者への風当たりは結構強いものがあった。何故そこまでするのかと思った時もあった。

それを乗り切るエネルギーをフォークトヴルグ市のシュバイツァー市長の卓話からもらった。一大産業化しているドイツの農泊を学び、ドイツと日本の基本的な政治・政策の差を知り、このまま黙って死ねぬと思ったからである。

アッカレン村に着くなり早々、市長の表敬訪問に出かけ、その後、市長によるグリーンツーリズムの全体的な卓話が三〇分くらいあった。市長の話が終わって質疑に入ると私は真っ先に手を挙げた。「どれくらいの方がグリーンツーリズムに関わっていますか?」。この質問に市長は少し間を空けて首を傾け、不思議そうに両手を広げて「一〇〇%ですよ」と言った。日本では考えられない一〇〇%だった。私の質問にあきれた市長の姿を二五年経ても思い出す。そして、この言い切った一〇〇%が私の長年の疑問だった。その疑問が解けた。答えが安心院町グリーンツーリズム研究会の設立記念講演をしていただいた津端修一先生の著書『現代ヨーロッパ農村休暇事情』の中に書いてあった。一九七三年に国の基本を農業とするドイツの第二次ブラント政権が「今後の農業政策は農村に住む人と農村に憩いと休養を求めに来るツーリズム政策とする」と国民に宣言していたのだ。国策で「農村で休暇を」と明確に打ち出したのである。市長が私の質問に呆れるはずである。

ヨーロッパでは一九六〇年代になると経済活動の成果のすべてを国民に自由時間として還元するという働き方改革の合意があった。そして各国の独自のバカンス法制定の動きのなか、一九七〇年には三週間の有給休暇、そのうち二週間は連続での取得を定めたＩＬＯ１３２号条約をヨーロッパを中心とした国々で批准しているのである。

市長の一〇〇％ですよという大前提にＩＬＯ１３２号条約の批准、いわゆるバカンス法があったからなのである。グリーンツーリズム・農泊とバカンス法はセットなのである。その後、私たちの働きかけにより、大分県議会が「バカンス法の制定を求める意見書」を二〇〇三年と二〇一三年の二回議決し、国へ提出している。

二〇一九年三月に設立した未来ある村日本農泊連合の大きな目標としてバカンス法ＩＬＯ１３２号条約の批准を掲げている。

私は二二歳の時、東京の私立大学を卒業と同時に安心院町で募集していた国営パイロット事業で三ヘクタールに五〇〇〇本のブドウ苗を植え、ブドウ農家になったのである。自分にとって一生に一度のチャンスと思ったが、母親には反対された。野球を長年やっていたので、何となくブドウ園なら体力的にやれるのではという自信があった。借金も相当つくり、失敗も何度となくしたが、自分で決めた仕事なので勇気凛々頑張れた。一九七〇年頃に安心院町では約三五〇ヘクタール・三五〇軒のブドウ農家が誕生し、その後、安心院町グリーンツーリズム研究会設立の一九九六年頃にはブドウ畑が半減していた。研究会の設立の合言葉が「ブドウの灯を消すまい」だった。そして、その年の九月の町の一大イベントであるワイン祭りに合わせて農泊はデビューしたが、実は当時の大分県宇佐振興局長の矢野孝徳さんが「安心院で実験的に農泊をさせてほしい」と保健所に掛け合っていただきスタートが切れたのである。いわゆる許可の要らない許可が出たのである。そして、当局も考えていないかっただろうが、その実験が六年も続いたことで「日本の農村の生き方を変えた農泊」の法的認知までつながったのである。

私ども農家側から見ると何故農家に人を泊めることがそんなにも大変で珍しいことなのか不思議な気もしたが、新聞各社が全面的に応援体制になっていた。一九九六年、このおかげで福岡等から三七名が訪れ八軒の家に泊まっていただいた。この、第一回目が成功し、今がある。

農泊という言葉は、安心院で自然に使われるようになっていた。一九九九年の設立三年目、当研究会主催の講演会でお呼びした当時のグリーンツーリズムの第一人者である明治大学の(故)山崎光博先生が「農泊?聞いたことがないな。脳が薄いんかな」と言っていたのを思い出す。

まさか警察は来ないだろうか、いつ保健所に踏み込まれるかと、法的認知が得られるまでは何となく不安だったが、二〇〇二年、安心院で農泊の取組が始まってから六年目に、農泊の法的認知が起こった。この時、目の先が痛くなるほど泣けた。このことが、日本における農泊の発火点になったのである。

その年、県の担当者から「宮田さん、〈農泊〉の商標を取得していないと、あなた達が使われない目にあうよ（その文言を使えなくなるよ）」という助言をいただき、「農泊」の商標登録を取得したのである。この年の前後、研究会は解散騒動が続いていた。全国的に注目の中、「なしか」と思った。私がよそ者だからと思えた。

農泊体験に訪れた子どもたちの別れ際の場面

そんな中、研究会はなくなるかもしれないので、会長個人名で「農泊」の商標を取得するべきという役員会での意見のもと、その流れから農泊の商標登録は厳密には私の個人名で取得している（商標登録 第４７２１５０７号）。それから、一五年後の二〇一八年に、農林水産省と専用使用権契約を結び、「農泊」の言葉を共有することとなった。

安心院には毎年一万人前後の方が「農泊」に訪れていたが、二〇二〇年は新型コロナウィルスの影響でほぼゼロに近い状態となった。けれども、今まで「農泊」は二五年続いている。写真は「農泊」というものを端的に表している。どんな高級ホテル・旅館でもありえない光景だ。「農泊」における心の交流はその神髄ではなかろうか。修学旅行等で「農泊」に訪れる多感な中高生に好影響を与えている。だから、家庭でも学校でもない「農泊」は「第三の教育」と言われている。

現在、「農泊」は日本全国に広がっている。この本を読まれた都市部に居住されている方、是非とも「農泊」におとずれてほしい。きっといいことがあります。

そして、この本を読まれた農村に暮らす人、「農泊」を始めてみませんか。きっと楽しくなります。

本書から「農泊」のさまざまなありようにふれていただければ幸いである。

# I

# ドイツ・アッカレンを目指して

〈前頁〉ドイツ・アッカレン村の風景

# 農泊はじまりのエピソード

## 台湾からの手紙

親愛なる宮田ご夫妻、お元気ですか。私たちは無事に台湾へ帰ってきました。振り返れば、今回の日本への旅行では、お宅にお邪魔したことが最も印象深い出来事でした。素敵な出会いを与えてくれた神様に感謝しています！

あたたかいおもてなし、奥様の美味しい手料理、そして柔らかくて暖かい布団も気持ちよかったです。本当にありがとうございました。

帰り際には、共に過ごしたのはたった一日だったにも関わらず、別れたくない気持ちがこみ上げてきました。後日必ず親友を誘って再び訪問したいと思っております。宮田様ご一家も是非台湾へ遊びにいらしてください。お待ちしております。

我々には物理的な距離を越えた友情が生まれます。おもてなしをありがとうございました。ご家族のご無事、幸多き毎日を過ごされることをお祈り申し上げます。

メリークリスマス＆ハッピーニューイヤー

台湾から家族五人で農泊に訪れた方からお礼のお手紙が届いた。ほんの一泊二日の短い期間での感動の手紙である。涙が出そうになる。

農泊におけるインバウンド（海外からの旅行者）の受け入れは経済だけでなく、心情的にもその国の人が好きになる。農泊していただいた方々とはまちがっても戦争はしない。一軒二〜四名で泊めているが、確実にコツコツと世界平和に貢献している。

インバウンドは不安定ながらも影でこうした心の交流もある。涙涙の別れや、心のこもったお礼のお手紙等、農泊は感動産業なのである。この感動は安心院方面五〇軒ある、いや全国に三〇〇〇軒ある農泊家庭での心の交流による現象だと思っている。

この感動産業の農泊は大分県の安心院町ではじまり、ヨーロッパを目標としながら、旅館業法等の法的認知を得るまで六年かかった。そして、最終目標である都市と農村を同時に救うバカンス法施行。目標までまだ途中だが、この農泊物語は安心院町のぶどう園からスタートしたのである。

## 静一はバカじゃないか

「いいかえ、わたしゃ反対だきね」。母のこの一言から私の農泊物語は始まった。

私は一九四九年生まれの、いわゆる団塊の世代である。近所には子ども達が溢れかえるほどいた。どこから出てくるんだろうかと思うほど、子どもが多かった。私の子どもの頃のあだ名は青びょうたん（黄色に熟れていない青いひょうたんの意味）、そして洗濯板、ガリ（ガリガリに痩せていた）、仮分数（頭でっかち）など。軟弱で弱々しいあだ名ばかりであった。その頃をよく知っている人は、この本を読んで、「まさか、あの泣きべその宮田ではあるまい」と、多分、私の子どもの頃を知っている誰もが思っているのではなかろうか。

小学三年生の頃、東京六大学の長嶋茂雄さんがプロ野球に華々しくデビューしたのに引かれて野球を始めるようになった。野球は大学を卒業し、ぶどう園を始めるまで続けた。というより、親に申し訳ないと思うほど野球をさせてもらった。ただ、野球をやり続けたことが、ぶどう園をやれるのではという秘かな自信につながったように思う。実家（大分県宇佐郡長洲町）は養鶏業で、一九六五年当時、一万羽の鶏を飼っていた。私は長男で何となく養鶏家になろうと思い、その関係で大学に進んで野球を主体にする生活をしていたが、三年生の夏休みに父親が「静一、もう養鶏は難しいからどこかに勤めろ」と言い出し、頭が真っ白になった。どこかに勤めるなど思いもしていなかった。

その秋、母から私の東京の下宿に電話があった。「父ちゃんが電話してみれと言うから電話するけど、安心院の町で広いぶどう園を栽培する人を募集しているけど、あんたどうするかえ」。そう伝えたものの、即座に母は、「わたしゃ反対だきね」と言う。国営パイロット事業で、土地が広すぎて地元に手を挙げる人がいなかったので公募となったそうで、全体の土地面積は約一〇ヘクタール、ぶどう畑は三ヘクタール、条件はぶどうを植えることとなっている。母の説明を聞きながら、私の心は裏腹に、一生に一度のチャンスが来たとトキメいた。そして、母の反対意見を聞くなり「そんならやるわ」という返事が自然に口から出てしまった。その話を聞いた大学の同級生も親戚も、みんなから「静一は大学まで行ってバカじゃねえか」と言われた。でも、私自身は、「みんな、なんでそんなことを言うんだろう」と思っていた。

大事な自分自身の進路を、自分で決めるのは重要なことだと思う。私の弟は五一歳で亡くなったが、内科の医者をしていた。弟が大学四年生の時、突然に「俺は兄ちゃんを恨んでいる」と言い、驚いたことがある。弟は小説家になるつもりだったが、私のアドバイスで一転、医者になろうと決めたからである。しかし、勉学途中で医者が自分に向いていないと感じたのだろう。

「何になるか」も大切だが、それより自分で決めた道を歩くことの方が充足した人生につながるのではなかろうか。たぶん、どんな道に進んでも大変だろう。だが、申し訳なかったな、という気持ちを抱きながら弟のことを思い出すにつけ、あらためて自分の好きな道を歩くこと

大学野球部時代、前列右から3番目が著者

ぶどう園開園初年、22歳の時

が何よりも大切と思える。なぜなら、好きなことに取り組んでいれば苦労も楽しくなる。この話は、全国から安心院を訪れる修学旅行の中高生には話すようにしている。

こうして、大学四年生の時、卒論「鶏のマレックス病」をまとめながら、ぶどうの苗五〇〇〇本を植え、約三ヘクタールのぶどう棚を張った。スタート時に土地関係で約一〇〇〇万円、苗代・棚張代などで一〇〇〇万円、計約二〇〇〇万円の借金をした。私のぶどう農家としての物語の第一ページは、こうしてめくられた。一九七二年のことである。

## 四百四病の病より

母の反対を押し切って始めたぶどう園だったが、野球のスパイクから地下足袋に急に変わった。体力的に野球が出来たのだから、ぶどう園は出来るだろう。安易な考えだったが実際そうだった。体力的には野球の方が総合的にきつかった。しかし、大学四年の秋から冬にかけて、三ヘクタールのぶどう園の棚張りと、ぶどうの苗植えに五ヶ月ぐらい費やした。六八キロあった体重が五八キロまで減って、頬がこけていた。でも、自分で決めてやることにはそんなことは何ともない、明日に向かって勇気凛凛燃えていた。

土地関係の一〇〇〇万円は国営パイロット事業なので、国に借りるという型だったが、棚張り資金四五〇〇万円は地元の安心院農協組合員三名の保証人が必要とあった。ある訳ないでしょうが、そういう訳にもいかない。

安心院の町から棚を張る為、同じぶどう農家のおじさん、おばさん方に働いてもらっていたがその中の三人、小野秀明さん、久保顕時さん、衛藤成さんにお願いに行ったら、五年末置きの一五年払い、四〇〇万円の保証人になっていただいた。母が「普通四〇〇万の保証人など、人はなってくれないんで」と驚いていた。

そして、二〇年が過ぎて、この御礼にお酒を持ってあいさつに伺ったら、三人が何のことかと驚いていた。

そのあと、衛藤さんには二〇回以上保証人になっていただいた。親友とか、そんな言葉でなく大恩人なのである。大恩人のおかげで今があるのである。この御恩だけは忘れたら罰が当たるだろう。

なにせ、素人が三ヘクタールに見たこともないぶどうの苗を五〇〇〇本も植え付けるのだから、いきなりもいいとこである。

土地全体は一ヵ所に一〇ヘクタールあり一番高い所から見わたすと、まさに砂漠状態で草一本も生えてなかった。しからば、まず草を植えようと思った。オーチャードやクローバなどの草の種をお米の三〇キロ袋に山盛り二袋買い、撒いて回ったのだが、ところが草の芽は出るが成長しない。何故か国のパイロット事業の天地返しのおかげで、痩せた土が上にあがってしまったのだ。ならば、土を肥やそうと我が家の養鶏業の鶏糞を手作業でトラックに積み込み、何ヶ月も一輪車でドンドン畑に撒いた。私も、私の周りも皆若かったから出来たのである。しかし、この鶏糞の入れ過ぎで植えてから四年樹の時、まともな実がほとんど付かないという大失敗となった。農業で大きな失敗をすると四～五年は生活に響くのである。失敗はしたくないが、失敗で学ぶことは多い。同じ失敗を二度せぬことが重要なのだ。

苗を植えて三年目に結婚話が出て来た。借金だらけで何の結婚かと思っていたが高校生の時からぶどう園にバイトに来て五年になる松浪保英君の「兄貴、何にもないゼロの時もらうのが一番良い」との忠告に従うことにした。ゼロならいいが、実際はかなりのマイナスなので、新婚旅行には行かないつもりだったが、母から「新婚旅行に行かなかったら一生言われるど」の忠告に従い、近場に行くことになったのである。

借金はある、子供は生まれてくる、無我夢中で必死で働いた。人に逢って話したりする時間等なかった。三二歳になるまで特に休みなど取ることもないくらい頑張った。

ある時、親しくしている地元の県議の方から「静さん、農協に別個に四五〇万借金があるって本当か」と聞かれたが、何でピッタシの金額を言い当てたのか、何で人の借金の話が世に出回るのか、どういうことなのかと不信感を持った。その他、親の信用関係で銀行五社にもリッパに借金があったが、コツコツ頑張ることで、どうにか払い終わることが出来た。

子供が四人いるが、大学が三人重なった時期があった。お金が相当かかると思いすごく緊張していた。大きな辞書を買いたいとずっと思っていたが、中々気分的に買う気持ちになれなかった。それまでは子供のお下がりの小さい辞書を使っていたのだが、実はこの一番大変な時期に買うことが出来たのである。それは、二〇年間かけて払う借金が、前年までに大口が三口ぐらい払い終わっていたのである。この借金道を極めるには自分の仕事をコツコツ頑張る以外道はないでしょう。

何といっても親のおかげと、若かったから頑張れたのだと思う。

私の入植時の昭和四〇年代に安心院町では三五〇ヘクタール、三五〇軒がぶどうの国営パイロット事業でスタートしたが、その三〇年後、ぶどう農家は半減していた。この時「ぶどうの灯を消すまい」で立ち上がったのが、安心院町のグリーンツーリズム研究会であった。危機的な状況の中での船出であった。しかし、荒れたぶどう畑がグリーンツーリズムの原点になろうとは神様しか知らなかったことである。

## 私がお金で動くと思ってるの

まさかこんな展開になるとは思いもしなかった。人の出会いで人生が変わるといわれるが、まさにその通りだった。

四人いる我が子の関係でＰＴＡ活動をしている時期があった。一九九一年当時、大分県宇佐郡の一二の小中学校が共同の講演会を開く行事があり、講師を決める会議の中で「秋山ちえ子さんを呼ぼう」と提案したが、皆から一笑に付された。当時、生活評論家の秋山さんは七二歳で、ＴＢＳ系列のラジオ番組「秋山ちえ子の談話室」（月曜から金曜まで毎日一〇分）は三五年以上続いている人気番組。秋山さんの話すことは世論になると言われるくらいの実力者であり、憧れている人やファンも多かった。もちろん私もその一人である。

だが、何せＰＴＡには予算が三万円しかなかった。秋山さんの講演料は、五〇万円かかると後で知ったが、とにかくあきらめずに手紙を書いてみることにした。夜にぶどうの仕事で疲れて書くので二週間ぐらいかかったが、やっと仕上げて送った。その後、二〇日くらい音沙汰がなかったので、やはりダメだったかと思っていたら、ある夜「東京の秋山です」と電話がかかってきた。

「私の秘書さんに断りのハガキを出すのを待っててと言っていたのに出してしまって……。一度話をしたいと思っていました」。話している中で「ご予算は？」と聞かれた。私はすぐに返答はできなかったが、しばらくして思い切って「三万円です」と答えた。

それから、電話線が熱で切れるかと思うくらい熱い沈黙がしばらく続いた後、「それならね、地元のお医者さんか、大学の先生に頼みなさい」というそっけない返事が返ってきた。

その後、私は何を言ったか覚えていないが、急に秋山さんがたんかを切るように「あなた！私がお金で動くと思ってるの！」とやおら前言をひるがえした。そして、その直後に「行きましょう。でもね、せめて足代ぐらい出さないとね」と気持ちよく言い放ったのだ。

こうして電話は終わった。次の日、「講演料は五〇万円。行けません」との秘書が出したハガキが届いた。

みんなで手作りポスターを作成し、五〇〇円のチケット一〇〇〇枚を売り上げ、中学校の体育館に八〇〇人が集まって、講演会が開かれた。講演会の中で、別府市の隣町である日出町の障がい者施設「太陽の家」の話や子育てに苦労した話の合間に、まさかと思っていたが、私の話が出たのである。三万円の予算の話、手紙の字は間違っているし、送ったぶどうはパラパラだった、などなど。さらに次の日、秋山さんが地元のOBSラジオで、私のことを面白おかしく話すので、私の名は一度に有名になった。この時突然、ぶどう畑から外の世界に引きずり出されることになったのである。

今思えばおかしいが、講演会の日、飛行場に迎えに行った私に会うなり、「あんたが宮田さん？」と言うと同時に、手に持っていたハンドバッグをポイと手渡し、「トイレに行ってきます」とトイレに向かったのである。

良い人生は良い人との出会いであると誰かが言っていたが、農泊はまさに良い人との出会いの源泉と言えよう。

## アグリツーリズムからグリーンツーリズムへ

もし、生活評論家の秋山ちえ子さんとの出会いがなかったら今の自分はなかったろうし、グリーンツーリズムのグの字もなかったのではと思う。

一九九二年の三月、大分県の宇佐両院地方振興局主催の「過疎フォーラム」が企画された。基調講演の後のシンポジウムのコーディネーターを私が務めることになった。本当は別の人に決まっていたが、「秋山ちえ子の談話室」で私の名前を聞き、私と入れ替えたと後で聞いた。当時の県振興局の責任者は江川清一さんで、彼との出会いが安心院のグリーンツーリズムの出発になろうとは夢に思わなかった。フォーラムが終わってしばらくすると、江川さんから電話がかかってきた。県職員と一緒に新しい農業の勉強会をしよう、という誘いだった。面白そうだったので二つ返事で決まった。その年の五月から県職員四、五人と、私が選んだ安心院の若い専業農家四人が毎月一回、新しい農業を目指している現場などを訪れて勉強会をするようになった。

江川さんに「この会の名前は何にしますか」と聞くと「アグリツーリズム研究会がいいのでは」との答えだった。「アグリツーリズム？」。初めて聞く言葉だった。いわゆる農家が行う観光業という意味であるが、耳新しく聞こえた。とにかく一年間、月一度必ず集まって、アグリツーリズムやヨーロッパの現状などを勉強する機会を与えられた。当時の日本では観光農園やオーナー制の程度ではなかったろうか。

後で聞いたが、この勉強会、アグリツーリズム研究会は、県の自主研（県職員による自主研究コンテスト）で一等賞に輝いたそうだ。自主研入選が第一目標だったので、みんなで集まって勉強したのは実質一年だった。その後、江川さんは異動となり、一年でいなくなった。私自身、アグリツーリズム研究会は自主的に立ち上げた会でなかったので、何となく自然流会してもいいのでは。特に責任はなかろうと思って何にもしなかったら、アグリツーリズムのメンバーの家族新聞の中に思いもよらぬことが書かれていた。「アグリツーリズムは素晴らしい農村運動だと思うが、代表の宮田が知らん顔している。無責任だ」みたいな内容だった。考えてもいなかった。カチンときた。そこで、よし頑張ろうと思って新しく発足したのがグリーンツーリズム研究会だったのである。もし、あの家族新聞の記事がなかったら、グリーンツーリズム立ち上げのエネルギーも湧かなかっただろう。振り返ればカチンときて壁を乗り越えたとき、自分が大きくなっている気がする。「カチンとくる」ことは、重要なエネルギーである。カチン力を使ってスケールを大きく進化させていきたい。

アグリからグリーンに変わるのにメンバーの中には反対があったが、これだけ農家が少なくなっている中でアグリはなかろう。都市と農村の交流に農家だけでは対応できない。台風一つ来ただけで農家は意気消沈してしまう。こうして、農家個々の取り組みではなく、農村としての運動、農家ツーリズムではなく、農村ツーリズム、「農村で休暇を」のグリーンツーリズム研究会が新生することになった。

## フォークボールを投げよう

鳴かず飛ばずのアグリツーリズム研究会からグリーンツーリズム研究会へ改称し、再発足の記念講演をお願いしたのが津端修一先生だった。実は、先生の話は一九九四年十一月、湯布院でのシンポジウム「湯布院風のグリーンツーリズムで農村活性化は可能か」の基調講演で聞いていた。驚いたことに先生は冒頭、「グリーンツーリズムは過疎対策のための産業で、有名な観光地湯布院でこの言葉を使うのはいかがなものでしょう」という。その時、「この先生は安心院向きの先生だ。いつか安心院で話を聞こう」と思った。

二年後、先生の話を再び聞く機会を得た。グリーンツーリズム研究会が発足した一九九六年三月二八日の二ヶ月前の一月、先生の著書『ヨーロッパ現代農村休暇事情』のタイトルでの講演だった。ヨーロッパの農村では農業を守るためグリーンツーリズムは当たり前で、フランス、オーストリアでは全農業者の一〇人に一人がグリーンツーリズム関係で働いており、バカンス法のもと、国民は何種類もある農家民宿のガイドブックを片手に長期休暇に出かける話などを先生は紹介した。先生はそのガイドブックを三〇冊ぐらい抱えてきていた。日本ではグリーンツーリズムの言葉が生まれたばかりだったが、ヨーロッパでは一大産業化していることを知らされ、私はぼう然とした。講演の中で、先生は「私の話が本当か嘘かヨーロッパに行ってみるといい」と私たちをけしかけた。そして講演後の夜の交流会はなごやかだった。先生は、私も含め多くのよそ者が頑張っている安心院町について「ニューカマーズソサエティ（志を持って来るよそ者を拒まない町）」という言葉を残して去っていった。

津端先生の講演の二ヶ月後、一九九六年三月二八日を設立総会と決め、夜な夜な知っている人の家へ「会員に」とグリーンツーリズム研究会への勧誘に回った。そして、とうとうその日が来た。ちょうど九州横断自動車道開通の日、新聞の見出しに「食うか食われるかの高速道開通」とあったのが頭に残っている。その丸六年後、後で述べるグリーンツーリズムの夜明けとも言える「3・28事件」と日を同じくしていることに因縁すら感じた。そして、その後二〇一三年に三月二八日がグリーンツーリズムの日となったことを知る人は少ないのではなかろうか。

第一回総会時に、六つの理念、五か年計画、二ヶ月に一度の定例会、無尽講による本場のヨーロッパ研修、などを提案した。そして、分かりやすく説明しようと、当時アメリカ大リーグで活躍し毎日のように話題になっていた野茂英雄投手を例に引いて呼びかけた。

野茂投手は若い頃は速球一本やりだった。だんだんと年を経ていくうちに壁に突き当たり、それで開眼したのが速い直球とフォークボールの組み合わせだった。私は「速い直球（農業）とフォークボール（グリーンツーリズム）を投げよう」と呼び掛けた。私自身、小学三年から二二歳まで、親に申し訳ないと思うくらい野球をやっていたことが、このフレーズになったのだろうか。農業に軸足を置いた新しい生き方の呼びかけだった。

初回から参加していた毎日新聞の記者、近藤勇氏は、「この地に五年もいるのに、こんな農村の新しい運動が安心院の地から起こるとは夢にも思わなかった。勉強不足だった」と漏らしていた。開拓団で、外人部隊のゲリラのような私が、その会のリーダーになるのだから、彼のアンテナには触れなかったのだろう。それはそうだ、私自身も全く考えてなかったことがスタートしたのだから。

## 実験的農泊

とにかく一回、都市の人を農家に泊めてみよう、何が何でも決行しようと腹に決めていた。他人を家に泊めてお金をもらうことができるのか、心配はもちろんあった。県の宇佐両院振興局にいた友人の神田康雄氏（故人）に調べてもらった。「宮田、実験的ならいいそうだ」との答えだった。後で聞いた話だが、当時の宇佐両院振興局長、矢野孝徳氏が「安心院に一度やらせてほしい」と保健所に頼んでくれたという。矢野氏は会が名を成すようになっても一度も自慢げに「俺が手伝った」などと言うのを聞いたこともない。氏は研究会に入会してくれたし、個人的にドイツ語講座にも参加してくれていた。神田氏も「仕えがいのある上司」だと言っていた。よく分かる。このように官とか民でなく良い人たちとの巡り合わせが六年後の3・28事件まで起こすパワーや雰囲気を醸し出していったのだろう。

そして、私には別部隊として私の背中を何年も押してくれる人がいた。それは地元の大分銀行安心院支店長、斉藤洋一さんだ。斉藤さんは銀行の仕事を本当にしてるんだろうか、と思うほど地域づくりに頑張ってくれた。銀行に対するイメージが変わった。二年がかりで「一度泊めたら?」と私を刺激し続けた。地元大分合同新聞の記者の田中竜氏も一緒になって言いだした。

そんな、何やかんやで、研究会の事務局や受け入れ家庭にも、特に何も相談せず集まってもらった。とにかく「許可のいらない許可」はもらっている変な安心感はあった。受け入れ家庭予定者九人が集まってきた。みんなに切り出した。「今度のワイン祭りに都会の人を泊めてみてくれんですか」。ワイン祭りは安心院最大のイベントであり二日間で約四万人が訪れる町を挙げての祭りである。料金はいくらもらったらよいか、家内に聞いてみた。「夕食なしでいくらなら泊めてもいいと思う?」と。「やっぱり三〇〇〇円はもらわんとな」との答え。受け入れ農家には、朝食と泊まり、いわゆるB&Bで三〇〇〇円でと、お願いした。ところが、話し合っている中で「人を泊めるの?」「金をもらうんかえ」と疑問の声が出た。指を一本にして「一〇〇〇円にしておくれ」とも。中には「三〇〇〇円? そんな安ければ私は出来ないわ」と途中で帰った若い奥さんもいた。いろんな意見が飛び交う中、「人を泊めることが産業になるかどうか見てみたいから、どうか一度泊めてみてください」。頭を下げて、八軒でとにかく一度やってみることになった。

そして一九九六年、ぶどう農家では一番忙しい八月の盆前に直売所のテントの中で記者会見する運びになった。汗びっしょり、まさか自分の人生で記者会見をするなど考えたこともなかったが、記者会見することによって、この実験的農泊の取組が凄いことなんだと知らされた。各紙記事の見出しにワイン祭りの影は薄く、「農家に泊まって」が主な見出しとなりマスコミの応援を感じた。彼らもたぶん、農泊がどうなっていくのか楽しみに思っていたのだろう。

一九九六年の九月、第一回実験的農泊の挙行がいわゆる「農泊物語」の始まりだった。

## 家族も仲間もだます

私が二二歳で安心院に来た頃は作家川端康成さんの「雪国」ではないけれど、「トンネルを抜けると、そこは安心院町」、大きな大きな看板に「鯉とスッポンとぶどうの町、安心院町」と書いてあった。御多分にもれず、三つとも食べ物だ。ぶどう畑は西日本一で三五〇ヘクタール、ぶどう狩りに来る人、スッポンを食べに来る人、そして有名な鏝絵を見に来る人等がいたが、大半は日帰りだった。町内には旅館、民宿、ホテル等の宿泊施設はあるが、泊ってまで観光するという要素は少なかったのである。安心院を回って、泊りは別府や湯布院なのである。

従来の観光の意味合いなら今でもそうなのかもしれない。私たち農業者から見る観光と言うと、観光農園のぶどう狩り、ぶどうのオーナー制、良くて農村レストラン程度であった。それでは幅広く画期的な産業に成り得ない。私達、安心院に暮す者達は思い切って家を開放し、人を泊めてみようと、組織的には日本で初めて実験的に泊めてみることに挑んだのである。

第一回を実験的に農泊を何がなんでも決行しようと腹に決め、決行する為には家族にも仲間にも相談せず集まってもらい、「今年のワイン祭りに人を泊めてもらいたい」と切り出した。法律違反なので、たぶん相談すると反対されると心配したから誰にも相談はしなかった。もし皆さんで人生や自分の一生をかけることを決心したら家族にも相談しないことである。事後承諾で良い。そのことで責任を取る時も迷わず取ることが出来るのである。

この第一回実験的農泊の成功が日本におけるグリーンツーリズムの爆発的な発火点になるとは、その時誰も知る術はなかったのである。

そして、一回で終わるはずの実験が六年間続き、法的認知に至ったのである。私にとってのこの六年間は、まさか警察は来まいが、いつ保健所が踏み込んで来るのかと、何となく、ずっと不安な気持ちで暮らしていたのである。その反面、「法律を変える以外、道無し」と強い念願は持ち続けていた。

## 白いエプロンで全国デビュー

一九九六年設立早々、朝日新聞からの取材が本多雅子さん宅に入った。白いエプロンで出迎えたのにはビックリしたと後から記者は言っていたが、研究会では初の全国紙掲載だった。問い合わせ先が書いてなかったので、問い合わせが役場に集中し、役場の中がパニック状態になったとのことで、花々しいデビューを飾れたのである。

本多さん夫婦は二人とも教師で、退職後、本格的に農泊を始めたが、二人が声をそろえて「うちは農家ではないから」とよく言っていた。だから「安心院は農村民泊なのですよ」と私も言い続けている。研究会は広報部、企画開発部、環境美化部、アグリ部、そして全国的有名になった農泊部が自主的に動いている。各専門部の活動は農泊の基盤活動であり、誇りでもある。その広報部の部長を本多雅子さんに二〇年していただいた。彼女の自宅からグリーンツーリズム新聞が、今でも全戸二五〇〇軒に年二~四回発信されている。

応援団部の町内応援団長は地元大分銀行の支店長と、自然と内部規約で決められており、これに従ってくれているのがいい。この流れから全国応援団長は大分銀行元頭取がこの役を買ってくれているのも非常に応援になっている。高橋靖周さんである。彼は、安心院の農泊が法的認知されていない時から参加していた。普通、法律違反している団体に県内屈折の経済団体のトップが名を出す等、考えられないが、名を出していただいたのである。開かれた素晴らしき人である。

そして、二〇一四年三月二八日に、グリーンツーリズムの日記念碑建立除幕式を行うと高橋さんに話すと、非常に喜んで、さっそく大分県知事に出席するようにと、確約していたのにも驚いた次第である。知事に出席していただいたおかげで、盛大なセレモニーとなった。

日本記念日協会に、日本におけるグリーンツーリズムの日の申請を受諾してもらい、三月二八日がグリーンツーリズムの日となったが、それとは別に、発足当時から関わった全員が生きているうちに、発祥の地の碑の建立を計画していたのであって、後から記念日が追いついてきた。ともかく全員が生きているうちに、記念碑を建てることができたのである。その記念碑の裏側に、今までの主な出来事を刻んでいるが、一番最後は空白にしている。これは日本でバカンス法が制定された時の為に空けている。

## グリーンツーリズムはハッピーエンド

「ワイン祭りに農家に泊まりませんか」の新聞記事を読んだ三二人の勇気ある宿泊客が実験的な取り組みとは知らずに、安心院にやって来た。

受け入れ農家の中で特筆すべきは何と言っても「旧家百年乃家」の時枝家だろう。自称若嫁さんの仁子さんは、家の誰にも相談せず自分で決めて帰り、話すに話せずギリギリ押し迫って

# 農家に泊まって ワイン祭りを楽しみませんか

## 6~8日、8戸で受け入れ

## 安心院町で試験的に取り組み

「安心院町グリーンツーリズム研究会」（宮田静一会長・百四人）では、七日から始まるワイン祭り期間中、会員の家庭での宿泊を受け入れる。

同会は同町を拠点にヨーロッパ型の農村休暇の導入を目指して活動中。秋にはドイツへの研修旅行を計画している。ワイン祭りに訪れた人たちに安心院観光を満喫してもらうと同時に、ヨーロッパを中心に広く定着している農家民泊に試験的に取り組んでみようというのが狙い。

受け入れ期間は祭り前日の六日から最終日の八日まで。受け入れ家庭は八戸（専業農家二戸・兼業六戸）。宿泊は家族連れが原則で、一農家に一日一組（連泊可能）。朝食は付くが「夕食は町内の飲食店を利用してほしい」とのこと。寝間着、洗面具などは持参。料金は大人三千円、子供二千円。

「今年のワイン祭りは町内各地で多彩な催しが予定されており、夜まで楽しめます。寝る前のひとときは受け入れ家庭と農村の生活について語り合ってほしい」と宮田会長。

受け付けは五日まで。申し込みは会長の宮田さん（☎0978・44・0155）か事務局の荷宮英二さん（☎44・2853）まで。

右〉第一回実験的農泊 新聞記事
左〉左が時枝美佐子氏

3・28グリーンツーリズムの日記念碑建立除幕式

から姑さんに話した。すると「他人を泊める？　お金をもらう？　とんでもない」。「でも今回だけは泊めてください。新聞発表もしたし、みんなに合わせる顔がない」。そんなやり取りの後、姑さんは「とんでもない嫁」と思ったそうだが渋々受け入れることになった。みんなで日頃はほとんど使わない仏壇のある奥座敷を大掃除し、障子やフスマまで張り替えて客を迎えた。大分市の転勤族や、湯布院で旅館を営む人たちが泊りにやって来た。いうなれば、家の中に黒船が入ってきたようなものだった。後で聞いた姑さんの話だが、時枝家に嫁いで義理の両親に仕え、近所一五軒との付き合い、そして畑と田んぼの行ったり来たり…。農家の生活ぶりそのものだった時枝家。黒船は、そんなこの家に文明開化を起こしたのだ。

客はまず、この家の古くて立派な建物に驚き、感動していた。農泊を始めた私までが感謝された。客は、毎日当然のように食べている自家製の野菜や漬け物、味噌、夜の明かりを求めて飛んでくる虫など、田舎暮らしの何から何まで感動して帰っていった。そうなのだ。時枝家の日頃の田舎暮らしは、都会の人がうらやむ素晴らしい生活であることを知らされたのだ。この日から姑の美佐子さんもまたグリーンツーリズム運動にのめり込んでいくようになった。若嫁の狙いは見事当たり、当時六八歳の美佐子さんが第一陣ヨーロッパ研修にまで参加することになった。

何年か前の美佐子さんからの年賀状に、この家に嫁に出した親に初めて感謝できるようになったと書いてあった。最近も、あるインタビューの中で「あなたにとってのグリーンツーリズムとは」と聞かれ「私にとってグリーンツーリズムはハッピーエンド」。見事な答えだ。そしてグリーンツーリズム実践大学の月曜講座の中で「家のおじいちゃんは打ち出の小づち」と言い切った。農泊に取り組まない限り、こんな言葉は口から出なかっただろう。

それから一三年後、とんでもない嫁は農林水産省と国土交通省認定の「民宿おかあさん百選」に選ばれた。とんでも「ある」嫁になったのである。

実は農泊を始めた最初のころ、時枝家のじいちゃん正春さんは脳血栓の後遺症と同時に認知症になり始めていた。最初のころは客が来ると隠すように二階に上げていたが、だんだんと客が多くなると二階に上げる暇もなくなり、正春さんに客の対応をしてもらうようになっていく。こうしてしばらくたったころ、なんと、認知症になり始めていた正春さんが治っているのに気が付いた。二〇〇四年には正春さんと美佐子さんが修学旅行の子どもたちを受け入れている様子が、ＮＨＫの三〇分番組と別の福祉番組で二度全国放送された。ＮＨＫで三〇分の全国放送一本一億円というから、この二人は安心院の町に二億円分貢献したことになる。

認知症の話では、農泊「しいたけ村」の宮川さん宅のばあちゃんは、アルツハイマーがだんだんと悪化していた時、よく見ると客が来ている時だけ治まっているのに気が付いた。医者に相談すると、積極的に農泊をするべきだ、と言われたそうだ。素晴らしきかな農泊。

そして、安心院グリーンツーリズムの看板イベントとなった食のイベント「スローフード感謝祭」は二〇二〇年二月の開催で一〇回目を迎え、区切りとして幕を閉じたが、この実行委員長を時枝仁子女史に担っていただいた。ご苦労さまでした。

## グリーンツーリズムは新型宗教か

一九九六年、専業農家主体のアグリツーリズム研究会から、農村に住む人の誰でも参加できるグリーンツーリズム研究会へと再発足したが、当時、前年にオウム教の地下鉄サリン事件の発生直後だったせいか、地元ではグリーンツーリズムは、まさしくグリーン教並みのイメージだった。第一回目の定例会の時、ある教師夫婦が、この会はおかしいおかしいと何度も言うので「おかしければ来なさんな」と思ったが言わなかった。私がよそ者であり、会のキャッチフレーズである「心のせんたく」が余計、宗教じみていたのだろうか。それから「新型のチューインガムですか」、そして笑ったのが「グリーン・ツー・リズム、野原で行う音楽の会ですか」と真面目な顔をして聞くのである。

グリーンツーリズムを英語で書くと、green tour ism 訳すと、green ＝農村、tour＝回る旅、ism ＝思想・運動、合せると農村を回る旅の新しい運動、もしくは思想と非常に格調の高い意味あいとなっている。研究会設立後一〇年間はグリーンツーリズムのこのカタカナ語は、どうにか日本語で言いようはないのかと、偉い方々は特に言っていたが、もうその必要がないくらい定着していると思われる。

二〇一四年七月頃、安倍首相が外国人観光客を日本に来てもらう為にカジノを導入したいと発表を受けてのテレビ座談会で、大手新聞社の評論家の方が「日本はカジノなどでなく、グリーンツーリズムやエコツーリズムで誘導すべきである」と、堂々と言い切った。カジノに対抗出来るまでになっていたのかと、不安ながらも嬉しく思った。

私も個人的にカジノに反対である。身近にパチンコ狂の人がいて、奥様がよく泣いていたが、カジノになると奥様が泣くぐらいでは済まなくなりますよ。

## 別れて当然

信念というより、どちらかというと、感情的な想いで設立した安心院のグリーンツーリズムなのだ。何故二五年も続いているのだろう。家族や地域、そして同じ会員からも抵抗勢力として力がかかったが、その力を乗り越えた時、組織は力をつけ、大きくなっていったのである。

設立早々、法律の壁を破る以外道無し、と気づいたとき、まずは家族の応援が基本であるが、これには本業のぶどう作りに励むことが第一だった。子供も四人いて大学に三人重なった時もあったが、どうにかこうにか乗り越えられた。その時、グリーンツーリズムも県と規制緩和の話し合いの最中だった。

設立の七~八年前、ぶどう経営では肥料やダンボール等の経費で年間二〇〇〇万円、その次の年を越すために八〇〇〇万円を銀行から借入れ、サーカスの綱渡りのような生活をしていたのである。若かったからできたのであろうが、グリーンツーリズムがあって、余計、頑張らなくてはという気持があったのも正直なところである。

会員の中には、姑さんから「農家の沽券にかかわる」と言われたり、ある家庭は「落ちぶれたものだ」と言われたりした。中には「宮田は嘘つき、人を騙してまでドイツまで連れて行っている」、行政マンからは「グリーンツーリズムは農業の足を引っ張る」「なぜ農家が教育のツケを払わねばならぬ」など言われたが、言わば言え、何と言われようと一番怖いのは「法律の壁」だった。

しかしその壁も破れたことで、地域は自然と時間とともに応援に回って来ている。その反対に、同じ会員、特に設立にかかわった、同期生がほとんど辞めていったのが、一番辛かった。解散騒動もあった。三年近くあった。

そのときは、目標があったので頑張れた。目標はドイツ。ドイツ国家がバックアップについていた。町内で私のかかりつけの医者の先生が私と意見が合うが、「日本はこの先どうしたらよいか」の問いに対しての答えは、「ドイツの真似したらよい」である。本当に心からそう思う。新宇佐市や安心院支所の入り口正面に、大きくグリーンツーリズム推進宣言の看板が立っているが、今でもよく看板に書かれることは、交通安全宣言の町とか、税を納める町等であるが、グリーンツーリズムは今までとちょっと違う。

基本、住んでいる家を開放し、知らない人を泊めて生業となすのである。誰でもできるわけでなく、できない人が辞めていったのである。研究会設立三~四年で油がのりかかっているときの解散騒動だった。「辞めてもいいから、静かに辞めていけ」と、今になっても思う。地域づくりを起こすリーダーのみなさん、同じ仲間はいつまでも続くと思わないこと。

夫婦だって別れていくんだから、新しい産業を続けることは、ある意味、「別れて当然」といえよう。別れゆくときは、結成の何倍もの、嫌な神経をつかうが、おかげで何倍もの新しい仲間が増えてゆくのである。別れて当然なのである。頑張ろう。

自分の子供たち四人も四〇歳前後となったが、昔から言っていることがある。悪口を言う人よりも言われる人になりなさい。悪口を言う人の顔は醜くなっている。言われる人は目が空色に澄んで輝いている。頑張っている人の陰口をきくような町は永遠に三流の町なのである。悪口を言っていいのは保身で何も言わず腹黒い政治屋のみで、設立して二五年になると多くの陰口・悪口を言う人に出会えて頑張れたし、本を書く材料にもなっていただいた。人生は修行なのだ。

## 俺はどこに行くの

グリーンツーリズム研究会発足後三年も終わろうとする頃から、どこからか「五年目には解散だ」という声が聞こえてきた。

確かに、研究会発足時には五年後に発展的解散の文言が入ってきたが、三年後には事態が一変してきていた。全国的に注目され始め、役場にグリーンツーリズムの専門部署を作る動きが出て、農泊の規制緩和について大分県が話し合いをしていこうと言い始めた頃だった。

四年目、五年目には視察もだんだんと増えていった。多い年には三〇〇組前後の視察団が研修に来た。しかし安心院の真似はできない。会員制農村民泊。町長に言わせると「法の裏をかいて」の世界である。行政が関わっては、この方法はできる訳はない。視察が増え始め、こんなことでいいのかなと迷っていたところ、大分県大山町（現・日田市）の「ウメ、クリ植えてハワイに行こう」を推進した農協職員から、その当時大山町は視察景気に沸いたと聞いた。その時、視察を積極的に受け入れようと思い直したのだ。その後、安心院町は全国からのグリーンツーリズム視察景気で、農泊、町直売所、レストラン、スーパー、ワイナリー、温泉などいわゆる経済波及効果が年に七〇〇〇万円から一億円ぐらいになっていった。今までなかった会員制農村民泊という取り組みが、実利としてこの町を潤すようになっていった。

私たちにとって、空いている部屋に人を泊めることのできる安心院方式の規制緩和が世の中に対する恩返しである。そのことをやって行かねばならぬ宿命と思っていた。

ところで、その規制緩和の話し合いの最中に、静かに強く解散の動きが始まっていた。安心院グリーンツーリズムは、もう個人的感情でどうこうできるものでなく、日本中の農村から新しい生き方として注目されており、希望という着物を着た大きな大きな生き物に変わっていた。町役場の初代グリーンツーリズム推進係長は、解散騒動に驚きのあまり「俺はどこに行くんかえ」とつぶやいた。町や村づくりのグループが、何年か経つと必ずグラグラし始める時があると思う。こんな時どうするか。「シンポジウムをやったらよい」。二〇〇〇年、一級建築士の山内英生さんの提案で「安心院とグリーンツーリズム～グリーンツーリズムは産業になるか～」のテーマでシンポジウムをやってみた。効果はてき面だった。不安だったみんなの心が一つになっていったのだ。

## 民間に負けられるか

設立後四年もする頃、山を越えた隣町でグリーンツーリズムのシンポジウムが行政主催で開かれた。当時、グリーンツーリズムで有名な関西の大学の先生が基調講演をされ、私はパネラーとなっていた。先生が基調講演の中で「今、日本の中でグリーンツーリズムはこの四つのパターンしかありません」と黒板に書き写し、間違いなしと太鼓判を押した後、私が安心院の法律外の農村民泊、通称「農泊」を現在行っていると説明すると、先生は想定外のことが起こったのか黙ってしまい、その後の交流会にも参加せず、私の顔も見ないまま町を去っていったのである。

普通、常識の中で生きている方々には苦しまぎれの必殺の農泊が、九州の山の中で始まっているとは知らなかっただろう。先生、あまり新聞読んでなかったのですね。シンポジウムの後の交流会で、主催者側の行政の担当者の方が私の顔を見て「私達は地域おこしのプロです。民間には負けられません」と言い放ったのだが、私はそう言えばそうだなと思った。しかし、悲しいことに、やる気のあるその優秀な行政マンも異動していくのである。県内、他にもグリーンツーリズム看板女性の行政ウーマンもキラリと光っていたが異動されていった。光るゆえに異動されていくのだろうか。反対に長期にわたり担当するのもいかがなものでしょう。最低三年はいて欲しいし、長くて四年が理想でなかろうか。時には一年で変ってくださいよと言いたくなるような人もよくいる。中には、二年間、県のグリーンツーリズム担当で、すごく民間を信頼して、思い切ったアドバイザー事業等、民間を信頼した政策を打ち出した人がいたが、我々は彼が異動する時に花束を贈った。花束を贈れるような行政マンには悲しいけど、滅多に逢えないのである。彼は、ワンコインの農漁村商品を立案、実現した人で、今の六次産業商品化のはしりを果したのである。行政マンの手本と思える。彼の名は、湯浅義美さんである。

驚くこともある。内部告発をしたり、民間が行っている業務を行政がやろうとしたり、他に芸はないのかと思う。民間では及ばないアイデアを実行してほしい。それが出来ないなら、民間に力を持たせることだ。このことが、行政改革の本質と信じている。

「行政に望む事」

①民間に出来ない事をやって欲しい

・景観・環境保全の啓蒙

・交通アクセスの確立

・地元材木を使った農村らしい建築の応援

・民間がしていることを間違っても取り上げたりしないこと。これは行政改革の最たる逆行である。

②口を出さずにお金を出す

第一回全国藁こづみ大会の時、「総予算の計七〇万円の内、四〇万円の予算不足です」と故高田文義安心院町長に相談すると、何も言わず、ホイ来たと四〇万円出してくれた。すごい責任を感じ、心して頑張れた。大会は一〇年で終わったが、町を代表するイベントにまでなった。最悪は金は出さずに口だけ出す行政だ。

③上からものを言わない

若いのに江戸時代の十手をチラつかせながらものを言う人がいる。育ちを感じさせる。

④火を付ける役をすること

安心院のグリーンツーリズムの前身、アグリツーリズム研究会は、県との共同で設立された。

これがグリーンツーリズムの火種となった。
⑤情報を流す
何故、ヨーロッパでグリーンツーリズムは一大産業になっているのか。どうして食料自給率一〇〇%を達成したか。現地へ行って、調査して、この情報を流し、応用して欲しい。
⑥目をつぶる
安心院のグリーンツーリズムが法的認知になるまでの六年間、県の生活環境部、いわゆる保健所が両目をつぶってくれたおかげである。その後、晴れて農泊が出来るレールを引き、全国展開の発火点になった。

その時代ごとの村・町・市・県・国のトップの判断で世の中は良くも悪くも転がっていく。農村に暮らし実感している。トップの方々頼みますよ。

## 全部違うのが売り

安心院方式農村民泊のガイドブックが出来ているが、受け入れ家庭の手引書になっている。全体を通して、受け入れは自然体がベストであるとの意味合いで書かれている。
一軒一軒の家、及び個人の歴史、生活様式が全部違っている。それを統一しようなど無謀な力は使わず、一軒一軒「全部違うのを売り」にしている。その家の一番得意な料理・体験を看板にしている。それでいいと思う。なぜなら、二〇年以上この形で農泊をしているが、特に問題は無かったし、農泊のお客様が年々増えているのが答えである。

この考え方は、隣の真似をするのではなく、みんな違う個性を大切にするので、何千とある日本全国の農泊家庭が全部違うのが売りである。誰もがオンリーワンなのである。

## 新型の村興しだね

もし安心院で農家が行う民宿業（客間5部屋、台所、風呂付）なら多分立ち上がれなかったろう。来るか来ないか分からないお客をあてに、誰が始められようか。今の生活に必死の人が多く、「とんでもない」との答えが聞かなくても聞こえてくる。

その上、農家だけだと足を引っ張りやすく、台風一つで皆コケてしまうのである。そこで私たちは「農村民泊」、農村に住む一人一人が手を結び、農村全体が一歩上がる運動と位置付けた。一日一組、心の交流で第二のふるさとへと呼びかけ、泊める人数を最大で九人以内とし、それでもほとんどが五～六人が主体の宿である。ホームステイの親戚なのである。

設立から六年間、法的認知がなかったので、夕食は地域のレストランか食堂でと呼びかけ、実際そうしてきた。地域還元は生き残る為の看板であったが、今でも大切な看板である。

安心院町には研修で多くの団体に来ていただいた。多い年は二〇〇以上の団体が研修に来ている。設立当初、私も多い時には一日三組、研修で話をしたこともあった。

夕食は地元の旅館か民宿で順々に食べていただき、受入家庭が夜八時頃迎えに行くことを四〜五年繰り返した。一番恐かった旅館・民宿の方々に、グリーンツーリズムの運動を段々と理解していただいたと思っている。

ある時、地元の老舗食堂の一銭屋の女将さんから、「これは新型の村興しだね」と言われたことを思い出す。

## 本当のお金持ち

グリーンツーリズム研究会は一九九六年の発足直後、どうして良いか判らない時、無尽講方式で、月々四〇〇〇円を五年間積み立て、自分達のお金でヨーロッパへ研修に行っている。二〇一七年で第一六回目の研修を無事終えた所だが、どうしても、記しておかねばならぬことがある。

安心院の医師で村上尚子さんという方がいるが、彼女は研究会のイベントやグリーンツーリズム実践大学にも積極的に参加している。もちろん、ヨーロッパ研修にも参加している。アメリカのニューヨークで同時多発テロ事件が起こった年、彼女は二回目のヨーロッパ研修に行く予定だったが、家族から飛行機に乗ることを猛烈に反対され、行くことを断念した。その後、すぐに私の所にやって来て「家族の反対で私はヨーロッパに行けなくなりました。私の行く分の二〇万円を、あなたがこの人が行ったら良いという人にこのお金をあげて行かせて下さい」と封筒に包んで私に手渡してくれた。その後、彼女は私に何度も逢ってるが、「誰を行かせたのですか」と聞いたことも無い。二〇万円を個人にあげるということは、あまりにも差があるので、行った本人しか知らないことである。お金持ちは世に多くいるかも知れないが、これが本当のお金持ち、心もお金持ちなのである。

そして、最近になってから村上尚子さんが我家にやって来て「実は私は宝石を集める趣味があったのですが、私がこれを持っていても世の中の役に立ちませんので、処分しました。そのお金です。宮田さん、あなたがヨーロッパへ行ったら良いという人に行かせて下さい」と又もや二〇万円を封筒に入れて持って来たのである。普通、宝石を売る時は自分が貧乏になった時と相場は決まっているが、世の中の役に立つ為に売るのである。そして、一切を恩に着せず、誰でも真似が出来ることではない。今回も、誰を行かせたのかも、知ろうともしなかった。研修に行かせたのが若者だったので、本人の為、挨拶には連れて行った。おかげで、この若者のヨーロッパの研修は大きな財産になったに違いない。

彼女は、特筆すべきグリーンツーリズムの影の大応援者である。

## すぐ売り切れて価値がない

「企業は人なり」とよく聞くが、旅行業としては世界一の大会社というＪＴＢ。その大分支店長の小俣郁雄さんとあるシンポジウムで一緒になり、意気投合した。本気と情熱を感じた。その時、日本修学旅行協会（日修協）との提携の話が出た。総合的、長期的に考えて、神様が与えてくれた絶好のタイミングだった。東京から理事長の河上一雄さんが二度も農泊に来たし、実務的責任者の大阪ＪＴＢから来る若い竹本昌嗣さんも農泊をして「これは良い」と思ったそうだ。

後任の大分支店長の西村昭郎さんが言うには「新大分物語」の一環としてＪＴＢグループが大分県内を回った後のアンケートで、みんなが良いと思ったのは安心院の農泊だけだったそうだ。西村さん自身も子ども連れで何度か農泊し、感動してくれた。こんな現場の社員さんたちの応援で日修協との提携の運びになったのである。

ところで、日修協は東京に本部があり、一九五二年に当時の文部省、運輸省、国鉄、東京都の四者によって結成された非営利の団体である。こういった提携は初めてだそうで、まずＮＰＯ法人となった安心院町グリーンツーリズム研究会と二〇〇五年五月に提携した。何年か後に大分県のグリーンツーリズム研究会との提携かと思っていたが、半年足らずの二〇〇六年二月に県の研究会との提携の運びになったのである。

農業体験

〈右〉トマト収穫

日修協との契約提携
右は故・河上理事長

総指揮者である大阪の竹本さん曰く「安心院だけではすぐに売り切れて商品価値がない」。想定していたが思ったより早かった。半年足らずで大きく展開したのである。大分県の仲間たちとグリーンツーリズムを共有できる時が来た。

大分県全体で修学旅行を受け入れる。こんなことがうまく行くかどうか実に楽しみだった。その反面、グリーンツーリズムにおいて私が一番心配しているテーマでもある。大分県内一円、心を一つに出来るかの境界線に踏み込むことになっていくのである。

# 法律の壁を越えた3・28事件

## 宮田さん、大変になったな

「3・28事件」。これは二〇〇二年三月二八日、大分県生活環境部長名で出された、安心院方式を追認する大分県独自の「グリーンツーリズム通知」のことである。この六年、このために頑張ってきたと言っても過言ではない。あと一〇年はかかると思って大分県グリーンツーリズム研究会を立ち上げた矢先のことである。安心院の町長がぶどう小屋まで告げに来た。縁台に両手をついて、何かいいことあったようなニコニコ顔でこの話をして帰った。そして、四月二日に朝日新聞がスクープして全国に知れ渡った。夜、グリーンツーリズムを応援している福岡の杉森直美さん、北海道の長尾道子さんたちから喜びの電話がかかってきた。

何もしゃべれなくて、ただただ目の先が痛くなるほど泣けた。横にいた次男も一緒に泣いていた。この文章を書いている今も思い出し、涙がいっぱい溢れ出る。

画期的な展開を信じ、決してあきらめず継続してきたことが、この大事を成し得たのである。まさに「継続は力」の証明であった。信頼し得る多くの仲間が、足ではなく手と手を引っ張り合ってきたことが、法律までを変えるエネルギー源になった。グリーンツーリズム運動をここまでやれたのも多くの戦友がいたからだ。私にとって最大の財産であり、まさに平成の戦友たちだった。そして、その戦友の多くはお母さんたち、女たちによる静かなる革命だった。

実はこの事件にマスコミの方々の力があったことを忘れてはバチが当たる。特に新聞記者の情のこもった記事のおかげである。地元には地元紙の大分合同、西日本、毎日、読売、朝日の各支局があるが、最初に会って挨拶する時、私は必ず言った。「安心院のグリーンツーリズムは年間を通して多くの行事を行っているが、すべて農泊の規制緩和が目的です。よろしくお願いします」と。

今まで数え切れない多くの記事を載せてもらったが、もし一点だけ挙げるならそれは、二〇〇二年一月二四日に掲載された毎日新聞夕刊一面のトップの「JR九州、安心院の農泊を商品化」だ。県庁の準トップの人から電話が入った。「宮田さん、大変になったたな」と。そして、この記事が規制緩和を促進させたと聞いている。

この記事を書いたのは若い毎日新聞の栗田享記者である。彼は四年間宇佐にいて、何かと規制緩和を訴えてくれていた。そして、グリーンツーリズムの卒業論文のように、この記事を書いた後、福岡に転勤した。異動して一週間後に3・28事件は起こったのである。これをスクープしたのは転勤してきたばかりの朝日新聞の三輪節生記者だった。四月二日付の「民泊条件を緩和、大分県が独自方針、客専用調理場求めず」である。毎日の栗田記者は、3・28事件を書きたかったろうな、と思ったものだ。

記者との交友は、研究会の財産として貯蓄させてもらっている。異動後も応援団として長いお付き合いをさせていただいている。

## 安心院を邪魔しているのはあなたか

実は、安心院方式農泊の規制緩和は、旅館業法などはもともと国が権限を持っていたので、大分県知事が厚生労働省に働きかけて実現できるとずっと思い込んでいた。知事に三〜四年ぶどうと共に規制緩和のお願いの手紙を送っていたが、いつか直訴したいとも考えていた。そして、それがやって来た。二〇〇一年春、安心院と山香の境に約八〇億円かけてできた大分農業文化公園オープン記念として、知事を囲むテレビ座談会の五人に選ばれたのだ。それは、公園の真ん中の広場で行われた。

多くの批判もある中で建設された公園だったが、周辺の道路事情が非常に良くなり、公園周辺の景色がヨーロッパの農村風景に似ているのが救いではないだろうか。

テレビの収録が終わるやいなや、知事に駆け寄り、当時一一軒の農泊のカラー紹介文とその裏に農泊の内部規約を書いた説明書を見せた。「それはそうですね」と知事が答えた。すかさず私は「知事、農泊の規制緩和をしていただきたい。あなたならできますよ」。きっと「偉そうに、こいつは」と知事は思っただろう、顔は正面を向いたまま横目でキッと睨み返された。でも、権限がどこにあるにしろ、知事に会って目的は果たせたと思った。

あとで聞いた話だが、二〇〇一年六月、県主催の市町村会議の場で、県の生活環境部長に、当時一村一品運動で名を売り、二四年間の長期政権を築いた平松守彦知事が「安心院を邪魔しているのはあなたか」と言ったそうだ。彼はその後、食品衛生法担当の森下昌勅氏、旅館業法担当の橋本未吾氏らにどうにかならないかと相談を持ちかけた。

森下氏は「何回言ってもダメです。ムリです」と突っぱねたが、ある日、部長から各担当者が集められ、規制緩和の進捗状態を聞く場が持たれた。その中で森下氏にとって考えられないことが起こった。消防法、建築基準法に加え、まさかと思っていた旅館業法までが、どうにかクリアできるという。追い込まれた森下氏の頭は真っ白になった。「さて、どうするか」、考えあぐねたあげく、客と共同料理体験をするなら客専用の台所はいらない、つまるところ「食品衛生法許可なし」にしたわけである。こうして二〇〇二年三月二八日に大分県生活環境部長名で出されたグリーンツーリズム通知、３・２８事件が生まれた。

その後、平松知事に規制緩和の新聞取材があった時、これを担当した森下氏は知事室に呼ばれた。恐る恐る知事室に入った。知事の横顔は鬼瓦そっくりだったが、氏の方を向くなり恵比寿様が砂糖をなめたような顔になり、「よくやった」と一言。実は研究会の代表からこんなに規制緩和を訴える手紙が来ていると明かし、その手紙を集めたビニール袋を右手にかざして、そう言った。この陳情を基に知事が言ったら圧力をかけることになり、曲がった形になると心配。だから「自主的によくやった」ということだが、知事は部長にかけた言葉を忘れてしまったのだろうか。でも、それはどうでもいい。私たちも「よくやってくれた」である。

その何日か後に森下氏と保健所の人たちが安心院にやって来た（六四頁写真）。県のグリーンツーリズム通知文書の説明があったが、県はこんなゆるゆるの規制緩和を打ち出したのに、安心院はこれを受けるのだろうかと心配してやって来たように思えた。「はい分かりました。ありがとうございます」と答えた。目にいっぱい涙が浮かんだ。

## 「食品衛生法許可なし」

3・28事件、グリーンツーリズム通知が出る三日前に、実は宇佐の保健所から旅館業法担当の井上昭二さんと食品衛生法担当者がぶどう小屋まで登ってきた。たぶん県の本庁の命令で来たのだろう。

井上さんが切り出した。「宮田さん、農泊のために画期的な規制緩和になりました。消防法、建築基準法、旅館業法はどうにかなりました。だけども、食品衛生法の台所だけは客専用をもう一つ作ってください」。何となく不完全な「画期的な」展開と思ったが、そのまま帰ってもらった。

一晩よくよく考えた。一番難しかった食品衛生法が骨抜きなのだ。ここで折れたら今まで何のためにやってきたのか分からない。次の朝、八時半になるのを待って保健所に電話した。「井上さん、すみません。昨日の件は承服できません」。「そうですか」。井上さんの沈んだ声が返ってきた。今思えば、あの時は断ってよかった。もし認めていたら、本当の画期的な展開はなかったろう。

その三日後に３・２８事件が起こり、お客と共同料理体験をするなら「食品衛生法の許可は不要」とされたのだ。当時、食品関係では、食品の不当表示、牛のＢＳＥ（牛海綿状脳症）などが世間を騒がせており、食品衛生法に「許可不要」を出すことは、まさに問題の多い時代に逆行の緩和なのであった。

最初の説明会で保健所の人が「食品衛生法の許可なし」と言い切った時、脳がスカッとどこかに飛んでいった気がした。その五～六年後には、大分県と同じ規制通知を、私の知っている限り、佐賀、宮崎、長崎、島根、東北地方、北海道が出したと聞いている。

長崎県の規制緩和説明会に呼ばれたことがある。農政部と保健所が共同で開き、三〇〇人ぐらい集まった。まさに大分県と同じ緩和だった。説明の後、約一時間話させてもらったが、こんな肝心な時、よく私なんかに話させたと思った。そして時代の変わり目には必ずキーマンがいるものだが、長崎県では、波佐見町や西海町など活発な地域リーダーが火を付けたのである。波佐見町のリーダーは何度、安心院を訪れただろうか。

そして、長崎といえば、対馬の野鳥研究家の柚木修さんの無私の努力には頭が下がる。柚木さんは東京出身ながら対馬に住みつき、グリーン・ブルーツーリズム協会の活動を支えている。頑張れ対馬。対馬の礎を築いたのが柚木さんではなかろうか。

## 法律を打ち破る極意

人を泊めてお金をいただくには旅館業法という法律がある。国のグリーンツーリズムのスタートは旅館業法内の農家民宿を原点に旗を振り始めたのである。宿泊部屋数五部屋、客専用台所、トイレ、この強制力のある法律を皆で力を合わせて変えたのである。空いている部屋で宿泊をさせ、それを生業とすることのできる農泊の法的認知のための心がけと心づもりの経緯である。

① 農村再生の理想を掲げ、決心をして、行動すること。まず第一に法律を変えなければグリーンツーリズムは広がらない。その為には法律を変えようと決心をすること。何事も

決心する、これからスタートする。

② 目標の着地点を見出すこと。ヨーロッパ研修により、ドイツは国の基本を農業とし、食料自給率一〇〇%であることを知った。また、ドイツの農泊は宿泊客が八人まで許可の必要がないということを学び、こんな形があることを知る。

③ 農泊を実行する仲間を集める

④ あえてこれが法律に違反していることを話し合ったりしない。何となく実行し継続していくこと。最終的責任はトップが取ると自覚すること。これがあって皆がついて行く。

⑤ このことを間違っても、保健所等に相談しないこと。ウンと言うはずがない。

⑥ もちろん家族にも相談しない。一番心配し、止めに入るから。

⑦ 地域還元を旗印にすること。多く訪れていた、視察研修においては、スタートから当面、夕食は地元の旅館や民宿で食べた後、農家が夜八時ごろ迎えに行くといったパターンを繰り返した。他の宿泊業者から、自分達のところにも還元されている。これは良い運動ではないのかと、支援をいただくよう努めること。

⑧ 世の為、人の為に動くならば必ず応援してくれる人が現れ、孤独にはならない。ダメで元々。気楽な気持ちで行うこと。

⑨ 飛びぬけて重要なこと。それはマスコミの応援である。特に新聞記者のおかげで、旅館業法の風穴を開けることができた。修羅場をくぐり抜けてこれたのである。

⑩　大学の先生、有名人、経済界の著名人に応援団になってもらうこと。
⑪　目的が達成されたなら、皆のおかげだと感謝を忘れぬこと。

結構うるさい仲間もいたが、これについては、良くぞ何事も言わず、皆ついて来たものだと感謝申し上げたい。振り返れば、危ない川を渡れたものである。ブレない決意がなしえたのではなかろうか。

法律を変える以外道なしと決心したが、誰にもこの決心を話さなかった。偉そうな大それたバカと思われるのが見えていたからである。

## 俺達はこの為に生まれて来た

安心院には九州に一ヶ所しかないアフリカンサファリというサファリパークが四〇年近く前から開業している。そこで働いている石田覚蔵さんという人がいる。彼はサファリバスを造る職人さんである。そして、彼にはボランティアで研究会の企画開発部の部長をスタートから二五年間、ずっとしてもらっている。彼は実直な職人さんで、人の陰口を言うでなく、恩着せがましく不満など一度も聞いたこともない。

農泊が一番脚光を浴びている中、同時に一〇年続いていた、全国藁こずみ大会の実行委員長も見事にやっていただいた。安心院町最大のイベントはワイン祭りか、藁こづみ大会かと言われるまでになることが出来た。藁こづみ大会とは、従来の畜産農家が牛のエサの藁の確保の為、田んぼで小積む、プロが行う正調小積み一〇組と、誰でも造れる創作小積み一〇組で競う大会である。この大会はブラジルの新聞に出たこともある。大会は一〇回で終わりにした。最終回は国会議事堂前で開きたいと思っていたが、実行できないまま終わった。トロイの木馬となって農業農村をもっと大切にして下されと、国会議事堂内に藁こづみを積みあげたかった。残念だが実行できなかった。

第四回藁こづみ大会が行われた年、二〇〇二年に農泊の規制緩和が起こった。石田さんの一言「俺達はこの為に生れて来た」が印象に残っている。

もう一人、どうしても書き残しておかねばならない人がいる。古恵良菊男さんだ。高校の国語の先生を退職後、今年で二四年目となる俳句大会の裏方をしていただいている。主に全国から農泊を体験した中高二〇校以上、一般も含め約二〇〇〇人、約四〇〇〇〇句が集まるが、これの仕分けを一人でこの二五年間しているのだ。

古恵良さんは自宅近くの洞窟地獄極楽のボランティアガイドも日頃行っているが、生き仏のような顔をしている。念を押すが本当に生き仏の顔をしているのだ。嘘か本当か生きている内に拝みに来るがよい。御利益ありです。

上〉 第10回、全国藁こずみ大会
中〉 保健所の立入検査

グリーンツーリズムのシンボル

## このまま黙っては死ねない

グリーンツーリズム研究会設立後三～四年すると反動的な動きもあり、「解散してしまえ」騒動が起こった。設立四～五年で一番油が乗り切った時で、町役場も担当職員が付くように決まっていたというのに。結構大変な時期だったが、何とか乗り切った。

その流れから研究会という呼び方を変えようとの話が出た。普通なら協議会だろうか。その時、福岡県の会員の杉森直美さんが、「私は研究会だから入った。研究会だと私達も何らか手伝うことも出来るイメージがある」の一言で、研究会という呼び名で継続となった。その後、彼女はフランスにあるグリーンツーリズムの専門学校で一年間学び、グリーンツーリズム新聞「時々便」を自費制作し、私達の、まだ先の見えないグリーンツーリズム活動の足元を照らす灯になってもらった。

ところで、私達グリーンツーリズム研究会の名刺の絵柄だが、真ん中に麦わら帽子がある。これは農村を意味する。帽子にぐるっと回っているのはピンクのリボンで、これは女性が主役という意味、右下にはぶどうの絵があり、これは安心院町の一大産業のぶどうだ。左上にはドイツのワイングラス、ドイツが目標なのだ。

色々と大変なこともあったが、ドイツという目標があって頑張れた。ドイツでは、グリーンツーリズムは一大産業となっており、過疎という言葉のない国を見て「このまま黙って死ねない」と本気で思っていた。ドイツの戦後の復興は、職人技とアウトバーンにありと言われているが、国の真ん中に無料の高速道路を作り、一時間以内に総合病院、総合大学を作り、三〇～五〇万人の中都市を分散して作ることを国の中心政策としているから、日本の東京一極集中とは相当な違いである。

今から約一〇〇年前の一九一四年、第一次世界大戦ではドイツは六三万人の餓死者を出し負けた。軍事、科学、農業、工業全てで西欧諸国の群を抜いていたが、悲惨な食糧不足が始まっていったのである。人間は一食抜いただけで精神不安定になるが、食べないで死ぬのはどれだけ苦しかろうか。ドイツは何度にもわたる戦争経験にて、国の基本を農業に置き、簡単には滅びないために、都市を分散した国づくりを実行している。ドイツは食糧自給率一〇〇％で、ヨーロッパ先進国の大半が、国の基本を農業に置いているのが頷けるはずである。

私達、グリーンツーリズムを目指している者達の最終的な目標は、今の日本ではそれは夢の理想と言われそうだが「食糧自給率一〇〇％」に置くべきではなかろうか。もし、日本の農業がこれに近づくことができれば、農村の再生復興も平行移動的にされていくのだろう。同じ敗戦国のドイツに出来て、何故日本に出来ないのだろう。

# II

# 農村に泊まるということ

〈前頁〉「旧家百年の家」時枝家

# 心のせんたくへようこそ

## 農泊をした中学生からの手紙

今、私は人に笑顔で接することを頑張っています

私は普段、家で料理を作らないので、とても不安でしたが「上手、上手」とずっと言ってくださったので、やりやすかったし、楽しむことができました。仲が良くなかったメンバーとも沢山話すことができて、仲を深めることができました。

今、私は人に笑顔で接することを頑張っています。みなさんがいつも笑顔で接してくださったときに自分が感じた気持ちを忘れないようにしたいからです。そして、みんなにも感じてもらえるような人になりたいなと思ったからです。友達の輪をどんどんと広げていきた

いなと、みなさんからかんじることができたからです。ありがとうございました。

この手紙は北九州市から農業体験で農泊した女子中学生二年生からのお礼状である。農泊は「家庭でも学校でもない第三の教育」の役割を十分果たしていると感じ取れる。純粋な子供が、生活感が変わるようなヒューマンショックを良い形で受けて人間形成において大きなプラスになったと思える。

当町には毎年約二〇校も北九州から農泊体験学習に訪れている。長いところは一五年目という学校もあり、一〇年も来ている学校も九校あり、おかげでグリーンツーリズムは維持されている。「修学旅行よりも農泊の方が思い出深い」と卒業作文の中で書いている生徒が多いとのことである。

この手紙を書いた女子中学生は素直で前向きな子どもだなと思った。素直な人は恵まれると誰かが言っていたが、どうか恵まれて幸せになってほしい。

## 農泊をした高校生からの手紙

歯をくいしばって

あれからみんな卒業しました。さっちゃんとみっちゃんはダンサーの学校に、良子（名前は仮称）は結婚して学校が変わりました。結婚式に私たちは参加し、花嫁のブーケを私が受け取り、次は私の番かと思いましたが、私は美容院で働くようになり、つらくてやめたいと思うこともあるけど、いつかは店長になるんだと思って歯をくいしばって頑張っています。

また手紙を出していいですか

これは我が家に修学旅行で農泊に訪れた女子高生から一年半後に届いた手紙と同封されていた卒業式の時の写真である。二〇〇一年九月、埼玉県立新座高校一五〇名が修学旅行で当町を訪れた。当町において体験学習ではなく修学旅行としては初めての来訪である。我が家にも七名の女子生徒が訪れ、そのリーダーから届いた嬉しい便りだった。研究会のキャッチフレーズに「一回泊まれば遠い親戚、十回泊まれば本当の親戚」というのがあるが、二泊しただけで本当の親戚を通り越してしまった。卒業式の後、我が家に農泊した子どもたちが黒板に「卒」と大きく書いて、その前にみんなで並んで撮った写真を送ってくれて、その写真を見て何とも言えず、目頭が熱くなった。農泊の醍醐味と言えよう。

あれから二〇年近く経とうとしているが、七人娘の幸せを祈るばかりである。

この時三八軒の農泊家庭で受入を行ったが、三八通りの感動があって、今があると信じている。なぜなら、その後、新座高校は修学旅行で一〇年も安心院を訪れ、本当の親戚になったのである。

## 本当の親戚にしてくださいよ

一九九六の研究会発足以来、最初から私たちには一つの不安があった。それは法律違反ではないか、という疑問だった。改装するなどお金をかけないで空いている部屋に泊める。「安心院方式」と、いつの間にか人から言われるようになり、私たちも会員制農村民泊など言っていたが、ほかに言い方がなかったのも事実だ。

第一回実験的農泊後の定例会で地元の保健所の担当者である松尾官一さん(故人)に来てもらい、講演も終わり立ち上がって帰ろうかという時、会員の一人が聞いた。「安心院はどうしたらグリーンツーリズムを続けられるか」と。松尾さんは、「安心院はこの方法では会員制しかなかろうな」と首を傾けながら、いぶかしげに帰っていった。今思えば、その一言が、日本のグリーンツーリズムの法の壁に風穴をあける一言だったのである。

私たちは即座に親戚カードを作った。裏に泊まった先の印鑑を一〇回分打てるようにした。一度泊まれば「遠い親戚」。では一〇回泊まればどうすればいいのだろうかと考えあぐねていた。今でもハッキリ覚えている。会員ナンバー8、「百年乃家ときえだ」に泊まった三〇代後半の静岡から訪れた女性に聞いてみた。「一度泊まったら遠い親戚、一〇回とまったらどうし

〈左上〉新座高校の生徒たち
〈右上〉大分商業高校受入

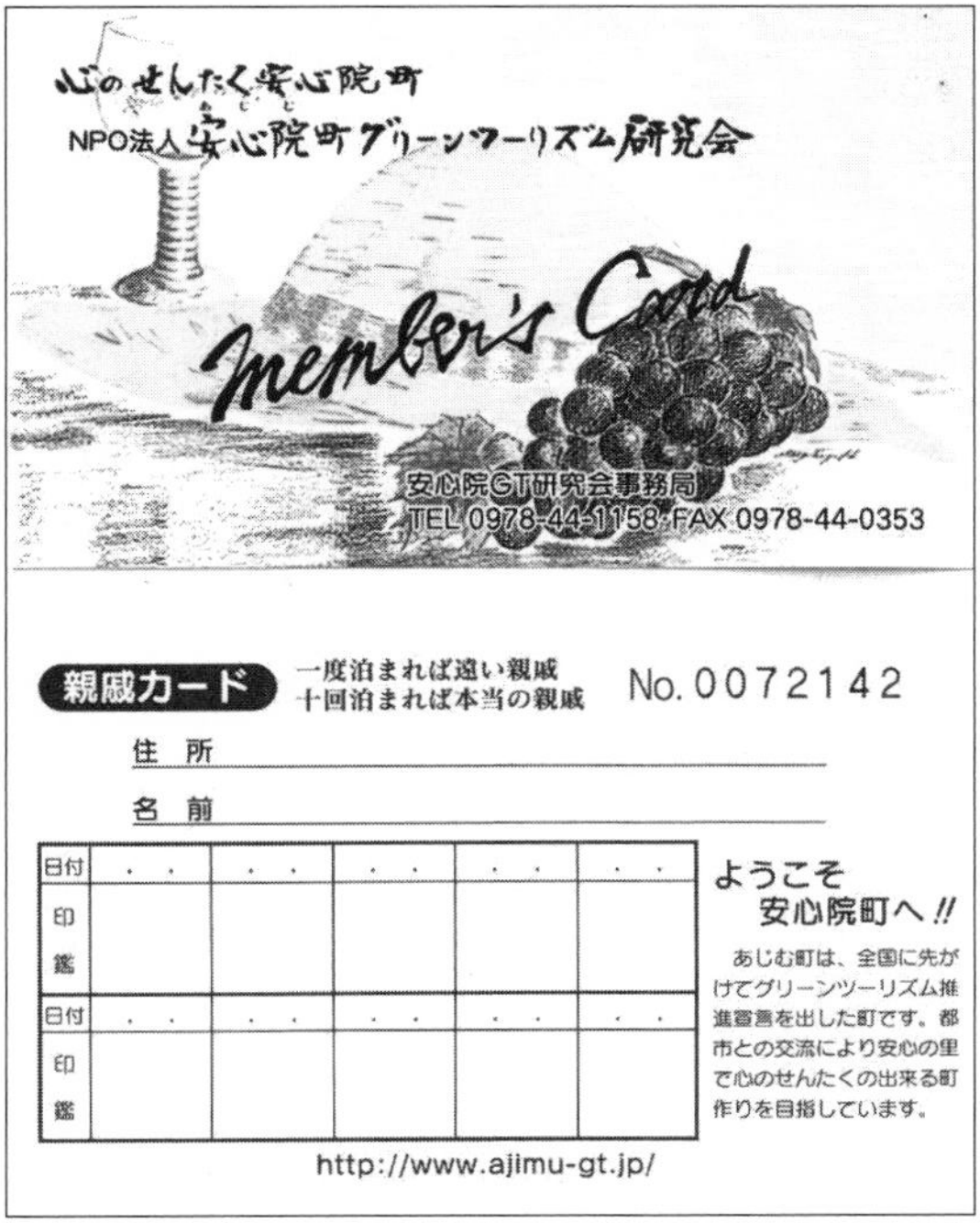
心のせんたく安心院町
NPO法人安心院町グリーンツーリズム研究会
Member's Card
安心院GT研究会事務局
TEL 0978-44-1158 FAX 0978-44-0353
親戚カード
一度泊まれば遠い親戚
十回泊まれば本当の親戚
No. 0072142
住所
名前
日付
印鑑
日付
印鑑
ようこそ
安心院町へ!!
あじむ町は、全国に先がけてグリーンツーリズム推進宣言を出した町です。都市との交流により安心の里で心のせんたくの出来る町作りを目指しています。
http://www.ajimu-gt.jp/

親戚カード

たらいいですかね」。するど彼女は、下を向き、たぶん涙ぐんでいたのだろう。「本当の親戚にしてくださいよ」。よほど感動したのだろうと思う。この後、安心院では「一〇回泊まれば本当の親戚」にすることにした。

「親戚」という漢字ではなく、平仮名の「しんせき」にしておかないと後から問題が起こるのでは、とのアドバイスもあったが、あえて漢字の「親戚」にした。あれから四〇人くらいに「親戚の証」の証書を渡したが、今だかつて財産分与の問題は起こっていない。もし新型の「本当の親戚」の参加した財産分与の問題が起こったら、さぞかし盛り上がることだろう。

実は、一〇回ずつ泊まったカップルの結婚式に招かれ、あいさつをする場面を与えられたが、新郎新婦は新型の親戚の私をどう説明するかに苦慮していた覚えがある。男性は国の行政マンで、大分の女性と知り合い、農泊が縁で結ばれたのである。粋なこの場面を設定してくれた二人に感謝している。そして、現在でも年賀状のやり取りは続いている。

## 子どもの逃げ場が欲しかった

設立一〇年目には、三〇〇〇人前後の生徒による修学旅行や体験学習で町全体に潤いをもたらすようになってきたが、何でも第一回目、最初の人は大変である。今回の主役は大分商業高校の大西隆志先生だ。

郵便はがき

料金受取人払郵便

福岡中央局
承認

18

差出有効期間
2026年2月
28日まで
(切手不要)

810-8790

156

福岡市中央区大名
二―二―四三
ELK大名ビル三〇一

弦書房

読者サービス係 行

通信欄

年　　月　　日

このはがきを、小社への通信あるいは小社刊行物の注文にご利用下さい。より早くより確実に入手できます。

お名前

（　　歳）

ご住所

〒

電話

ご職業

お求めになった本のタイトル

ご希望のテーマ・企画

## ●購入申込書

※直接ご注文（直送）の場合、現品到着後、お振込みください。
送料無料（ただし、1,000円未満の場合は送料250円を申し受けます）

| | |
|---|---|
| 書名 | 冊 |
| 書名 | 冊 |
| 書名 | 冊 |

※ご注文は下記へＦＡＸ、電話、メールでも承っています。

**弦書房**

〒810-0041　福岡市中央区大名2-2-43-301
電話 092(726)9885　FAX 092(726)9886
URL http://genshobo.com/　E-mail books@genshobo.com

大西先生は、それまで学校で行っていた海の家などでみんなが一カ所に寝泊まりするオリエンテーションに疑問を抱いていた。そうしたなか、安心院高校の先生から農泊を勧められて、これだと思い、職員会議にて提案。相当にモメたあげくに採用されたという。この時の受け入れ農家一四軒は、当時どこも許可を取っていなかった。二〇〇〇年の十月末、三二〇人の高校生が八〇人ずつ四回に分かれて農泊体験することになった。鶏で言えばゲージ飼いで一括管理していたのが、急に放し飼いの状態にするわけだから、先生方は不安だっただろう。

生徒たちに関して特に印象に残っていることがある。我が家に泊まったある男子生徒が藁の束を見て「これは何か」とまじめに友達に質問しているのだ。一人が「これは米を取ったカスだ」と答えている。「大分の田舎で暮らしていて笑わせるな」と私は言った。そして、男の子は一人として梨の皮を包丁でむけないし、女の子も半分しか包丁を使えないのである。若者の生きていく力は相当に重症状態なんだと実感した。

県の農政部のある幹部が、農村の教育旅行に関して「なんで教育のツケを農村が払わんとでけんのか」と発言した。よくそんなバカなことが言えたものだ。農業や農村に子どもたちを再生する力があるなら、こんな嬉しいことはない。実は反対に、子どもたちから農村で生きていくことへの希望をもらっているのだと思う。こんなありがたいことはない。これほど農業、農村を疲弊させたツケをほかの誰が払うというのだろう。

大分商業高校（七三頁写真）は二回続けてきたが、三回目は来なかった。先生同士のコミュニケーションがうまくいかないのが実情と聞いていたが、ＰＴＡに対しては高校生に安心院でワインのヌーボーを飲ませたから、と中止を納得させたそうである。実はその頃、安心院ではヌーボーの美味しい季節なのだ。初めての学生の受け入れで気が緩んだのだろうか。油断は禁物だ。「いいかえ、ここはドイツとは違うんで。ヌーボーとはいえ高校生に飲ませたらいかん。何かの時にはこれが原因にされるんで。油断したらいけませんよ」。

そして、何といっても子どもたちとの別れが良かった。一泊二日二四時間の付き合いというのに、九〇％以上の子どもたちが涙涙の別れになったのだ。その涙を見て私たちは良いことをしているんだなと実感し、今後、新しい大きなうねりが起こる予感がした。

その年の研究会の十二月定例忘年会で大西先生に体験発表をしてもらったが、「今回の最大の目的は、実は子どもたちの逃げ場が欲しかったのです」と話していた。グリーンツーリズムには、その役が十分果たせると、子たちの涙から自信を持つことができたのである。

## この家の子どもになりたい

二〇一九年には、修学旅行や体験学習等で全国から三二校三六〇〇人の子どもたちが農泊体験に安心院を訪れている。学校団体の来訪は五月、六月、九月、十月、十一月に集中しているため、受け入れ側は限界にきている。しかし、子どもたちにとって一生に一度の修学旅行なのだ。あまり無理にならないようにしなければならないが、何せすごい需要である。

うち六割が北九州市の中学校の体験学習であるが、その北九州の女子中学生7人が農泊した時のこと。お別れのセレモニーの後、班のメンバーで集まって話していると、途端に一人が泣き出した。するとみんなが一斉に泣き始めたのだ。二泊三日の期間中、一番淡白だった子が、目から涙が飛び出る感じで泣いており、「なんでこんなに涙があふれるか分からない」と言っていたのが印象に残った。中には宿帳みたいノートに「この家の子どもになりたい」などと書いている子もいるのは嬉しかった。あることがキッカケで子どもたちの家庭の事情を聞くことがあったが、七人のうち四人が両親がそろっていないのである。

北九州だけでなく大阪の中学生もそうであった。しかし、みんなの前でそのつらい話をしっかり話しているのには驚きとともに安心した。人前で話すことは本人の心の傷を癒す作用もある。

子どもたちに幸多かれと祈っている。

## 有名な不良

我が家でも多くの中高生を受け入れているが印象に残っていることがある。関西からの修学旅行でやってきた中学校三年の男子生徒の中で、何故か一人だけ服装が皆と違う子がいた。

一緒に二泊三日、生活を共にし、特に何も感じなかったが、いよいよ帰る間際になって校長先生が私に「関西では有名な不良三兄弟なのです」とボソっともらした。後で聞いて良かった。出来れば聞かない方が良かったが、何事もなくヨカッタである。学校とは違う他人の家で猫を被ったのか、猫を被れるのは、もう大人ということなのである。学校では事情があってツッパっているのだろう。ゆったりした農村で、ちょっとだけ荷物を下ろしたのだろう。

別の中学校の女生徒が泊った時の話であるが、我が家に着いたらまず私等を含めて、皆で簡単な自己紹介を行っている。一巡した後、リーダーの娘が「カナちゃん（仮名）の声初めて聞いた、カナちゃんがデビューした」と驚きの声をあげた。こちらもびっくりした。良いきっかけを農泊が提供できて、良かった良かった。

安心院には一五年連続で修学旅行に来ていただいている学校もあるが、振り返って何故、こんなに農泊が全国的に広がったのだろう。今の子供達は小さい時から他人は恐い、他人は信じるなという教育をずっと受けている。本来、人は人を信じなければ何も進歩発展はないのに。子供達は初めて知らない人の家に泊って、体験や話し合いを通じ「人は信じられる」と判ったのだ。この意味合いが非常に大きいと私は思っている。

そして、別れの涙はたぶん、もう一生逢うこともないのではないかという涙でなかろうか。農泊体験は子供達が大人になっていく分岐点の時に、特に重要な役をしていると思っている。

素晴らしきかな農泊である。

〈上〉いただきますの食事風景

〈左〉涙の別れ

農村を謳歌する学生

## 夢の旅

二〇一四年、京都から六校が安心院に修学旅行に来ている。ある京都の中学校の校長先生が入村式の挨拶の中で、安心院の農泊に来ることを「夢の旅にやってきた」と表現した。この言葉には驚いた。私たちは普通、京都や奈良に行くことを夢の旅と思っていたが、反対に安心院に来ることを夢の旅と言っているのである。時代は変わったもので、農村、そしてグリーンツーリズムの役割について都市側からのうれしい指摘であった。ジプシーでゲリラだった怪しき団体の活動が本物になってきたのだろう。

二〇一四年、NPO法人大分県グリーンツーリズム研究会でイメージソングを募集した。最初の一年で詩を募集し（五八作品応募）、二年目で曲を募集（二四作品応募）、三年目に歌う人を募集し、三月二八日グリーンツーリズムの日に審査会を開き、歌う人も決まった。もちろん曲名は「夢の旅」である。さぁ、次は紅白を目指そう。

## 安心院に嫁ぎたい

東日本大震災後、福岡にある日本旅行業協会（JATA）の支部主催で、各旅行者から約三〇名ほど集まり、安心院での農泊研修が行われた。我が家でもJATAの人と、JTBのお姉さん達四人が、一泊二食のコースで泊まり体験をした。農業体験は冬場だったので、梨の選定枝を集めて燃やして焼き芋を作る体験を行ったのだが、なんせ四人とも真剣になって枝を拾い集めるのには驚いた。何もそこまで本気にならなくても良いのにと思いながらも止められなかったが、終わった後に「達成感がすごい」と汗びっしょりで喜んでいた。

料理体験の時は中国のお姉さんがいたので、餃子作り体験となり、これも皆真剣にわぁわぁ言いながら作っていた。夕食を共にいただきながら、中国のお姉さんが「日本人は東日本大震災の後、順番待ちで並んでいるのを見て、冷静で他人をいたわる態度は改めて日本は先進国であることをアピールした。すごいことだ」と話していた。ＪＡＴＡのお姉さんは、自分は若いころ宮家と結婚したかったので、学習院大学に行きたかった等、本気でそんなことを考える人がいるもんだとこちらが感服した。

そして、一人のお姉さんが「私は安心院に残って住みたい」と、どうも本気で言っているので、私が「それなら見合いをして、気に入ったら結婚して住んだらいいよ。見合いをしますか?」と言うと、「見合いをします」と言うから、もう一度念を押して本気だと思った。真面目で真剣に働いている好青年がいたので、その三ヶ月後ぐらいに我が家で見合いの運びとなった。本人同士で逢っていただき、その後、何回か二人でデートを重ねたが、残念なことに実は結ばれなかった。残念だった。

彼女達は、農泊は何となく知っていたが、泊まってみて素晴らしいと思ったそうだ。私達、個人個人でも農泊の応援をしていきたいと、福岡に住む旅行業のプロのお姉さん達に農泊の応援団になっていただいたのである。

同様の話で、二〇一四年七月、東京のＪＴＢの本社から安心院を訪れた時の話だが、ＪＴＢ本社の新人研修で山形での農泊研修を実施し、終わった後のレポートを読み驚いたとのことである。内容に「農泊を通じで人生観が変わった」「時間が止まった」それぞれが感動の嵐だったそうである。そこで、旅行社であるＪＴＢが会社の新人研修に本格的にグリーンツーリズムを商品化しようと会社内で話になり、九州内の会社の研修に呼びかけをしたい、協力してもらえるかとの話に来たのだった。もちろんＯＫである。

修学旅行関係は年間四ヶ月間が特に忙しいだけだが、その他の期間に農泊してもらうには、企業研修のこの形がベストだと以前から思っていたが、旅行社もとうとう本気になって来たのかと、さらに教育旅行プラスアルファでステップアップ出来ればと願っている。

## 最高のホメ言葉

修学旅行や体験学習等で訪れた中学生に取ったアンケートの中で断然多いのが料理が美味しいということである。次におやつ作りが楽しい、そして収穫した野菜をすぐ調理してくれたと続いている。これはホテルや旅館では真似の出来ないグリーンツーリズムの特性だろう。

また、観光地巡りも川遊びも好評だ。さらに、動物とのふれあいもあるが、これにはアレルギーの関係で近づけない子も多い。交流関係では、家庭が優しい、そしてコミュニケーションが取れたというのも断然多い。これが農泊の基本なので安心した。

中にはバランスの良い食事が出ていた等、中学生なのに目角の効いたアンケートもあった。そして、「ずっと仲間と一緒に過ごせた」「下の名前で呼んでくれた」「自己紹介カードをしっかり読んでいてくれていた」「ずーっと笑っていられた」等、個人的な差はあるだろうが、居る間、ずーっと笑えたというのは、これは天才的な農泊家庭でなかろうか。

そしてキラッと光るアンケートがあった。それは、「近所の人同士の仲が良かった」ということだ。以前のアンケートでも家族が仲良く力を合わせて暮らしているとあったが、本来人間同士、仲が良いのが本当だが、幼時期から他人を信じるなと防犯ブザーを持たされ、中学生までなって始めて農泊で他人の家庭に泊まり、人が仲良く力を合わせることに感動したのだ。

農泊体験で一番の教育効果は「人は信じられる」と分かることではなかろうか。泊まった人達からの最高のホメ言葉は「家族や地域が仲が良く、力を合わせている」でなかろうか。このことは、簡単そうで難しい。旅館や民宿と違い、家庭の中で共に暮らすのである。美味しい料理を出した上に、人間味が問われるのである。また、あの家を訪れたいと思わせる源ではなかろうか。

グリーンツーリズムは人が資源なのです。

## 恵まれる不幸

修学旅行生を長年受け入れて、アレルギー体質の子供の多さには驚いている。この頃では、成人病という名称は死語となり、呼び方を生活習慣病に変更する事態になって久しい。若くても糖尿病や痛風の病気の人が周りに結構いる。

主に海外からのお客を受け入れている東北のある地域の人が「海外からの農泊のお客様にアレルギーは無いから、食べ物に気を使わなくて良い分、気持ちは楽である。日本の修学旅行生のアレルギーの多さには参っている」と話していたが、確かにアレルギーの子供が多い。

私が子供のころでは、たまには、豆腐と油揚げが一緒に入った味噌汁を食べたいと思うような生活だったが、これが普通だったのである。

学生時代、親元を離れて東京で暮らしたが、七〇歳になった今でも鮮明に思い出すのは、食べ物のことが主で、多くの料理に感動したことだ。忙しい上に貧乏だったおかげと心底思っている。

振り返って今、昨今は日頃から回転寿司に行く上、マグロが好きだ、肉はローストビーフしか食べない。この子供たちは将来食べ物に対して感動の少ない大人になっていくだろう。恵まれた不幸ではなかろうか。作用、反作用で世の中は回っていくが、今、貧乏しているお母さんがいるなら、心が貧乏にさえならなければ、子供は後々あなたに感謝してくれますよ。

多くの農泊体験に来ている中高生の皆さんが、自分が今何を食べているのか、どこの生産物か、安全か、と意識してくれて、出来るならば、日本の農漁産物を食べて欲しいと願っている。そうです、人間、頭のてっぺんの髪の毛から足の爪先まで全部食べ物で出来ているのである。

## インストラクターは農業実習から

我が家にはほぼ毎年、県（大分県）の農業短期大学生が三週間のぶどう園の農業実習にやって来る。二〇二〇年で通算二〇年目だが、県内では最長だそうだ。早朝の「おはようございます」から「お疲れさまでした」まで、ほぼ一日一〇時間近く共に過ごすのだが、修学旅行の農業体験とは全然違う。修学旅行は時間的にも二時間程度の農業体験なので、ほんの触り程度でしかないが、何かしら響くことがあれば幸いである。この農業体験が元で将来農業という職業を選ぶとか、もしくは農村で暮らすことになったり、中には家庭菜園を頑張る、そして願わくば、仮に価格が高くても日本の農産物を買う等、心情の変化が起きればと秘かに、常々願っている。

ある時、隣町の高級旅館の人が安心院に来て、宮崎で行っているワーキングホリデイの話が出て「安心院で農作業をしたら安く泊めてくれますか」との質問が出た。静かにこう返した。「お宅の旅館で手伝ったら安く泊めてくれますか」、彼は「出来ません」との答えだった。

確かに農業は単純な作業もあるが、実に奥が深い。家の中で作る美味しい料理より、自然にさらされた中で、美味しい農産物を作るのは至難の技なのである。

今まで何人も、大学を卒業した、若くて優秀な人に、研究会の事務局で仕事をしてもらった。もし許されるなら、二週間程度で良いから農業実習をしてもらい、農業者の生活を経た後、グリーンツーリズム事務所での勤務なら言う事なしである。何故なら、農業を助ける為のグリーンツーリズムだからである。これは世界共通の認識である。

## 仕事の極意

私の夏から秋にかけてのブドウの仕事は、四ヶ月間で七〇〇グラム入りの巨峰の箱を約四万箱近く詰めることである。一箱に平均三房を詰めている。一房ずつ箱に詰めるが、その場所を決めて置く瞬間息を止める。「このブドウを買った人が再び買いに来てくれますように」と祈りながら七〜十月の間、ブドウの箱詰めを行っている。信じ難いでしょうが、本当の話です。祈ることで今までブドウで生活が出来ているのではなかろうか。

修学旅行等で訪れる子供達にはよくこの話をしている。収穫したブドウ、柿、梨の実を置く瞬間息を止めて祈って置きなさい。お客様に喜んで買ってもらえるように心を込めよう。子供たちはこの話を聞くと、最初はビックリして目を見開いているが、たぶん心に残っていくだろう。

着地点で瞬間息を止めて祈る。これは全ての仕事の極意でなかろうか。そしてこの後、子供達に「皆さんの作業体験は正味二時間程度ですが、大人は普段八時間は働いて皆さんを養っているのですよ」と言うと、多くの子供達は首を縦に振ってうなずいている。農泊は親のありがたみを知る旅でもある。

## 農泊をした農林水産省の職員からの手紙

必ず業務に活かしていく

さて、先日の研修出張において、「王さまの小屋」に宿泊させていただき誠にありがとうございました。昨今の農林水産省の取り組みとして農泊推進を掲げているところですが、通常業務をこなす中で、なかなかまとまった休暇が取れないこともあり、私たちにとって農泊は初めての経験でした。宿泊前の講義の中でもおっしゃっていましたが、実際に農泊を体験してより農泊の良さを理解することができたと思います。

特に印象的だったのは、料理の品数が非常に豊富だったことです。メイン料理として提供されるような料理が次から次へとテーブルに並べられる様子に宿泊者全員が圧倒されてしまいましたし、なんといっても料理がとてもおいしかったので身も心も満足感で満たされました。ここで提供された料理については今でも私たちのなかで語り草となっています。（完食できずに申し訳ありません…）

このように、農泊の運営を支えている要因は各農家のおもてなしの心なのだと感じました。料理のほかにも、布団が暖かくなるように敷布団の下に電気毛布を敷いてくださったり、早朝から笑顔で話してくださったり、景色の綺麗なところへ連れて行ってくださったりと非常に短い時間ではありましたが、様々なことをしていただけました。「一回泊まれば遠い親戚」と親戚カードには記載されていますが、「遠い親戚」以上に手厚くもてなしていただけたことに非常に喜びを感じています。

また、お食事の中で、日本人は長期の連続した休暇を取る必要があるとおっしゃっておりました。私たちもそうですが、業務量の問題もあり簡単に休暇を取得できないことは大きな問題の一つです。もしこの難解な問題を解決する一つの方法が「バカンス法」の制定であり、その余波でグリーンツーリズムの発展や農村地域の活性化につながるのであればとても興味深いことだと思います。

末筆になりましたが、今回の農泊体験で学んだ経験などは必ず業務に活かしていくように努めてまいります。

この手紙は農林水産省の若手職員が研修で安心院農泊に来訪した際のお礼のお手紙である。一九九六年発足の安心院町グリーンツーリズム研究会は前例がない中、農泊の取組をスタートさせたので、設立早々に全国から多くの研修団が訪れていた（九一頁写真）。国内のほとんどの市町村は安心院へ研修に訪れているのではと思うほど、多い年には年間二〇〇団体ほどの来訪があり、町を潤してくれていた。私も、一日に三団体に講話をした時もある。二〇〇三年頃からだんだんと韓国からの研修団体が増えてきて、日本国内からよりも多く訪れるようになっている。中には「私、安心院に来るのは三回目です」という韓国の方もいらっしゃった。ところが新型コロナウィルス出現の前、日韓関係の悪化により二〇一九年八月以降、毎年五〇団体前後約七〇〇名訪れていた韓国から研修団がゼロになっている。インバウンドに軸足を置いているところは大変だと思う。当町は教育旅行が主体なので、どうにかやれると信じている。ああ大変だ。

この農林水産省の若手職員の手紙の最後に書かれている「必ず業務に活かしていく」というのが良い。頑張れよ。

## 嫁にやりたい

良い風と、優しい家族、美味しい食事、名知らぬ良き友との交流。また来ます。ありがとうございます。

これは韓国の人で、今では一番大切な友人となったユン・ジョンソクさんが、一番最初に安心院で農泊した時の手紙である。

彼は日本の大学を卒業後、ソウルにある地域アカデミーというコンサルティング会社に勤めている。その後、彼は一〇回以上、当地に研修団を連れてきていただいた。彼と二泊三日で韓国を共に回る機会があり、良い人だなと思った。日本的で真面目で本気で農村をどうにかしたいとの想いを感じた。うちの娘を嫁にやりたいと思うくらいの好青年だったが、あいにく二人の娘は嫁に行っている。

ユンさんには農泊の手引書「農泊の極意」の韓国語訳をしていただいて韓国語の冊子ができている。信用できる人に訳してもらえてよかった。ところが、この「農泊の極意」は日本語版より韓国語版のほうがよく売れている。何故か、それは日本より韓国の方が、視察研修が多いからである。毎年七〇〇名前後の人が訪れ、一時間程度の研修の後、農泊していただいている。こうなると、間違っても韓国との争いごと、戦争などできるものではないと肝に銘じている。民間交流が平和につながると良く聞くが、まさに農泊は平和の交流事業といえよう。

左から二番目がユン氏

〈下〉研修風景

お母さん百選の三名

## 人の幸せを祈って暮らそう

一九九六年九月の第一回実験的農泊から二四年。今でも、スローフード等で中心的に頑張っている時枝仁子さんは、お母さん一〇〇選の安心院での第一号に選ばれた。その後、二名が選ばれ、計三名となっている。農泊を目指すお母さんにとっては最高に名誉なことだろう。彼女は選ばれた時「この後、私はどうしたらいいの」と聞いてきた。ちょっと考えた。「自身の心の満足が充足したなら、次は人の幸せを祈って暮らそう、じゃないですか」と、つい偉そうに答えたが、確かに人の幸せを祈って暮らせるなど、レベル五の幸せだろう。

「いい人生とはいい人との出会い」と誰かが言っていたが、グリーンツーリズムはまさに、いい出会い、いい仕事でなかろうか。

出来るならば「人の幸せを祈れる」ことを目指し、この道を極められたら良い。私も頑張ろう。

# 楽しく、思い出深い農泊

## 心を一つのグリーンツーリズム

農泊を志す者にとって、忘れてはならない知事がいる。グリーンツーリズムの夜明け、二〇〇二年三月二八日の大分県生活環境部長名で出されたグリーンツーリズム通知、いわゆる3・28事件。私がいつか果たそうと思っていた事件だったが、県当局のトップ、平松守彦前知事の超ワンマンの力があったからこそできた事件と思える。

長期二四年の大分県政の中で終盤にサッカー場、農業文化公園などを作り箱物知事と批判も浴びたが、全国に名をはせた一村一品という地域おこし運動、違うものを認めるという思想が私は好きだった。そして何と言っても、私たちグリーンツーリズム関係者にとっては、平松知事のワンマン力による3・28事件勃発が最後の置き土産として最も評価できると思っている。

左から二番目が平松知事

家族旅行村管理棟、ここの2階で8年間事務局設置

違うものを認める一村一品から、心を一つにするグリーンツーリズムへのレールを敷いたのではないだろうか。平松知事とは直接話し合う機会はあまりなかったが、何かの時にはよく表に引っ張り出させていただいた。

当時、平松知事は巷では七期続投ではと思われていたが、3・28グリーンツーリズム通知の後、日本で最初の農泊の許可証の授与式の途中、安心院町役場の三階に取材に来ていた新聞記者からメモ用紙で知事の引退を知らされた。二〇〇二年八月五日のことである。翌六日の新聞に農村民泊で営業許可と平松知事引退表明が一緒に掲載されていたことに時代の節目を感じた。

次に登場したのが広瀬勝貞知事であるが、こちらの知事は前知事とは対照的な人に見えた。二〇〇四年度の大分県グリーンツーリズム研究会の総会で広瀬知事に講演をお願いしてみた。たぶん断られるだろうと思いながらも日程を二つ示しお願いしたところ、受けてもらったのでびっくりした。気さくで優秀な知事が県のリーダーになったと感心した。

私たちもそう思っていたが、熊本大学の農村社会学の徳野貞雄先生の著書『農村の幸せ、都市の幸せ』の中で、大分県は一村一品運動からグリーンツーリズムへ移行したとして、一村一品とグリーンツーリズムの比較論がされていた。改めてそうなったんだなと思った。

徳野先生はグリーンツーリズムには比較的厳しい意見の持ち主だが、確かにグリーンツーリズムは難しいと思う。二〇〇八年度からＮＰＯ法人大分県グリーンツーリズム研究会が教育旅行の窓口の一本化に努め、県内の東西南北の四ブロックで行うようになっている。平松知事が始めた一村一品は違うものを認める地区対抗戦だったが、広瀬知事が応援するグリーンツーリズムは県内で心を一つにする運動である。夫婦、家族でも心を一つにするのは難しいのに、大分県一円で他人同士が心を一つにする実験段階が日本のグリーンツーリズムの現状ではなかろうか。名前は売れていても、実力はまだまだヨチヨチ歩きである。もっともっと多くの人の応援が必要だ。

## たいてい偏っている

よそ者の変わり者が変わったことを始めたと思われていた農村民泊、いわゆる農泊が国の法律を変えてまでの運動になり得たのは、みんなが頑張ったこともあるが、マスコミの人たち、とくに新聞記者の心意気のおかげが大である。変わったことをしていても新聞に載ると「良いこと」になっていくのである。多くの新聞記者は三年前後で異動していく。しかし、ほとんどの記者は安心院のグリーンツーリズム研究会の会員になってもらっているので、移動先まで二カ月に一度、ハガキの案内が届くようになっている。だから、ずっとつながっているのである。というよりは、つながされているのかもしれない。

一九六九年に研究会を立ち上げてすぐの頃、記者に「このグリーンツーリズムの終わり方はどうしたらいいんでしょう」と尋ねた。立ち上げてすぐに終わり方を考えていたのである。第一回ヨーロッパ研修に行く前だったのである。目標がなかったのである。Y記者曰く「踊るように逃げたらよい」。もしヨーロッパ研修にいかず、ドイツという目標がなかったら、踊るように逃げていたのだろうか？

これも立ち上げの頃、宇佐市郡のネットワークの集まりで、私が「こんなグリーンツーリズムみたいな新しい運動は偏ってもいいのでもっと記事にしてほしい」と頼んだ。すると地元のO記者が、目をカッと開いて「たいてい偏ってるじゃないですか」と言う。そういえば確かに偏っている。記者のおかげである。グリーンツーリズムを立ち上げて、一〇年近くは我が家がみんなの溜まり場だった。床が抜けるほどの例えがあるが、実際に床も抜けたのである。

いつもみんなが集まる場所の隣に六畳の部屋があり、我が家では記者室と呼んでいた。時々、記者も我が家で農泊体験をしていたのである。帰っても待っている人がいない独身記者にはうってつけの農泊体験なのである。そして、この話を立ち上げて間もない頃、ある大手の新聞が安心院のグリーンツーリズム便りみたいな欄を別枠で載せ、自分は二～三年記者を休んで農泊の窓口をやってみたいと言い出すM記者もいた。また立ち上げから三～四年が過ぎた頃、視察などで客がだんだんと増えてきて、つい私の口から「忙しくなった」と突いて出た。ぼやいたつもりではなかったが、O記者から「それが目的じゃなかったですか」と即、返ってきた。それはそうだ。今後、記者の人たちの前では、忙しくなったなどと決して言うまいと心に決めた。応援してくれる人たちに申し訳ない。

十数年の間、記者の人たちに数えきれないくらい多くの記事を書いてもらい、脳裏に焼き付いている記事が一五～一六本はあるが、特にグリーンツーリズムにとって時代を変えた記事が三つある。記者の名前はもちろん、記載された日付まではっきり覚えている。私の勝手な「グリーンツーリズム、時代を動かした記事ベスト三」は次のとおり（掲載順）。

①一九九八年一月一日（木）、西日本新聞、田中一彦記者による「普段着の旅のおもてなし」。副題に「南西ドイツ・アッカレン村。農村民泊の心地よい夜は更けていく」である。この記事には、今後、農業・農村は明るい展望の予感がし、時代は変わっていくのでは、と心踊らされた。そして農家民宿ではなく農村民泊とあるのも良い。

②二〇〇二年一月二四日（木）、毎日新聞夕刊トップ、栗田亨記者による「農林漁業体験を満喫」。副題に「グリーンツーリズム静かな人気。大分安心院の農家受け入れ。JR九州が商品化」とある。まだ安心院の農泊が法的認知も受けておらず、法の裏をかいている時代の記事である。当局ももう手を打つしかあるまい。この企画は『九州のムラへ行こう』編集長の養父信夫さん、高田町長の心意気で実現したが、JR九州が民間の企業になったから応えてくれたのであろう。

この記事は、かなりショックを官に与えたと思える。大分県生活環境部の「グリーンツーリズム通知」、いわゆる規制緩和が出される三月二八日の二ヶ月前の記事である。その時の栗田記者はまだ二五歳であった。彼はこの記事を載せた後の3・28事件の時には転勤で福岡に異動していた。大きくグリーンツーリズムの時代を変えた記事である。

③二〇〇二年四月二日（火）朝日新聞、三輪節生記者による「農家民泊を緩和へ」。副題として「大分県が独自方針、客専用調理場求めず」だ。三輪記者のスクープで、全国にグリーンツーリズムの夜が明けた、という喜びの鐘を鳴らす記事だった。

何人もの全国の仲間から喜びの電話がかかってきた。家族とともに目の先が痛くなるほど泣けた日であった。あれから一八年、この規制緩和は全国のグリーンツーリズムの主流の動きとなっており、産業としての確立に大きく寄与している。二〇〇八年度から始まった「小学五・六年生一二〇万人を農村に」の子どもプロジェクトの源流になったのである。

## 身のほどを知れ

グリーンツーリズム研究会の専属事務局を設置した当初、その運営費は町が運営する宿泊温泉施設、家族旅行村「安心院」の一部を指定管理という名目で管理委託を受けることで賄われていたが、二〇〇五年に隣の宇佐市、院内町と合併したことで事態が変わった。家族旅行村全体の指定管理を受けるか、もしくは旅行村から出ていくか、の選択を迫られることになったのだ。旅行村全体の運営をやることに家族はそろって反対した。家族の反対を理由に、これ幸いと旅行村を出る楽な道に進もうと考えていた。ところが、〆切が近づいたある日、家内が「あんた、植田淳子ちゃん（事務局長）をどうするんかえ」と聞く。そうなのだ。ＮＰＯ法人の研究会では、職員一人雇用する力がないのだ。

頭を切り替えることにした。まず第一に、グリーンツーリズムを志す私には従来の旅行村の宿泊施設を運営することに何となく抵抗があったが、私たちが国に求めているバカンス法が制定された時、農家の家では長期滞在は困難な面がある。その点、旅行村のケビンやログハウスにはすべて自炊設備がついている。グリーンツーリズムの次の時代を背負うことができるに違いない。腹が決まった。

最初は安心院町グリーンツーリズム研究会でやろうと思っていたが、役員会の話し合いの場で「誰が責任を取るんだ」と問い質された。「自分が取るしかない」と、遠くを眺めながら思った。いろんなアドバイスを聞くうちに株式会社設立へと傾いていった。結果的に「㈱安心院長期休暇研究連合会」が設立された。こんな変な名前の会社があるのかどうか、こちらの思い込みを通すしかない。結果的に思い違いになるのかもしれないが、どの道、旅行村の指定管理を受ける以外にグリーンツーリズムの存在はなかったのである。

そして、この倒産状態に近い旅行村の指定管理に四社から申し込みがあり、中には東京の年商六五億円の会社もあった。主に市の職員による聴聞審査の結果、私たちの会社は二番目で落選した。ところが市は、庁議で市の重要政策として、地元で生まれた新産業を大事にしたいという思いもあり、最終的には市長判断で私たちの会社を指定管理に指名したのである。当初、一位指名の会社が怒って抗議文を全市議に配布したため、市議会の委員会でなかなか決まらずダメかもしれないと思っていた。しかし、市議会の経済産業委員会が三度目で私たちの会社に議決した。新聞でも「グリーンツーリズム待った」（毎日新聞）などの見出しで大きく報道された。やっとのことで事務体制の継続ができることになった。応援してくれた市当局、そして議員の方々には心から感謝している。一位の会社には申し訳なかったが、二〇〇六年十二月に決まり、翌年一月一日から移行するようにと指示が出て、あわただしく新しい年が明けた。

父親が生きていたら、たぶん「身のほどを知れ」と私のことを叱っただろう。実際、ある人たちから「人の良いのもほどほどにせよ」とか「何で負の遺産を受けた」とか、中には「あんたみたいな貧乏人が受けるものじゃない」とか、よく本当のことを言うものだと感心した。実際、築三〇年以上経過し、売り上げも下降線の一途だったので、そういわれるのも無理はないと思えた。しかし、私の立場としてはこの道を進むしかなかった。

ところがである。みんなの期待を裏切って、指定管理一年目の売上は二割増、二年目も二割近く増なのである。旅行雑誌全国版『じゃらん』の二〇〇八年十一月号で口コミ好感度が、全国で同様な宿泊施設三四カ所の中でベスト4となったのだ。信じられない。素人ばかりだが、心を一つにして頑張れば、こんな結果が生まれるのだ。

学生時代、研究室の先生から「俺は今まで多くの学生を見たが、お前ほど学生時代を有意義に送った学生を見たことがない」と言われたことを思い出した。確かにそうだ。二二歳で二〇〇〇万円の借金でスタートしたぶどう園、人に会っている時間もなかった二〇代、三〇代。その後のグリーンツーリズム、旅行村の経営などは考えてもいなかった。多くの仲間たち、家族の応援でどうにかここまで来られた。

そして、以前から言い続けていた九州グリーンツーリズム研究会の設立総会が、二〇〇八年十二月十三日、長崎県波佐見町で開かれた。二〇一〇年十二月には大分県全域で第三回目が開かれた。これらは、その一〇年後の二〇一九年三月、安心院町にて農泊の全国組織「未来ある村日本農泊連合」が設立される源流になっていった。

## 農家に武器を

愛媛県の農業普及員だった赤尾道子さんには、現職時によく農家の人たちを連れて安心院へ何度も訪れていただいた。しかし、愛媛県当局が農泊の規制緩和に動かず、グリーンツーリズムの活動は泊めることでなく、農業体験に流れてしまった。彼女達から一〇〇の農業体験の大きなカラーマップを広げて見せていただいたが、料金が気になった。ほとんど五〇〇円程度にしているのだ。安心院で一九九六年頃、初めて農業体験料金を決める時、農家が体を張って感動を与えるのだから、せめて映画館並みの料金を貰うべきだと、考えて考えて、一五〇〇円に決めた経緯がある。グリーンツーリズムは感動産業なのだ。しかし、体を張らなければならないので大変といえば大変である。

その後、修学旅行等では、愛媛県で農業体験を行い、広島のホテルで宿泊する形となった。一番いい所、料理で言えば一番美味しい所をホテルに持っていかれているのである。しかしその後、愛媛県も方向転換したそうだが、一度出来た流れを変えるのは難しかろう。静かだったが、情熱のある彼女があんなに頑張っている時、何故、愛媛県は規制緩和をしなかったのか。

日本においては二〇一一年二月に厚生労働省より閣議決定された「無償で民泊させる場合の旅館業法について」が発令された後、大半の県は宿泊料ではなく体験料としていただく方法が主流で、許可なしに動いていたが、それから五年後、政権が変わると、また揺れ動いていた。誰の責任でもなく、自己責任を明確に打ち出し、ヨーロッパ並のレベルに早く追いついてほしい。宿泊させる人数が、ドイツは八人、イギリスは六人、オーストリアは一〇人まで許可不要となっている。頼みますよ。

ヨーロッパでは当然のごとく出来ていることが何故日本は難しく言うのだろうか。ある大学の先生が「規制があるのは国民及び県民を信用してないから」と一言で言い切ったが、いくらなんでもウソでしょ。信用してくださいよ。

グリーンツーリズム研究会発足二四年後の二〇二〇年、今一番困っていることは受け入れ家庭が足りないことである。大分県は二〇〇二年に日本初の農泊の規制緩和を制定したが、「台所に手洗い場の設置」等の立派な規制が残っているのである。二四年前は、泊めても年間何百人程度で、人数は一軒五～六人しか受け入れておらず規制緩和程度で良かったが、今では農泊者が年間で万の単位になりそうな中、ハッキリ言って間に合わない。一軒で一度に二〇人ぐらい泊めているなら、この規制を外してほしいとは言わないが、五～六人の人との心の交流をしっかり行い、質の高い農泊を継続してゆく為には、この規制の撤廃が必要なのだ。この規制が撤廃されれば、受け入れ家庭を増やすことができる。今年の春先、大分県のある地区のグリーンツーリズム研究会はどうしても受け入れ家庭が足りず、学校に断りに行ったとのことだが、このことが今の大分県の現実である。需要はある。お客様は大分県がだめなら他県に行ってしまう。残念でたまらない。

教育旅行においては、二〇二〇年現在、岩手県、鹿児島県、和歌山県では行政による許可制でも届け出制でもなく、NPOや協議会に申し込むだけで農泊が始められる様になっている。大分県はいまだ許可制である。教育旅行において許可制など、そんな必要はないことを体感している。羹《あつもの》に懲りてなますをふいている。この年の八月に、県議会議員一二名が安心院に農泊と現地視察のために訪れ、その時に許可制から届け出制への請願をした。

## 努力もしないで人が来るのが恐い

安心院のグリーンツーリズムは農村民泊で売りだしたが、こんな純農村に人が来るだろうか、もし来なかったら昔湯布院が使った手を使おうと考えていた。奥別府湯布院で湯布院は名を売ってきた。安心院は「奥湯布院・安心院」、場合によってこの手を使おうと考えていた。ところが、三〜四年で有名になってきてこの手は使わなくて済んだ。

その頃、研修に出かけた。メンバーは会計担当の大分銀行の谷明美さん、定例会の案内役の農業公社の廣本康栄さん、彼女等には裏方の応援をしてもらっていた。彼女等の名前はあまり表に出ることがないので、今回名前を敢えて載せさせていただいた。それに農業普及員、そして学生だった長男を含め総勢七名、当時グリーンツーリズムで名をはせていた、北海道と京都に研修に出かけた。いずれもすごくいい勉強になったし、楽しかった。北海道は組織ではなく個人個人が相当な努力で成り立っているのがすごいと思った。大草原の小さな家の中野さん、つっちゃんと優子の牧場の部屋の湯浅さん。当時、日本において先陣的にやっていたのである。この時、安心院ではまだ法的認知の戦いの最中で、まだ怪しき団体の時代であった。

北海道研修のあと、最後に京都美山町に寄った。当時日本のグリーンツーリズムの一番は美山町であると、ある京都の大学の先生が新聞でコメントしていたので一度は行ってみたかった。茅葺き屋根の家が多く残っている町並みを売りにしている。最初に役場の担当者に話を聞いた。美話の中で、貧乏だったおかげで茅葺き屋根の家が多く残った。観光客は四五万人来ている。美山町には何もない。これ以上来てもらわなくてもいいのでは等、耳を疑うような話だった。農家所得五四万、農泊稼働率三割との説明があった。行政の案内役の人が「美山は何にもない、これ以上来なくてよい」と、正直な人なのか、素晴らしくやる気を感じさせないのは、家庭で何らかの事情もあるのだろうかと思った。

夜は地元のリーダーの中野勉さん、茅葺き屋根の民宿「またべ」の代表の方と夜遅くまで話し合った。彼の話だが、「またべ」の建物は国の税金一〇億円を使って建てたので、あまり儲けられない。旅行雑誌の効果は大である。何もかもが行政だよりで自立心がない。最後に「努力もしないで人が来るのが怖い」と。

京都から一時間の地理的に恵まれた茅葺き屋根の美しい町のリーダーは不安な気持ちで美山の将来を心配していた。

この研修から二〇年以上経ているので、今書いているが、リーダーの不安は、物言わぬ茅葺き屋根を主人公にしているからではなかろうか。

グリーンツーリズムは人と人との心の交流、そして信頼関係がこの成否を決めるのでなかろうか。非常に難しいことではあるが。

最近になって、美山も頑張っていると風の便りが届いた。共に頑張りましょう。

## 女性の目が輝くこと

グリーンツーリズムとは「緑豊かな農村漁村地域において、その自然・文化・人々との交流

農業体験を楽しむ中学生

〈下〉農泊の名義はお母さん

川で遊ぶ子どもたち

を楽しむ滞在型の余暇活動」と国は説明しているが、ドイツでは明確に

① 女性が主役である
② 農泊である
③ 農産物の直売である

と言い切っている。私もこれが判り易くうなずける。

ところで日本の農村の現場ではグリーンツーリズムが生き残る為、多用な言い方をしてきた。実に個人的ではあるが、商工会の人にはグリーンツーリズムは経済行為であると、農協のひとには日本の農業の応援団を作る為だ、退職の人々には農泊という新しい職場の提供である、老人の方々にはグリーンツーリズムは福祉の提供である、お母さん方にはあなたが主役の農泊であり頑張る分報われる、心の病む人には心のせんたくの場がある、と相手を見て、多種多様な言い方をして生き延びてきた。どうですか全部頷けはしないですか。

しかし、グリーンツーリズムを総合的な視点で一言で表すと、水上英徳先生の言う「グリーンツーリズムは女性の目が輝くこと」で決まりではなかろうか。

## セドリックは買えないが

今から農泊を始める団体に必ずアドバイスをすることがある。料金は高めに設定すること、

そして一五%前後の事務局費を貰うことである。以前、料金を一泊二食五〇〇〇円から六〇〇〇円に値上げする時に、行政担当者が町長を役員会に呼んで大変な騒動になったこともあった。大分県各地区（現一一地区）には担当行政が付いているが、行政が深入りしているほど、料金を値上げすることに反対をするのである。これが無かったら、ナイスな行政なのだが……。生活の為、農家の生業として、お母さんたちの声で決めているのに何故か嫌がる。値上げをすると来る人が少なくなり、自分たちの成績が悪くなるのだろうか。「なしか」である。値下げは楽である。しかし、高めの値段を付けよう。私達が一泊二食を五〇〇〇円から六〇〇〇円に値上げをした時、世はデフレの真っ最中、熊本大学の佐藤誠先生曰く「よくやった」の一言があった。実は受入家庭のお母さんから五〇〇〇円では合わないとの声が上がっての決断だったが、値上げをするのは大変だった。しかし、この新料金でも、軽トラックは買えても、セドリックは買えないのである。

## 助かるわ

研究会設立以来、事務局長は四代目で、地元の三〇歳の青年で家業はブドウ農家の安部翼君だ。若かったから不安だったが、確実に仕事をこなしている。

二代目は宮川芦郎さんという人だった。町内では保守本流専業農家の代表みたいな人で、彼がグリーンツーリズムの事務局長をするという看板は非常に意味があった。グリーンツーリズムは農家の為にやっているとのアピールの最適人者と思っていた。

しかし、世間では普通、男のロマンは女のフマンと言われている。当初、奥さんからは「うちのダンナをイベントみたいなのに使って、あまり声をかけないで」と迷惑そうに言われた時もあったが、ある日、東京経済大学の森反章夫先生ご一行が、宮川さん宅に農泊に来た時から一変した。まだ法的認知は受けていなかった頃だった。その後、家族全員で応援してくれるようになった。

宮川さんは最初から最後まで頼んだ仕事を一度も「イヤ」と言ったこともない。NOと言わないグリーンツーリズムの代表なのだ。その後、奥さんが「グリーンツーリズムは助かるわ」と言ってくれた。もちろん経済的なことではあるが、良かった。少しは恩返しができたと思った。

別の農泊家庭のお母さんが「うちはお盆の時、三日連続で一〇人が泊まってゆくんですよ」と言うと、一人が「それは大変ですね」と返したが、本人は「助かるんですよ」と言い返した。実は我が家の家内も、農閑期にいろんな副業（サフラン・ハウスホーレン草・イモ・ゴボウ・豆等）を作ってきたが「グリーンツーリズムが一番良い」と言い切る。我が家の主業のぶどう経営をグリーンツーリズムが副業として支えているのである。本当「助かるわ」である。

## 自分の子を見てみろ

隣の市に中津市という市があるが、一万円札で有名な福沢諭吉先生の出身地である。慶応義塾大学の創設者で有名な名言「天は人の上に人を造らず、人の下に人を造らず……」を残した方であるが、実は彼にも師匠がいた。

同じく大分県安岐町出身、医師で哲学者の三浦梅園先生である。彼の言っていることを私なりに解釈すると「自然を見よ、自然は白人も黒人も分け隔てなく全てを受け入れているではないか。自然に学ぼう。これによって差別も争いもなくなるではないか」。福沢諭吉先生の「天は」の言葉を入れ替えたら頷けるはずである。

現在、安心院だけでなく全国的に多くの中高生を受け入れていると思うが「まず、自然体で、優しく全てを受け入れる」これが基本と思う。そして、お客で来ている中高生から全面的な信頼を得ることだ。最初から教育しようなど思わぬことである。私の子供四人も、三〇歳にも四〇歳にもなっているが中々教育が出来ていない。まして、二〜三日しかいない中高生に教育しようなど、おこがましい限りである。自分の子供を見てみろとは思っても言えないが、まずは三浦梅園の世界からの始まりがベストと思える。

学校によっては、六割の子供達が片親の学校もあるくらいだから、平均にしても半分に近い子供達の心が萎えた状態で来ているのだ。萎えた心に水をあげる仕事を我々はしているのであるまいか。その水は「人の心の優しさ」しかありえない。

## 沼にはカッパが出る

池と沼の違いを、池にはカッパが出ないけど、沼にはカッパが出るとテレビの宣伝で聞いたことがある。一年の中で一番多く修学旅行生が訪れるのが六月であるが、六月の暑い時には子供達が川や池で泳いだり水遊びをしたがる。そんな時に「安心院では沼が多いのでカッパが出ます、カッパの大好物は中学生の脳みそです、今まで三人やられました。池や沼には一人で近付かないで下さい」と言うと、若い先生が声を細め「本当ですか」と聞く。もちろん、私は「ほ、本当です」と答える。ところがである、安心院に六六年生きている農泊家族のお父さんが「本当？」と聞くのである。あんたがこれを信じますか、気をしゃんと持って暮してくださいよ。

## アンケート恐し

中高生が農泊体験に多く訪れているが、これを全般的に教育旅行と呼んでいる。これは、学校にとって一大イベントの修学旅行と、農業・漁業の職業を体験する体験学習とがある。

私達受け入れ家庭の負担はあまり変わりないが、修学旅行は思い出作り、体験学習は主に体験に軸足を置いている。体験学習は、最初から農作業を頑張って当然という気で来ているから、受け入れ家庭は多少気が楽な所がある。しかし、最近は修学旅行も農作業をキチっとさせて欲しいという学校も増えて来ている。

そんな中、安心院に長年来ている学校から、この学校が自主的にアンケートを取り、その結果を事務局に送って来た。特にこの三軒は、来年は泊めないで欲しいという逆指名のアンケート結果だった。余り書きたくないが、読んだ人の参考になればと思って書くと、二泊三日で農作業だけしかさせていない家庭、子供を感情的に怒る家庭、レトルト食品を出してるのではとの疑いのある家庭である。長年、来ているから何となく安心していたが、アンケート結果を送られて恥ずかしいと思った。本来、アンケートは自分達が取って、自分達の反省材料にすべきことが、お客様から取られ、これは何ですかと言われているのである。子供達が帰った後、必ずと言っていいくらい御礼の手紙が送られてくるので、それを見て安心していたが、それは、学校が教育上書かせた手紙であって、本当の気持ちはアンケートにハッキリ書かれている。

実は九五%以上はアンケートでも二重丸だが、ほんの数%が足を引っ張る形になっている。どこでもあると思うが、この数%が自覚をして、意識を変えてもらうことが事務局の大切な仕事では無かろうか。

それでも、向上心の無い人は組織が生き残る為、休んでもらう以外、道無しである。その後、今では、アンケートを取るように心がけている。

アンケートは恐いが、これに答える努力なしにグリーンツーリズムの継続は無かろう。

## 先生、勉強してくださいよ

大分県内にある大学の、観光においては日本では大家の先生が、安心院町で商工会主催による講演会において、当研究会の農泊は国の許可を取得しているのか、調理師免許を持っているのか、単に楽しんでいるだけじゃないのか、グリーンツーリズムではなくエコツーリズムが本当じゃないかと、ことごとく非難の話しばかりして帰ったと仲間が講演終了直後、怒って我が家に飛び込んできた。余りにも大家は雲の上にいたのか地上の異変には気づかなかったのだろう。

二〇〇〇年、国の権限だった旅館業法を県に移し、調理師免許は帝国ホテルだって不要であり、食品衛生の許可は、人ではなく「台所」というハードに出るのである。農泊の人々はいつもニコニコしてテレビに映っているので、儲かっていないと勘違いしているけど、農家の年金の二〜四倍ぐらいのお金が回っている人もいるのですよ。そして、エコツーリズムも確かに悪いとはいえないが、農家の経済にはあまり関係なく、グリーンツーリズムの中心は農泊であり、人を泊めて初めて農家及び農村を経済的に潤すことになるのである。先生の変な話を止めておかないと後々大変になると、次の日、先生の自宅に抗議の電話をして、一時間くらい話し込んだ。

先生はその後調べたのだろう。県の会議で私と逢った時、苦笑いをしていた。

先生、勉強してくださいよ。

## 探してでも誉めてあげよう

人との出逢いで人生が変わるというが、私はまさしくそんな体験をした。生活評論家で、毎朝一〇分間のラジオ番組を四〇年以上続けていた秋山ちえ子さんに出逢ってからだ。

秋山さんに世の中に引きずり出された感じだが、その秋山さんが一九九一年十二月安心院町で八〇〇人集め講演会を行った。その中で今でも一番印象に残っている話がある。

秋山さんは自分の子どもの男の子にはずいぶん手を焼いていたようだ。学校の月謝を持たせると使い込んだりする等、よほどこの子を殺して自分も死のうと何度も思ったそうだが、それは出来なかったとのことだった。学校の先生には「無理やり探してでも誉めて下さい」と常々お願いしていたら、ＰＴＡの時、先生から「0点だが、テスト用紙の裏に書いた絵がうまかったです」と誉められたとの話があったが、教育の原点は誉めることだと思う。私自身振り返っても先生に褒められて、その教科が好きになり、得意教科になった経験もしている。

現在、安心院には多くの中高生が訪れているが、他人の家に泊まるといったことが初めての子供がほとんどである。初めて泊まった家で、前の人と比べられたり、説教じみたことを言われたり、ましては叱られたんじゃたまったもんではなかろう。

そんなことは私達と子供と立場が変わったら誰だって判ると思うが、誉めてあげよう。私達大人も人から褒められたら嬉しいのは同じことです。

中ぶらりんの中学時代、どの子も子供から大人へと成長していくのです。

私達は、農泊を実施することにより、泊まった子供たちの人生に影響を与えることに遭遇していることを忘れないでいよう。短い期間の我が子です。探してでも褒めてあげよう。

**無事に帰して欲しい**

安心院のグリーンツーリズムは、旅行社とは切っても切れない関係にある。特に修学旅行においては二年前から各旅行社がしのぎを削って学校から修学旅行を受注し、それを日本修学旅行協会を通じて安心院や大分県の各地の二年先の予約を私達が知らないうちに埋めていくのである。

安心院町グリーンツーリズム研究会は二〇〇五年五月に同協会と業務委託提携をし、その後大分県グリーンツーリズム研究会と再提携し、現在に至っている。日本全国から何故、大分県の民間のグリーンツーリズム研究会と提携しているのかとの批判も結構あるといわれるそうだが、日本のグリーンツーリズムの歴史上、安心院のグリーンツーリズムしかない時代があり、その時に提携したのがこの流れになっている。旅行社が命を懸けて獲得した修学旅行を二年後私達が実行していくのだが、失敗は出来ない。

現在、大阪にある協会の事務所に旅行社が申し込むのだが、大阪事務所は大分県には出来るだけ平均的に受入させたいとの思いは強い。しかし、どうしても安心院に偏って受入が決まっていく。その現実に、私が大分県グリーンツーリズム研究会の代表をしているから、他の地区へ流れないとの批判もされたが、それは八つ当たりである。二年前から私達が知らないうちに、学校と旅行社が決めているのである。もし、大分県が平均的などんぐり状態になった時には、全体がコロコロと転がり落ちる始まりではなかろうか。どこかが引っ張って、全体も動いていくのではなかろうか。

安心院でも長年やっていると、交通事故、食べ物の事故、竹細工で指を切った、ハンマーの頭が飛んで頭を打った、犬に噛まれた、トップカーにはさまれた等のトラブルがある。他県においては酒の問題、セクハラ、盗難、先生との口論等、問題も多種多様であるが、ある時、旅行社の添乗員が言った究極の本音「仮に楽しくなくても良いから、無事に帰してほしい」と、か細い声でつぶやいたのが印象に残っている。

気を付けなければならない。

## 食中毒でなく食当たり

後から聞いた話だが、私達が一九九六年グリーンツーリズム研究会を発足させる前、大分県内のある地区で、東京からの修学旅行生を受け入れている地区があったそうだ。もちろん宿泊の許可は取得していない。その中で一番恐いことが起った。体験が終わり東京に帰ってから、食中毒問題が勃発したのである。県の保健所は慌てたそうだ。知らないでは済まされず、知っている顔で「それは食中毒でなく、食当たりです」と何度となく言い張り、平日ではなく日曜日に担任の先生の自宅に電話するものだから、先生もたまったものではなく「はい、わかりました。食当たりです」で落ち着き、大問題にならないで済んだそうだ。真実はわからないが、県の保健所は頑張ったのである。その後、この団体の名は聞かない。

今では食中毒も食当たりも、同じ位置にあると講習で聞いたが、昔みたいな別モノであってほしい。何事も決め付けるのではなく、グレーゾーンがあって自然だと思うし、人間味が感じられ、これによって助かる人もいるのである。

実は当研究会も発足後六年間は見事な灰色のグレーゾーンの時代があった。その後、法的認知となったのであるが、県の保健所に言わせると、安心院の活動を片目ではなく、両目をつぶり「農泊は灰色ではなく、ブラックを、息を飲んで応援したんですよ」の声が聞えて来た。

## 世界遺産から農泊へ

広島から二〇一五年から二〇一七年まで連続三回安心院に来た温品《ぬくしな》中学校、内田智久校長先生も三年連続である。歓迎式、会場の玄関先で待っていると、校長先生は生き生きと輝いた瞳で「ただいま、帰ってきました」と喜びあふれた声で帰って来たのである。二泊三日安心院で農泊だけの修学旅行である。

ちょうどこの日、韓国から新聞社が取材に来ていた。我が家にも生徒五人が泊まっていた。生徒への取材もあったが、校長先生も我が家の直売所前で取材を受けていた。横で聞いていると、韓国の記者の「安心院に来る前は、どこに修学旅行に行っていましたか」との質問に「世界遺産を訪ねる修学旅行でした。行き先を変えたのは、今の中学生の多くが自分に自信がなく、自分みたいなものが、将来社会で役に立つ人になれるのだろうかと不安視しています。そんな中、知らない農村の民家に泊まり、共に生活する中で、助かるわと言われたり、褒められたりすることで、自分は役に立つ人間なんだと、自分を肯定することができるから安心院に来ているのです」と校長先生はインタビューに答えていた。肯定の反対は否定です。学校の本音を横で聞いていて、農泊は場合によっては子供の人生を左右する重要な職務なんだと改めて思った。

修学旅行において、一三年連続で来ている学校もあるが、目的は生徒が自分を肯定する旅に来ていることを忘れないで迎えよう。

探してでも誉めてあげよう―農業体験

修学旅行記念写真

## 昔、保健所 今、税務署

安心院で農泊を始めるには空いている部屋で始め、とにかく投資はしない。最初に貯まったお金でカーテンを替え、次に畳を替え、次に客専用のトイレを作ろうとなった時、大分県のグリーンツーリズム通知により法的認知がなされたのである。

大分県は安心院に客専用の台所を作らせる為、無利子の三〇〇万円を貸し付ける制度を作ったが、誰も使わなかった。

その後、客専用の台所はお客様と共同料理体験にするなら「食品衛生法、許可無し」となったのである。その後、大分県の無利子貸付の制度は、グリーンツーリズム関係なら、その資金は何でも良いという形に変更されたのである。

安心院の場合、大人の人を泊めることから始まったが、その中で特に言われたことが「せめてトイレだけは別にしてほしい」ということだった。元々、トイレは別にある家庭もあったが、当初の安心院方式は「家にお金をかけないで始める」だった。何故なら誰でも始められ、仮に何年間も泊まる人がいなくても倒産がないのである。それどころか、農泊を頑張っている家庭は、いつの間にかお金持ちになっていた。

二〇一五年度、農泊を行った五三軒の年間の平均手取り収入は一三二万円だった。年二〜三回しか農泊していない人も含めているので、最高は三六〇万円で二〇〇万円以上の人も多くいる。農家の年金が年間で七五万円程度ということを考えると、良い方でなかろうか。この数字は事務局を通った数字なので、実質はプラスアルファされる。このページを税務署の人が見ていないことを願っている。昔、保健所、今は税務署が恐いのである。

## この世がイヤであの世に

どんな仕事でも長くやっていると、気の緩み、自己満足に陥り、相手に感動を与える力が弱まっているのが、自分では分からなくなってしまう。誰も教えてくれない。教えてくれるのは、やはり、アンケートしかないのである。農泊の最大の教師は、アンケートと言い切れる。悪い所は素直に、謙虚に反省し努力することが一流になる近道ではなかろうか。そして、ゆくゆくは農泊が仕事ではなく人生になって欲しいものである。

中高生の農泊アンケートで一番多い苦情は虫が多いということである。私達みたいに虫の世界である農村に暮らしている者から見ると、何でそんなに恐がるのと思うことがある。クマン蜂やスズメ蜂に刺されて死ぬ人がいると言うが、実際は虫の毒でなくビックリしたショック死だそうだ。今の子供達は蚊が刺しただけでショック死しそうな雰囲気である。頼みますよ。死なんで下さいよ。

どうすれば良いかであるが、もし虫がいなくなったら美味しい果物は出来ないし、鳥は生きていけない、人類も滅んでいく等の説明をするだけで、随分、虫に親しみを感じてくれる。もし蜂に刺されてすぐの場合、吸い出す道具はあるそうだが、間に合わない場合は口で吸い取ってあげると良いと言ったら、虫歯の人は逆にやられるとのことである。気を付けよう。でも、私は何回か吸い取ったが、効果ありと思っている。

恐いついでに思い出した話がある、旧家で農泊を立ち上げ当初から行っている家で、奥の部屋の立派な仏壇の上に祀っている、亡くなった方々の白黒の写真をどうするかである。嫁はお客さんが恐がるから外した方が良い、姑さんはそんな罰あたりなことが出来るか、ということで私に相談があった。

この件については専門家に相談するようにした。河北行澄さんというお坊さんである。今までに、人に言えないような困った問題を何度も相談し助けていただいている。個人的な相談役である。日頃は「和尚、和尚」と呼んでいる。その和尚に白黒の写真をどうするかの相談をしてみた。答えは明快であった。「この世がイヤであの世に行ったのに、この世に写真を飾られても嬉しくないでしょ」、変に頷けた。その後、彼女の家では別棟の部屋に飾ってあると聞いている。

## 怪文書あらわる

その年、二〇一〇年度はなんとなく嫌な予感がしていた。

農泊の許可を取得する前の五軒ぐらいの家庭が、今まで通り一年間の実務的体験の前期（五月～七月）が終了したので、担当の行政の人に保健所の許可を所得させてほしいと頼んだが、九月のワイン祭りの業務も兼ねていて忙しいとのことで、そのまま後期（九月～十一月）も農泊を受けさせて、その年も終わろうとした頃、日付はクリスマスイヴの十二月二四日だった。この日を意識してかの内部告発があった。

「安心院のグリーンツーリズムは保健所の許可無しで人を泊めている」と宇佐市長始め、大分県北部保健所、北部振興局長、大分にあるテレビ局五社、新聞社五社、そして広島県の五日市中学校、そして北九州教育委員会、なんと第一回共同通信社主催の地域再生大賞の審査委員を兼ねている日本総合研究所等、計一五ヵ所にA4用紙いっぱいに、許可を得ていない何軒かが農泊をしていた等を書いた怪文書が配られたのだ。頭に内部告発、行政関係者とあり、最後に（自費負担）と記し、いかにも役人らしい心配りである。気を使って宇佐市長をトップに書いてあり「私は宇佐市の職員です」と言いたいのだろうか。

県内にある代表的マスコミ一〇社、および北九州の教育委員会まで、この行政関係者が怪文書を送るとはグリーンツーリズムのテロ行為に等しく、後ろから銃を撃つみたいな常軌を逸した行為は人の心の醜さの表れだろう。

安心院のグリーンツーリズムは永年、保健所の認可の手続きは行政のグリーンツーリズム担当者の仕事であったことは、この行政関係者はご存じのはずである。このあと各新聞社が次々とやってきて私の釈明を聞いた後、記者の中には「これは記事にはならんわ」と言ってくれたのには救われた。中には「すみません。書かせてください」など非常に気を使っていただき、八割方は同情的な取材になった。取材に来ないで書いた新聞社もあったが、これが一番ひどい書き方だった。顔を見て取材して書いてくださいよ。力のあるテレビ局もキチッと取材して放送してほしかった。某テレビ局には抗議文を提出した。なぜ取材に来なかったか、やっと立ち上がったグリーンツーリズムを壊す気ですか等、手紙で出した。出して良かった。県当局が二回目の発表をしたから二回報道したテレビ局、新聞社もあったが、影響力のある某テレビ局の報道は一回だけだった。こっちは命がけでやっているのだから、命がけで取材してほしい。

この時点で、日本で実質的に保健所の許可取得させているのは大分県だけだった。後からでも良いから、日本における農泊の許認可の現状をキチッと報道してこそ公平で、生きた取材でなかろうか。

この時、中津の保健所から来た人が八年前の二〇〇二年、大分県が規制緩和した時、本庁に居たそうで、この流れを良く知っている人だった。その人は私が名刺代も自分で負担して、給料無しでグリーンツーリズムをやっていることを知ると目を丸くして驚いていた。

それまで、高校の時からずっと、ほぼ毎日、新聞に目を通す習慣があったが、初めて新聞を読む気がしばらくしなかった。長男は私が死んでしまうのではと思ったそうだが、私は柳の葉のごとくこの攻撃をかわし、今日本のグリーンツーリズムの規制の現実を世に知ってもらおうと決心していた。

大分県が一番先頭の規制緩和県だったが、もう古典になっているのだ。一回に五〜六人しか泊めなくてホームステイと同じ宿泊形態を何故難しく言うのか気が知れない。

限界集落から壊滅集落と言われている農村で暮らしている者達の声を本気で聞いてほしい。他県の大半が出来て、何故、大分県が出来ないのか。不思議でしかたがない。誰の為の法律なのか。テレビや新聞等の報道後も、グリーンツーリズムの訪問者は減ることもなく、段々と増えていっている。

大変な心労もしたし、新たな目標も出来たが、これもクリスマスプレゼントだったのだろう。

## 京都から黒船がやって来た

二〇一〇年に限って京都から来る中学の担当旅行社三社から、京都も安心院同様に盆地で海がない、安心院で海の体験は出来ないだろうかと提案された。京都の学校からの海の体験の要望は並々ならぬと感じた。どうにかせねばと思った。

船に乗るだけで楽しい漁業体験

そこで、さっそく安心院から約三〇分の長洲漁港に連絡し、青年部の代表と話が出来た。「一日船を休めて漁業体験をしてもらうにはいくら払ったらいいですか」から始まり、青年部長は「六万円」の答えが返ってきた。さらに、漁業組合長との話しとなった。漁港のある長洲町は私の出身地でもある。組合長は私に「あなたは宮田さん（私の父のこと）の子どもですか。実は、私は民生委員で二〇年近くあなたのお父さんと知り合いなのです」から始まったので、話はトントン拍子で出来たのである。次の年に調印式となった。

その年、広島県の安佐中学校二六〇名が第一陣で船に乗り底引き網業の体験となった。とうとう長洲漁港にも黒船が入港したのである。

それから六年も過ぎた頃には漁村に一〇軒の受け入れ家庭ができ、底引き網体験も受け入れ家庭が主導する形になってきた。道義的にはこの形が自然の流れではなかろうか。漁港の母さん達、力を合わせて新しい生き方のレールを敷いて欲しい。京都からの黒船で長洲漁港の新しい生き方が始まったのである。

## この世で一番素晴らしい職業とは

私は、父の職業の養鶏業へのあこがれから始まって、同じ農業のぶどう園を経営しているが、大学に進んでからぶどう園の開拓者になる決心をするのには、実は、一つの大きな要素が働いていた。それは三つ下の弟の職業が医者であったことが決心を容易にした。私と弟は子どもの頃から、一枚の布団で寝るような仲良しだった。五一歳で亡くなるまで弟からは慕われていたと思っている。

普通、世間で医者はあこがれの職業だと思われているが、私は自分の父を見て、私にとってのあこがれは農業だと思っていた。自由で楽しそうだった。弟とは子ども時代からよく相撲をして遊んだが、一度も負けたことがなかった。弟には九九九連勝と言っていたが、ここに来て負けるわけにはいかない。

医者より自由でカッコいい職業、それは農業なのである。

弟が開業している時「兄ちゃんはいいな」と時々弱音をはいていた。私が父と共にぶどう園をしていることがうらやましかったそうで、「父ちゃんを取ってしまって」と言ったこともあった。そして医者という職業柄、誰にも弱音を吐けず、相談も出来ず、孤独なのである。

私などは、広い大地にぶどう畑の絵を描いているような芸術的な感覚だが、医者の弟は毎日三畳ぐらいの狭い部屋で、気力も体力も弱った病気の方々を毎日看ている。どう考えてもいいとは思えない。確かにお金は貯まるだろうが、お金の道は地獄の道である。追えば追うほどアリ地獄にはまるのである。

実は私の親戚先にはお金持ちが多いのだが、ある時、その中で特に一番のお金持ちから「あんたは自分のお金もうけをもっと頑張らんと」と言われたこともあった。私の名前が表に出て

6月、ブドウ園での作業風景

いることが多いので、イメージ的に本業をおろそかにしていると思ったのだろう。グリーンツーリズムを継続する為や借金を返済する為にも、どれくらい本業のぶどう栽培に全身全霊で頑張って今があるかは、外から見てる人には判るまい。しかし自分で決めた道を頑張れることは幸せとしか言いようがない。

社会派推理小説家で有名な松本清張さんの小説の中で、よく出てくるのが旅館のダンナである。ヒマで自由で特別な責任もなく、おまけに余裕で、考古学や骨董集め等、自分の趣味ができる。「旅館のダンナ」が清張のあこがれの職業だったのだろうか。

さしずめ、今の私のあこがれの職業は「農泊のダンナ」なのである。

## 責任を取るとは

グリーンツーリズムを始めてから今までに、大きな山場で「誰が責任を取る」と二回責められたことがある。

一度は二〇〇六年家族旅行村の指定管理を受けるかどうかの問題の時である。研究会の部長会で私が提案した後、「誰が責任を取る」ときた。息を飲んだ。自分でやる以外道なしと決心することが出来た。

二度目は大分県へ農泊の許認可において一年間お試し期間を設けてほしいとの提案の時だ。

広瀬知事から「誰が責任を取る」と返されたが、この時も息を飲んだが、すぐに私が取ると言えばよかった。しかし、本当は知事の責任になると思ったので声が出なかった。この件は、いまだもって放置されている。

政治家の責任を取るというのは、ただ辞めるという責任の取り方だが、辞めるだけの責任は軽い気がする。辞めた上、何らかの金銭もしくは財産で肩代わりするべきではなかろうか。

ところで、私達庶民の責任の取り方だが、例えば農泊で事故のあった場合、当人は辞めなくても、お金の支払いが生じる。この場合、保険金を払うのが庶民の責任の取り方だと思う。我々庶民の責任を取るというのは現実的に、保険に加入し、その保険金を支払うことが最高の責任を取るということだろう。しかし、民間会社やＮＰＯの代表は、それだけでは済まされない責任もある。政治家に失敗した時の保険がないのは、あまりにも失敗が多く、保険会社が商売にならないからであろう。

農泊において大分県は許可制だが、仮に許可を取っていようが、なかろうが、誰も代わりに責任を取ってはくれない。全て自己責任なのである。保険に入ろう。

## 来た時が勝負

修学旅行等の営業はどうしましたかと、よく聞かれるが、実は安心院のグリーンツーリズムは自ら営業に出かけることは、ほとんどなかった。行政側が予算を作って、集団で営業に出かけることはあるが、この営業活動での効果はあるかも知れないが、教育旅行に来ている校長先生方に聞くと、やはり口コミが最大の営業といえる。

来た時が勝負で、一人一人の自覚がこれを決めるのである。農泊を体験した子供達に応援団になってもらうことだ。例えば三〇軒で受け入れ、そこに泊まった子供達が自分の泊まった家が一番良かったと思ってくれて、この口コミが成り立つ。一人でも、もう二度と泊まりに来たくないと思われたら、逆の口コミで自然に来なくなっていくだろう。来た時が勝負と自覚してもらうことは事務局団の重要な仕事と言えよう。

先生方にその地に再び訪れたいと思っていただく、最強の誘致方法は組織のリーダー、もしくは執行部の家で農泊してもらうことではなかろうか。先生方としっかりとした信頼関係に勝る口コミはなかろう。一宿一飯の関係である。

### 市長と会長は切符切り

グリーンツーリズムは家族が多いほど感動は深まる。じいちゃん、ばあちゃんは図書館一軒分の存在だ。振れば振るほど知恵が湧く。打ち出の小づちだ。大切にしよう。グリーンツーリズムでは、場合によっては一番前に出てもらおう。

お父さん、グリーンツーリズムは女将の世界です。お母さんのサイン通りに動こう。今まで農村は男性中心の社会だった。このせいで、世間から限界集落と言われてしまうまでになったのではなかろうか。立場を変わろう。このまいったら安楽死集落になってしまう。減った分の人口を関係人口増で頑張ろう。泣いたり悔んだりする暇はない。お母さんが掲げる旗の下、家族が心を一つにして楽しく頑張ろう。

グリーンツーリズムをオーケストラに例えれば、舞台に上がるのは住民、前方は女性、後方は男性、指揮者は事務局長、都市からのお客を集めるのは行政、客席の最前列は応援団、照明はマスコミ陣や大学の先生、音響は政治家、切符切りは市長と会長、お客の数や顔色、反響を常に把握し、次に生かす仕事だ。

舞台のグリーンツーリズム住民一人ひとりは、違う楽器で、一つの曲を、心を合わせて弾くのだ。この形が出来上がってこそ、プロとして持続可能なグリーンツーリズムではなかろうか。官とか民とかではなく、人と人との信頼がこのことを成せる技だろう。

## ライバルはスカイツリー

対極的なものとして海と山、空と地、動物と植物、自然と人工、田舎と都会、そうなるとグリーンツーリズムと東京スカイツリーである。東京の真ん中で、六三四メートルの世界一高い塔を莫大な資金で建設したのだが、大変多くの観光客で賑わっている。東京に行ったら一度は登ってみたいのが人情だろう。だけど二度目はどうだろうか、また逢いたいと思うだろうか。心のせんたく、疲れた心は癒せるだろうか。空気は美味しかろうか。「家出したらおいで」と言ってくれるだろうか。

グリーンツーリズムは田舎でしか出来ない産業だ。自然の中でありのまま、田舎らしい家で、人が良く、心優しい夫婦が作る新鮮野菜を使った熟練の料理、そして、熟練の人生が味わえる。幸いに、家にお金をかけていないから倒産もない。ダメで元々で始めたグリーンツーリズム。スカイツリーにも負けない要素が沢山ある。やるかやらないかの問題である。強がりを言うなと言われそうだが、頷ける人もいるだろう。グリーンツーリズムを始める方々にグリーンツーリズムの立ち位置を説明するのに、スカイツリーと対比するのは今の時代、分かり易いのではなかろうか。

ところで、グリーンツーリズムと対極的に引き出されたスカイツリーを建設した会社である東武鉄道、東武トラベル等、東武関連の会社には学ぶところは多々ある。立派としか言いようがない。東武がスカイツリーは自分のところで建てたと言うのを多くの人は聞いたこともなく、知らないのでなかろうか。実は、私は東京都が建てたと思っていた。多くの人がそうでなかろうか。先般のグリーンツーリズム大学にて、東武トラベルの方が講演で「スカイツリーは浅草という地域の為に建てた」と言い切ったのには驚いた。スカイツリーも凄いが、東武の考え方

〈上〉安心院の看板イベント、スローフード感謝祭はお母さんたちが中心となった
〈左〉農業体験の後、外で食べる昼食がおいしい

この家に初めて泊まった家族との一コマ

や心意気にシビれた次第である。世の為、人の為という精神は、こんなに日本中で大切にされているのである。

最初に対極的に海と山等並べたが、よくよく考えてみると対極的なものは、この人の世では表裏一体なのである。お互い無いものを補いあって、この世は丸く収まるのである。グリーンツーリズムはまだまだ不安定だ。対極的な立場にいらっしゃる方々、どうかよろしくお願い致します。

## 六〇代が適齢期

田舎の悪口で「ようあんたは暇で余裕があるな」とよく言うが、この暇と余裕がない人はグリーンツーリズムを始める資格はあるまい。暇と余裕が大切な資格なのだ。普通、六〇代を過ぎると、コンビニでは、あまり雇ってくれない。

しかし、農泊は六〇代が適齢期なのだ。仕事も子育ても終えた余裕が、なんとも言えない落ち着きと悟りを生み出す。研究会では実際、六〇歳になって退職してから始めた人が主流である。その人達が安心院グリーンツーリズムの名を馳せたのである。お母さん一〇〇選に選ばれた三人もそうだ。今や七〇代の人も多くなったが円熟期を迎えている。

グリーンツーリズムは六〇代が適齢期、七〇代が円熟期、まだ、データは無いが八〇代は完熟期の予定である。そして、五〇代は前期適齢期と言えよう。そう、グリーンツーリズムはハッピーエンドなのである。

もう一つ農泊の大きな特徴として普段暮らしている家を開放して始められることである。よって倒産がないのである。

# III

# 都市と農村を同時に救うバカンス法へ挑む

〈前頁〉冬の安心院。由布岳を背景に

## 人生はバカンス

一九九六年、大分県グリーンツーリズム研究会を立ち上げ、その後一〇年したら農泊の規制緩和が起こる、だから一〇年後に行動しようと思っていたことがあった。それが、二〇〇二年にいっぺんにやって来た。

オーストリア、フランスなどでは、グリーンツーリズムの雇用が全農業者の一割を超えているという。その前提としてフランスには国独自のバカンス法があり、オーストリア、ドイツなど先進国三七カ国は一九七〇年に制定されたＩＬＯ（国際労働機関）１３２号条約を批准している。有給休暇は三週間でうち連続二週間取るべきだという内容のこの条約のもとで、有給は完全消化されている。ヨーロッパ人の人生観は、人生はバカンス、人生は楽しむことであり、長期休暇の取れない人は人間の程度が低いと見られるようで、フランスでは貧乏していても、誰でもバカンスに出かけるそうだ。

一方、日本では子供の時から一生懸命勉強して、良い大学に行き、良い会社に入り、頑張って頑張って働いてお金をしっかり貯め、倒れた時が長期休暇。医者付きのホテルで点滴を打ちながら休養し、あげくの果てに白い木の箱の中で眠って、今まで行ったことのない世界へ旅に出る。それが日本のバカンスではなかろうか。休むこと、遊ぶことは罪悪であるという観念の打破なくして、日本でグリーンツーリズムの真の産業化、傾いた従来の観光地の復活、そして

バカンス法批准活動

日本人の人生を楽しみ、人の幸せを祈る心の余裕など生まれてこないだろう。

フランスみたいに日本で独自のバカンス法の制定は難しいと思う。世界三七カ国が批准しているＩＬＯ１３２号条約を批准する方が早道であるし確実であろう。その必要性については、農泊の現場で働いているお母さん、保健所で働いているお父さん、新聞記者のみなさん、東京の霞が関で働いている公僕、みんなが「給料は減っても休みたい、休ませてもらいたい、この声を上げてほしい」と思っているだろうし、たぶん大半の日本人がそう感じていると思う。もし日本人が年次有給休暇一八日を連続で完全取得した場合、一四八万人の新しい雇用、一一兆円の波及効果があるということが、経済産業省、国土交通省の試算によって出ている。

誰も声を上げないから農家の私が声を上げる。

「ＩＬＯ１３２号条約を批准せよ！」

日本の構造的問題である少子化、教育、過労死、格差問題などにどれくらい潤いをもたらすだろうか。お金をかけないでやるには、これしかない。そして、この条約の根源は、ニューディール政策に対抗する華麗なるワークシェアリングで、経済政策なのである。

日韓の政治的問題、そしてコロナウィルスの問題等、今こそバカンス法で外国（外需）をあてにするのではなく内需を中心にすべきでなかろうか。ヨーロッパでは普通にできていることが何故日本で出来ないのだろうか。

二〇〇三年、県議会に対しＩＬＯ１３２号条約批准を求める文章を書き、大分県グリーンツーリズム研究会の各地区の代表者に了解をもらった後に、まず直入町出身の首藤勝次県議（現・竹田市長）に電話しファックスを流した。話は早い。「分かりました。やってみましょう」と言ってくれた。

地元の三人の県議、同級生の県議らにも電話でお願いした。本当は会って頭を下げて頼むのが筋だろうが、時間的な余裕がなかった。同時に、大分県グリーンツーリズム研究会の仲間にも、地元の県議にお願いしてほしいと頼んだ。スタートは電話一本だったが、大分県内の仲間のネットワークで県議会を動かすことができたのである。

そして、二〇〇三年八月一日。大分県議会で「バカンス法の制定を求める意見書」が採択された。その意味は大きい。一つの政治団体のみが「時期尚早」と反対したと聞いたが、むしろ「遅すぎるんじゃないかえ」と言いたい。

ある新聞記者から言われた。「普通、各地域で署名活動をした後、県議会に持っていき、それでも議決されない場合が多いのに、あなたはまん（運）が良い」。まさに大分県グリーンツーリズム研究会のネットワークが成し得た技である。

そしてその後、東京でバカンス法シンポジウムを開催するために県議会にて二回目のバカンス法の意見書を議決していただいた。「東京で頑張ってこい」「俺たちも応援しているぞ」という大きなアピールをしていただいた。ありがたかった。なにが何でも勝たねばならぬ。

## お父さん頑張って

二〇〇五年、小泉首相の唱える郵政解散で自由民主党は衆議院において三〇〇議席以上も獲得する歴史的な大勝利を収めた。その反動か、二〇〇七年七月の参議院選挙は安倍首相の自民党が歴史的な大敗を喫した。小泉首相がよく言っていた「自民党がぶっ壊れた」のではないかとさえ思えた。農村で暮らし、農業でイノチキ（生活）している者からみると、これは農業・農村一揆の現代版であるということを日本の国政に当たる政治家や官僚は分かってほしい。

立ち上げ当初より無尽講によるヨーロッパ研修でドイツを目標に頑張ってきたが、二〇年前と比べ、ドイツの農村とは前にも増して差が開いた気がする。国の形の基本を農業に置いているドイツとの国の差というか、日本の農村の現状は恥ずかしくてドイツ人には話せない。

ドイツ語の辞書には「過疎」という言葉は載っていない。日本政府は農村の安楽死を狙っている、という人がいる。そう言われれば、悲しいかな、農業、農村で暮らしている者たちは頷けるのが現状ではなかろうか。しかし、まだ頑張ればどうにかなると信じているから、一方で無駄な抵抗ではないかと思いつつも、農業再生を訴えているのである。

特に、グリーンツーリズムを本格的な産業にするための原点であるバカンス法（ＩＬＯ１３

2号条約）の批准が絶対必要である。一九九六年から一〇年はかかると思っていた安心院方式農泊の規制緩和が二〇〇二年に実現し、翌年八月に大分県議会は、大分県グリーンツーリズム研究会が提起したバカンス法の制定を求める意見書を議決し国に提出した。一〇年後ぐらいに声を上げるつもりでいたバカンス法が、早々に世に出ることになったが、あまりにも知らない人が多すぎる。それでも、旧安心院町、合併した新宇佐市議会でも議決してもらった。よく議決してくれたと思う。だから、ことあるごとに声を上げねばならないと思っている。

自分の周りにいる新聞記者の方々にももちろん話をしている。「まず自分たちが休みたい」が記者の本音だろう。彼らを味方にしなくてはこの戦いには勝てない。あるとき、霞ケ関から中堅の官僚が三人やってきて、ＩＬＯ１３２号条約の話をすると「自分たちも三日休むと、もうそのまま来なくていいよ、という雰囲気になるんですよ。宮田さん、頑張ってください」と励まされた。大分県議会を動かし、政府に意見書を提出するところまでこぎつけたが、本当は「今度は東京霞ケ関にいるあなたたちの番ですよ」と言いたかった。

当研究会農泊部の副部長の糸永玲子さん。彼女は定年まで会社勤めをし、その後本格的な専業農家となって漬物や饅頭などを加工しながら農泊をしている。いわば筋金入りの農家のおばさまである彼女が何かの席で「やっぱりバカンス法がいるわ」とつぶやいたことがある。現場の最前線の声なのだ。この一言に自信をもらった。

二〇〇六年の秋、埼玉県の新座高校の二四〇人が修学旅行で安心院にやってきた。もう常連になってもらっている。我が家にも男子生徒七人が泊ったが、家に着くなり「お父さん、お母さんと呼んでもいいですか」と言う。急におっさんみたいな子どもが七人も増えて圧倒されそうだが、みんなかわいい。二日目の夜だったか、我が家の広間の部屋に飾っている「Wonder Wall バカンス法」と書いた書（一五二頁）を見た子たちが、「お父さん、これはどんな意味なの」と質問する。「すばらしい壁バカンス法」という意味だが、ＩＬＯ１３２号条約やドイツやフランスなどヨーロッパの先進国の暮らしぶりを紹介して、「人生はバカンス、みんな長期休暇を楽しみに仕事を頑張る。人生は楽しむものなのに、日本人は人生はお金、頑張って働いて働いて倒れた時が長期休暇。えらい差だよ」などと教えた。その子供たちのリーダーが「ヨーロッパみたいな生き方があるんですね。すごい。自分たちが社会に出て働くということは、暗い闇の中に入っていく気がするんです」と言う。今から社会に出る若者たちがそんなことを考えている国が良い国とはとても思えなかった。

子どもたちが埼玉に帰って一ヶ月後ぐらいに礼状が届いた。七人のうち五人が、安心院で一番印象に残ったことはバカンス法で「お父さん、頑張ってほしい」とあった。子どもたちのためにも改めて頑張らねば、と思った。

## この取材には来たくなかった

安心院には韓国から視察研修で多い時に年間約六〇団体が訪れているが、こんなに来るようになったのは、韓国のテレビ局KBSの取材が何度か入り、安心院の農泊が放映されたことが元になっている。

ところが、そのKBSが安心院に久々に取材に来て、早々に言うことが「この取材には来たくなかった」である。どういうことかというと、韓国ではグリーンツーリズムのお客があまり来ず、家に投資したのに回収が難しく、原点の安心院に再度取材に来たとのことであった。私にも取材が入り、三〇分ほど話している中で、その点をもう一度話してもらえますか言われたことがある。「泊まる部屋はお金をかけず、空部屋を使い、お客は一日一組とし、心の交流で安心院を第二のふるさとにしていただく」ということである。そうなんだ、確かにこれが安心院方式の原型なのである。この部分がテレビ局に取材されたのである。

二〇一四年三月に韓国ソウルにあるコンサルティング会社、地域アカデミーの案内で、三泊四日で韓国を訪問し、ソウルからぶどうの町ヨンドン郡まで、ユンジョンスクさんの運転で縦断の旅をさせて頂いた。ちょうど修学旅行生を乗せたフェリーの沈没事故があった後だったので心配したが、おかげで有意義で勉強になる旅だった。二箇所民泊に泊まったが、韓国の民泊先の部屋は室内で自炊ができて、シャワーも設置が常識的なんだと感じた。安心院と違ってかなり設備投資しているのでお客が少ないのはすごく不安になるだろう。ところで私たちはバカンス法（国際労働基準の元、長期休暇を取得する）批准の運動を長年行なっているが、もし日本で今バカンス法が制定されたら、私たちの大半は長期滞在の施設を持っておらず、今、この施設を自力で準備できる農家は少なかろう。この場合は何らかの公的な応援が必要になるだろう。その点、韓国は基本的に長期滞在できる施設を用意しているから、先の時代を考えれば、日本より断然進んでいるのではと思える。

## 自立なければ自滅ありか

二〇一五年四月、それまで八年間運営していた「家族旅行村 安心院」の指定管理からはずされ、事務所を取りあえず安心院町から隣町の院内町に構えるようになった。旅行村の運営もグリーツーリズムも好成績なので、おそらく出されるようなことはなかろうと思っていたが、甘い考えで、見事に出されることになった。「これが人生だ」と別の私が言っていた。

その後、行政関係の建物の中に入らないかとの話があった。しかし、行政担当責任者の「うち（行政）の都合で決めます」の一言に、いずれ、再び旅行村の時のようになるのではないかと、随分悩み考えた。

実は、旅行村に入る時も、出る時も、いわゆる新聞沙汰で大騒ぎになり、結局出るようになったが、自立しようと腹が決まれば出してもらって良かったと思えるようになった。腹が決まったのは、当時二八歳の若き事務局長の考え方「プレハブでも良いから、自由で将来心配ないようにして欲しい」だった。後に続く若者達の為に、設立から二〇年過ぎた我等、おばさま、おじさま達は頑張ろうでないですか。考えれば、自助自立が自然の道であり、そのようになったのである。

私自身、その時うら若き六六歳で良かったと人には言っている。将来、不動産を持つ予定の全国のNPOの為にも少し具体的に書いてみる。

総事業費一八〇〇万円のうち、土地代三〇〇万円は誰かが実家を売って、これに充てた。事務所と会議室で最低一三〇〇万円の見積もりが出ている。地元の銀行に相談すると、いくらでも貸すとの返答である。しかしNPOの、間違いのなく借金を払える実力というのは、八〇〇万円～一〇〇〇万円だろう。無利子で三〇〇万円を貸してくれる豪傑女史にも助けられたが、最低三〇〇万円～五〇〇万円の寄付金を集める必要があった。

そうしているうちに、年は二〇一六年になり基礎工事がはじまった。その途中の四月に思わぬことが起きた。震度七が二度続く熊本地震（熊本大分地震）が発生したのである。安心院も揺れることは揺れたが、実質的な被害はほとんどなかった。しかし、五月～六月に教育旅行で訪れる予定の二〇校が全部中止もしくは延期になったのである。いわゆる、これがまさしく風評被害というものであろう。しかし、本当の被害に遭われた人達に比べると風評被害など問題になるまい。

この年の農泊の収益が減るのは目に見えているが、基礎工事が始まっているのにもうストップはかけられない。幸いといえばウソになるが五月〜六月の仕事がゼロになったので、本気で寄付を集めることにした。会員の受入家庭の中より、気張ったお母さん数名から二〇万円の寄付もあった。グリーンツーリズム関係者はもちろんだが、この六〇数年の人生で出会った方々にも迷惑とも思ったがお願いした。すると寄付の総計が約五〇〇万円にもなった。中には、修学旅行で安心院を訪れた生徒達からの寄付もあった。また、旧知の友の真心もあった。

中でも一番驚いたのが、誰だかよく存じない方から五〇万円の寄付があった。名はスガノアキラさん。銀行もはっきり教えてくれない。インターネットでも調べたが分からない。私たちは足長おじさんに出会ったのだ。不思議な大きな贈り物だとおかげを感じている。

事務所の建設の話で、もう一つ驚いたことがある。二〇一六年の二月、場所は東京・霞ケ関、農林水産省都市農村交流課での話だが、二〇年の実践から学ぶ「農泊の極意」という冊子作成時の推薦文のお願いに訪れたときに「安心院は事務所を建てるのですか。私、個人的に寄付させてください。私達が安心院のおかげで商売になったから」と、安心院のおかげでグリーンツーリズムの仕事が出来たと、国の官僚が言っているのだ。それは江戸っ子的な言い方だった。彼女は二人の子供の母親である。まだまだ、お金は掛かるだろうに、その一週間後に一〇万円振り込まれてきた。これは、お金の問題ではなく、官僚が官僚ではなく、あったかい人間らしく、その上、粋を感じた瞬間である。

多くの方々の応援のおかげで、補助金なしで事務所を建てることができた。自立できたのだ。

〈上〉二〇一六年七月 新事務所お披露目式
〈右〉自宅に掲げる大きな目標

安心院の事務所前で、
農林水産省職員と

借金はしたが、心が自由になり、楽になった。自立とはこういうことなのだと改めて知ることができた。ヨカッタ。自立なければ自滅ありか。

## 「農泊」という商標を買ってほしい

前述の「粋に感じた」同じ日に同じ場所で、農林水産省の担当者に「どうですか。もう民泊という言葉はやめませんか。グリーンツーリズムをしている私達はいい迷惑です。外国の方々は都市部の空いているマンション等の部屋に泊まることを民泊と思っています。グリーンツーリズムは心の交流が看板です。民泊ではなく『農泊』に変えませんか」と提案した。元々、民泊はグリーンツーリズムが有名にした言葉なのである。この時、農林水産省都市農村交流課の方々一〇名くらいが私の話に集まってきた。そこで、「しかし、この言葉は安心院が商標を持っています。今から新しい事務所を建てますので、お金が要ります。この言葉を買ってくれませんか」というと私の目の前にいた課長が少し考えてから間をおいて、大きい目を少し細めて「買えません」と答えた。私も少し間をおいてから「しょうがないな。使っていいよ」と少し国に恩を着せながら言った。農泊は国と共有になったのである。記念すべき交渉相手となったその課長は堀畑正純さんである。足を洗えないように名前を掲載させていただいた。その時、彼とは初対面だったが、大きな目を信じたのである。

この後、「農泊」は一週間内に内閣府で合意、その後閣議決定され、農泊は急きょ全国的なデビューをするようになったのである。

国は二〇二〇年までに農泊に取り組む地域を新しく全国で五〇〇カ所増やすために、農泊推進五〇億円、次年には五六・五億円の予算を打ち出した。そして、二〇一八年十月には農林水産省に農泊推進室を置いた。グリーンツーリズムという言葉が消えてしまいそうな勢いである。この年にどこかの新聞社が農泊の認知についてのアンケートを取ったら、三割の人が知っているという結果がでた。さすが国である。二〇一六年から二年で三割の国民が知ったのである。

一九九六年、安心院で始まった農泊、その農泊の法的認知の為に、東京・霞ケ関で農林水産省が厚生労働省・総務省等と戦い、それが発火点となり規制緩和が起こったことを思えば、農林水産省とこの言葉を共有できたことは本望である。元々、この商標は私達自身が使えなくなる恐れがあるため取得したのであり、まさかこんな事態になる等、夢にも思わなかった。皆さん商標は取っておきましょう。

## 命をかけて

当研究会には二〇〇三年頃から、韓国からの農泊研修に、日韓問題や新型コロナ問題がある前まで年間約四〇〜六〇団体、七〇〇〜一〇〇〇人が訪れていた。韓国の農村も将来日本の農村みたいになるだろうということで、農泊で農村振興を図っていくため、安心院グリーンツーリズムのノウハウを学ぶための研修である。

このような言い方をすると、韓国の農村は日本の農村よりも元気だと取れるが、確かにそれは実際に韓国の農村を訪れて感じた。最近、韓国から研修で安心院に来たあるお母さんが「私は安心院に来るのはもう三回目です」と言っていた。

そんな中、今まで三回ぐらい、韓国の市町村から、安心院町グリーンツーリズム研究会と姉妹提携を結びたいという話があった。この四～五年で二五〇団体以上韓国から訪れていただいているなかで、一つの町との提携は常識的にするべきではないと考えていたし、何と言ってもNPOが市町村とお付き合いできる余裕は経済的にも時間的にもなかった。

ところが、木浦の近くの康津郡《かんじんぐん》は今までとは違っていた。康津郡の郡長自身も安心院へ研修に訪れた。そして、研修団体を何度も送ってきた。とにかく、何が何でも提携しようと、何度とお断り申し上げても、いけいけどんどんだった。

とにかく、一度来てほしいという話があり、小生と事務局長が康津郡を訪れたりもした。康津郡は郡全体でかなり本気でグリーンツーリズム運動を行っていた。一つの町や市とは提携しない基本が、人情的にぐらついて、弱小NPOを忘れて傾きかけていた。

しかし、この話と同時に私たちは「未来ある村　日本農泊連合」の設立準備が始まっていた。提携は簡単だが継続は難しい。ハッキリ言って無理であった。

その後、もう一度、康津郡長の秘書課長が訪れて提携をお願いされたが、その時日本農泊連合の理念や約束事等をまとめた文章を広げて一言「私はこのことを命を懸けてやらねばなりません。これが落ち着いたら考えさせてください」と言った。命をかけてやるという一言に彼は微笑を浮かべ静かにうなずいて納得して帰ってもらったと思っている。その後、二〇一九年三月に日本農泊連合を設立し、その年の八月より日韓関係の悪化から韓国からの研修団体はパタッと止まってしまっている。

そんな中、秘かに思っていることがある。バカンス法シンポジウムを二〇二一年二月ごろ東京でやり遂げたいと願っている。バカンス法批准に向けた活動は長年行っているが、今が一番わかってもらえると信じている。その為にもブドウ園の仕事を頑張ろう。

## いざ鎌倉

二〇一七年十一月に東京で全国グリーンツーリズム大会が開かれた。その内容はインバウンド一色だった。グリーンツーリズムのこの二〇年を全国的に振り返ってみると、大半が教育旅行のおかげで生き延びてきた。安心院も約七割が教育旅行で三名の職員を雇うことができている。会場の登壇者の誰も教育旅行のことを評価せず、反対に教育旅行は料金が安い、質も低いとインバウンドがさも良いように言うのである。安心院にも一五年くらい前から韓国から視察研修団体等が訪れていて、ありがたいと思っているが、教育旅行と並ぶことは考えにくい。そして、あまりにも多い空き家対策には教育旅行やインバウンドが束になっても間に合わない。日本の一般の方々に来て使ってほしい。ヨーロッパのように自国民が休暇をとって農村に出かけるようなバカンス法なしに、限界集落という山津波は防ぎきれない。このまま何もせず黙っていれば、誰かが言っていたが日本の大半の農村は安楽死集落に近い状態になっていくのではなかろうか。日本全国各地グリーンツーリズム発起人の鼻息が荒いうちに、農泊の全国組織「未来ある村 日本農泊連合」を立ち上げることが農泊発祥の地の使命と思えた。一緒に全国グリーンツーリズム大会に参加した若き事務局長に連合結成の打診をすると頷いた。即座に岩手県遠野市の菊池新一さんの顔が浮かんだ。その後ふたつ返事で副代表を受けていただいた。

ヨーロッパ並みの農村に近づくためにも、今回の連合では都市の人、政治家の皆さんとも手を取り合っていけたらと願っている。

「未来ある村 日本農泊連合」は二〇一九年三月一六日・一七日で結成シンポジウムを安心院で開催し、その結成声明文の中には主に四つの活動を行っていくことを明記した。

①農泊の推進・普及のためのシンポジウム・研修会の開催

②都市と農村を同時に救う欧州のような長期休暇制度（バカンス法）の必要性をアピールし、法制化を望んでいく。

③親でも学校でもない「第三の教育」農泊教育旅行の重要性をアピールし法制化を望んでい

農泊に訪れた学習院
中等科の生徒たちと

菊池新一さん
（遠野山･里･暮らしネットワーク会長

農泊連合シンポジウムで語る石破茂さん（中左
と安心院町出身の神出元一さん（当時のJA全
理事長、下右）、島村菜津さん（下左）

く。

④農泊の質の向上、推進連携のため「農泊推奨の証」の農泊家庭への表示を行う。

国の根本に関わるような話だが、このまま黙って何もしなかったら、都会人の心は疲弊し、農村は壊滅に向かっていくことは、農村で生活しているものには容易に想像できることである。何度も言うように、敗戦国ドイツ・イタリアにできて何故日本にできない。さあ、手を取り合って声を上げよう。

結成記念シンポジウムでご講演いただいた三名のゲストは、石破茂衆議院議員、当町出身でもあるJA全農理事長の神出元一さん、スローフードを日本に広めたノンフィクション作家の島村菜津さんである。司会はNHKアナウンサーの桜井洋子さんに務めていただいた。二日目には岩手県・静岡県・広島県・山口県・熊本県の各地の農泊関係者に登壇いただきパネルディスカッションを行い、農村の将来について語り合った。平成最後のその年、私たちにとっても、両日ともに最高の講師陣だと思っている。言うは易し行うは難しである。この日から新たなスタートだが、いつのまにか安心院は「いざ鎌倉」になっていた。

## この国でよかった

二〇一九年一月の新聞の一面に新成人に取ったアンケート集計が掲載されていた。そのなかで「日本の今の政治にどの程度期待できますか」という問いに対して七八％が期待できないとの集計がでていた。驚いた。大半の新成人がこの国に希望を感じず情けない思いで暮らしているのだ。政治に期待しないで誰に期待するのか。

このことは現政治家も官僚の方々も本気で考えないと日本の将来は危ういし、若者は可哀そうだ。アンケート結果に、若者の楽しみにしていることがオリンピックと万博とあるが、このイベントがなかったらどうなるのか、心配した。何故若者が次の時代まであきらめているのか。ヨーロッパみたいに長い休養（バカンス）が義務付けられたら変わるだろうに。

色んな要因もあろうが、私が思うに自分の家族、近所の大人が楽しそうに暮らしていないからだと思う。何と言ってもこの国の基本は経済中心で「人生は金」だからである。子供の時から一生懸命に勉強して良い大学にいき、一流企業に入り頑張って頑張って働いて倒れた時が長期休暇である。医者付きのホテルでチューブで栄養を取り、挙句の果ては白い木の箱に入って永遠の旅に出る。こんな現実の社会で、若者がなぜ勇気凛々希望を持って頑張れるだろうか。本気でドイツ・イタリア並みの働き方改革を考え実行するときと思う。「長い休みを楽しみに仕事に頑張る」という社会システムに変えるべきである。

「人生はバカンス」このシステムの大きな特徴は税金を使わなくて出来ることである。大きなイベントも大切だが、個人個人が自由に「連続二週間休める」等ワクワクして暮らせたら、生きていることがどんなに楽しかろうか。このことが国力のアップになることはドイツ等で実証済みである。もう日本は「心の先進国」を目指してもいいのではなかろうか。

令和の時代は「楽しい」を国の基本にして、都市も農村もそこに暮らす者たちが「この国でよかった」と思える国づくりを誰かに任せるのではなく、後に続く者たちのために誰もが自ら力を合わせ、実現を目指していくべきなのだ。

## 有楽町で逢いましょう

いざ鎌倉、日本農泊連合の設立から約一年後の二〇二〇年になると、新型コロナウィルスで世の中が一変してしまった。東京オリンピックは翌年の二〇二一年への延期となり、世界の大国もほぼ鎖国に近い状態となった。武器を使った戦争よりも世界中を巻き込んだコロナ戦争となってしまった。人が人を殺しあうことの愚かさをコロナウィルスが教えてくれている。国と国が仲良くして手をつなぐことがこのウィルス戦争の最強の武器と言えよう。これを契機に世界各国のリーダーがこのことを自覚していただけたら最高だ。

さて、当研究会も二〇二〇年五月六月に来る予定だった学校団体約一四校がほぼ秋以降への延期となった。大人の団体であれば中止となるが、教育旅行ではあまり中止はない。有難いことである。しかし、四月～八月までほぼ休止となるので、三人いる正職員のうち一人は九月まで休職、ひとりはパートにしていただいた。一〇年以上勤めていただいているのに申し訳ない気持ちでいっぱいである。この話を彼女らに持ちかけると「分かりました」の一言に救われた。

安心院の隣町、別府の飲食店の女将さんがニュースで例年の一割しか来ていないと嘆いていた。いつ終わるか分からないのが一番の不安とも言っていた。

別のニュースで星野リゾートの社長、星野佳路さんが「私の所は例年の四割ぐらいです。しかし、近くに盛況の場所があります。それは国内向きの対応をしたところです」と言っていた。最後は日本人が頼りということである。

小生が三〇年以上前に直売所を始めた時、ある人のアドバイスで、何があっても来てくれるのは、最終的に近所の人、地域の人を大事にすることが基本だと言われていた。どんな商売でも、この基本を忘れないようにしないといけない。

観光もしかりである。日本もヨーロッパ並みに法律で国民に長い休養を与えるべきである。内需があっての外需ということを忘れまい。

二〇一九三月に「未来ある村 日本農泊連合」を設立した。実は、その時から次回は二〇二一年二月ごろに東京でバカンス法シンポジウムを開催しようと計画はしていた。政治家の人、農泊のお母さん、バカンス法の学者の方々を呼んで開催する予定にしている。農泊連合には現在全国一五〇名以上の応援団がいる。その皆さんと力を合わせて成功させたいと考えている。

それでは二〇二一年二月ごろ「有楽町で逢いましょう」。

＊

新型コロナウィルスの感染拡大でリーマンショック以上の不況が襲うと政府もパニック状態になっている。無作法かと思ったが、今までの持論を新聞社五社に投稿した。この投稿文を最後に「それでは有楽町で逢いましょう」

「コロナ終息後　税金を使わない経済復興を」

未来ある村 日本農泊連合
NPO法人大分県・安心院町グリーンツーリズム研究会
代表　宮田静一

二〇二〇年四月七日に新型コロナウィルスの感染拡大に伴い緊急事態宣言が政府から出されました。おおかたの論者、そしてアメリカまでも「遅すぎる」「中途半端だ」との声がしきりに出ています。何故遅いかとの質問に元知事の方が「お金の問題があるからです。遅くなるほど余計にお金がかかるのに」と首を傾けていました。しかし、ここは国がどんな借金を背負っても頑張るべきとあった。

私達は今こそ、コロナ終息後に少し落ち着いたら、税金を使わない経済復興策を本気で考えよう。

大分県宇佐市安心院町において一九九六年に日本初の農泊推進組織、安心院町グリーンツーリズム研究会が発足しました。それに先立って、日本において、目標も前例もない中、農泊の先進地であるヨーロッパへの視察研修を企画し、ドイツの農村に出かけました。その後、通算一六回実施しています。ドイツは国の基本を農業とし、食料自給率はほぼ一〇〇%です。そして、生活信条が「バカンスを楽しむ」なのです。

日本ではこの頃になって働き方改革が世に出てきましたが、ヨーロッパでは一九六〇年代ごろには経済活動における成果のすべてを自由時間で還元する合意がなされ、一九七〇年代には国際労働機関ＩＬＯ１３２号条約（三週間の有給休暇付与、うち二週間連続の取得を定めたもの）が批准され、都市住民と農村が同時に救われています。農泊は一大産業になっています。日本の農村は今、限界集落・壊滅集落と呼ばれています。元々、このバカンス法は第二次世界大戦前一九三〇年代に起こった世界大恐慌時に行われたアメリカの公共投資に対抗したフランスのバカンス政策でした。特徴は税金を使わないで出来ることです。それなりに成功したと言われています。実は日本でも、二〇〇二年に経済産業省と国土交通省により出された休暇改革に関する調査報告書のなかで、国民が年一八日の年次有給休暇を連続で完全取得した場合、消費拡大による経済波及効果が一一兆八千億円、一四八万人の雇用創出効果があるとされています。

観光立国は国の看板政策ですが世界一～二位の観光大国フランス・スペインは平均有給休暇取得日数が三〇日というなかで六〇〇〇万人～八〇〇〇万人の観光客をむかえいれています。内需があっての外需なのです。

ドイツ人の労働時間は日本人の七割で生産効率は同じとのことです。そして、ドイツ人は人生はバカンスとして、長い休みを楽しみに仕事に頑張るのです。この形を経済政策の中心に据えています。コロナ終息後、世界は経済的に大変な時代になると思われます。そして、人は必ず誰もが死んでいきます。せめて生きている間、長い休みを楽しみに仕事に頑張れる社会となるように、これを契機にバカンス政策を強く望みます。その第一歩として世界三七カ国が批准しているＩＬＯ１３２号条約の批准を政治の力で断行してほしいのです。

# Ⅳ

# 農泊の極意（農泊を始める方へ）

〈前頁〉安心院のブドウ

## 1　山と田んぼと川しかなく

安心院盆地が一望出来る町の展望台で「宮田さん、安心院は不思議やな…、山と田んぼと川しかなくてよう有名になったたな」とこの名言を言ったのは大分県南部の海の幸に恵まれた蒲江観光の看板おばさん橋本正恵女史である。何にもなくてもグリーンツーリズムは発展できるのである。外には見えない家の中にいる人が資源ということを言い表している名言と思っている。従来は何らかの観光資源がないと旅行者は来ないというのが定番であったが、何にもなくても人は「心のせんたく」にやってくるのである。

安心院で生まれた農泊は日本全国いたるところにある何にもない過疎地の農村でも、そこに住む人が頑張ればどこでもできるのである。農泊は人が資源なのである。ヨーロッパでは何にもないところで何もしないということが農泊の極意と言われている。日本の都市部の人へ「何にもないところで何にもしない贅沢を味わおう」と呼び掛けてみよう。

## 2　あんたが頑張れ

一九九六年の安心院町グリーンツーリズム研究会の設立当初、大学の先生、役人の結構偉い人から「ヨーロッパとは国民性が違うからグリーンツーリズムは日本では難しい」と何度か言

〈上〉安心院の風景（深見地区）
〈下〉昔ながらの藁こずみが並ぶ田んぼ風景（佐田地区）

われた。立ち上げ早々だったから心が折れそうであったが、そんな中、ヨーロッパの農村へ出かけた。しかしグリーンツーリズムは一大産業になっていた。

日本とは比べ物にならないくらいの差がある。勉強をしてみてよく分かった。この差は国民性による差ではなく、政治・政策による差であると知った。仮に国民性は違っても、休みたい・遊びたいという人間性は同じである。国民性を言い訳にするなと言いたい。

そして、田舎の人の言い訳の十八番は「うちには何にもない」である。何でもあるじゃないか。小川には魚が遊び、野の花が咲き誇り、緑の絨毯の田んぼが広がり、美味しい空気、寛容な心、人情そしてあなた。

仮に本当に何にもなくても、あなたがいるじゃないか。「あんたが頑張れ」あんたたちが頑張れば農泊は産業になってゆく。

## 3　農泊は最小投資で始めること

安心院方式の原点である。お客が来るか来ないか分からないのに誰が投資して農泊を始められようか。あまり投資をしないで、あるがままから始めたから全国に広がったのである。最初に貯まったお金でまずカーテンを替え、次に畳、その次に客専用のトイレを作るといったことを目標にしているうちに、設立六年目の二〇〇二年に安心院方式農泊の法的認知（3・28グリーンツーリズム通知）が行われ、晴れて家に投資できるようになったのである。農泊の大きな特徴として、倒産がないということが挙げられるが、投資していないから倒産はないのである。仮に二〜三年お客が来なくても倒産はないのである。「倒産」という言葉は投資した人が使う言葉なのである。我々の農泊は使う必要がないのである。

そして、誰も特別投資をしていないからみんな仲良しであり、そこに暮らす誰もが仲良くニコニコしている。そんな町に人が訪れるのである。

## 4　自然体がベスト

安心院には、農泊の教科書みたいな冊子として①安心院方式農村民泊②二〇年の実践から学ぶ「農泊の極意」③地域おこし困ったときに見る「三一の体験書」の三冊があるが、全体を通じて書いてあるのが、当たり前のこと、自然体がベストであるということである。当たり前のことを当たり前ですよと念を押されることで自信につながるのである。

六〇歳を越した夫婦に新しくあれをして、これをしてというのはストレスになってしまう。今までの人生六〇年で培った技を活かすのが自然体でベストなのである。変にストレスがかかり、注意散漫になり食中毒や交通事故を起こすことの方がよっぽど大問題である。

最近、これよりも怖いものがあることも明確になった。それはセクハラである。油断しない

語らいの時間。第2のふる里へ

こと。

## 5　地域還元を合言葉に

安心院方式という言葉は格式ばっているが、発足六年間は会員制にしていた。立場が違う当局から見ると、法的に認知されていない「？」マークのけしからん団体だった。後の話で「何かあったらぶっつぶす」と話をしていた。

そんな中、生き残る道は、地域還元を合言葉にして、個人ではなく町や村全体が一歩上がる運動に軸足を置くことである。そうすると村全体に呼び掛けるイベントも必要になってくる。安心院では設立当初より視察研修が国内より多い時には年間二〇〇団体前後が訪れていた。設立後五～六年は、夕食はほとんど地元の旅館や民宿を使い農家が夜八時頃迎えに行っていた。一番恐かった旅館や民宿の方から「ありがとう」と言われていた。

## 6　農泊はリレーでつなぐが続くコツ

夕飯は、何と言っても農泊のハイライトである。本当は夫婦が参加して一緒に食べることができれば良いが、料理を準備する人も必要なので、じいちゃん、ばあちゃんでも誰かが加わって食べることをおススメする。家族全員（三人以上）が参加して食べるのはお互いに良くない。我が家では私が主に食事を共にして、家内が料理方で終盤に参加する。インバウンドの方は最初から「トゥギャザーママ」とお母さんも一緒に食べようと声をかけられるが、家庭のペースを守ることが大切である。

農泊を継続するコツはいつも家族全員ではなく、リレーでつなぐことである。

## 7　地産地消の料理と家庭の味

現在、当町には教育旅行にて年間七〇〇〇人くらいの中高生が農泊に訪れ、インバウンドが一二〇〇人、日本人の大人八〇〇人（直近三年間の平均）という内訳となっている。主に中学生のアンケートからも仲間と共に食事をしたことが印象に残るようである。かといって料理に手を抜いてはダメで、アンケートでも「栄養バランスの良い料理が出た」等、中学生の目もしっかり肥えている。

インバウンドにおいて日本の旅で「一番期待しているのは日本料理」と政府のアンケートで結果が出ている。イスラム圏からの人々にはかなり気を使わなくてはならない場合もあるが、基本的に相手の国に合わせるのではなく、地産地消の日本料理、家庭の味を提供するだけで十分である。

1番楽しみな教育旅行の食事の様子

囲炉裏を囲む農泊家庭の食事風景

## 8　百年の恋も冷める

おそらく誰でもそうかと思うが、ある農泊先の家に泊まると想定し、駅まで迎えに来た車がドロで汚れていて、中も散らかっているとしたらどうだろう。私たちはあなたをあまり歓迎はしていませんと、アピールされていると感じるだろう。第一印象でその旅行のイメージがまず定着してしまう。修復には時間がかかる。第一印象に神経を使おう。これは人を泊める業の常識の第一歩である。

迎えに出る時は、農泊といえども作業着ではなく、せめて普段着が良い。無料で農業実習に来るのとは違う。見送るときは、体験の流れから作業着でもかまわないが、まず出発前に母さんも父さんも鏡を見よう。特に目やに、鼻毛が出ていないか気をつけよう。どんな美人のお母さん、美男子の父さんでも鼻毛が出ていたんじゃ興ざめである。百年の恋も冷めていく。

## 9　暇と余裕が農泊の資格

料理を出すお母さんがいかにも仕事上がりみたいにタオルを姉さんかぶりで、その上前髪を多めに垂らして食事を出していたらお客がつい「忙しいのにすみません」と言いそうになる。それでは農泊は落第である。都会で毎日忙しく働いている人が田舎でゆったり心のせんたくに来ているのである。仮に忙しくても、忙しくないふりをして、暇で余裕があるふりをしよう。それができない人は本当に暇で余裕ができるまで農泊は休んだ方が良い。

## 10　農泊は「第三の教育」

もう随分まえから都市の子ども達は子どもの時から、隣人でも他人は信じるな、知らない人には挨拶するなという教育を受けている。学校によっては六割が家庭に事情があると聞いた。こんな環境で子どもは大人の世界を信じることができるだろうか。このままでどうして良い国になるだろうか。

農泊に来た子ども達が三日目の帰り際に涙涙で帰っていくが、なんでだろうか。それは初めて他人の家に泊まり、あたたかいおもてなしを受けて人は信じられることを知り、たぶん別れの辛さを感じたからであろう。

家庭でも学校でもなく、農泊は「第三の教育」と言われる所以である。国に積極的に農泊を教育に導入することを勧めたい。農泊において、夫婦でも地域でも組織でも「仲が良い」ということが最高の誉め言葉となるのである。

以前、日本一の農泊家庭と紹介された家は嫁と姑の仲が良かったのである。「仲が良い」が農泊の最高商品なのである。

農業体験を楽しむ

## 11　明日の朝は早いんでしょ

大人のグループで、受け入れ家庭との交流も山も越え、少し静かになった頃、お客から「明日の朝は早いんでしょ」といわれた場合は、「家の方は良かったらお引き取りください、私たちだけで一寸話をしたいのです」という意味であると思うのが正解だろう。間違っても自分達が残って、お客を寝せるのは論外である。お客のグループだけで話せる場は必ず用意するべきである。ホテル・旅館・民宿では当然のごとくあり、第四の宿、農家の家であっても同様である。キチッと対応していこう。

以前、海外のお客を先に寝せて、家庭の人達が残って会話を楽しんでいたと、ガイドさんから強く抗議されたこともあったが、気をつけよう。その他、九州内を見ても、酒、セクハラ、盗難、雑用的な体験等、どこの町でも、一つの家庭の不評が一つの町の組織、ひいては大分県、九州、そして全国の農泊自体お粗末で、素人の身勝手な宿でレベルが低い、との否定論がまかり通る可能性はありうる。今までに、二度だけ本当に農泊否定論が興るのではと心配したことがある。

農泊は、日本全国一つのミカン箱の中のミカンなのである。一つ腐れば皆腐ってしまうのである。

## 12　鶏肉のBBQで食中毒

大分県下の農泊関係で今まで食中毒で何回か新聞に載ったことがあるが、見事に鶏の肉のBBQで食中毒が発生している。カンピロバクター菌が発生しやすくつきやすいと説明があった。一般的には卵関係が主だと聞いている。食中毒で死ぬ人は年間一〇人前後だが、発生した場合は保健所が公表せねばならないという決まりがあるとのことで、二度も新聞に出ると命取りになりかねない。そこで、もし食中毒が発生しても慌てないこと。農泊家庭で食中毒が発生し、お母さんが相当落ち込んで反省もしているが、時にはどう考えても肉を売った店が原因ではと思うときもあった。もちろん相手方には謝罪もするが、世間には時効という言葉もある。

しかし、何といっても料理を出す間は念には念を入れて細心の注意を払いましょう。

## 13　「これ、明日も出してください」は嘘

農泊の夕食は家庭的な雰囲気の中で料理を出すので、料理が残ったらお客から「これ、明日も出してください」と言われるが、これは嘘と思ったら良い。自分の子どもや親戚が泊っている訳ではなく、相手はお客様である。対価をもらっている場合は残り物を出すのは厳禁である。ホテル、旅館、民宿で残り物を出すというのは聞いたことがないでしょう。

地産地消が看板の地物ふんだんの食事

少し前に京都の老舗有名料理店で残った手付かずの料理を使いまわしていたことが判明しテレビ等で騒がれて倒産した話は有名である。

農泊も例外ではない。何故、ここまで言うのかというと、「明日出して」と言われて同じ料理を出したところ、アンケートで「同じものを出された」ということが何回かあったからである。

## 14　農泊の裏切り行為

「レトルト食品が出た」こんなことは帰った後のアンケートで判明するものだが、わんぱく中学生が二泊三日の途中で言い出したことがあり、これはどうなるんだろうかと心配したが、受入家庭の否定で治まった。しかし、私の中には疑問符が残っている。

もともと、農泊は農業農村の応援団を体を張って作っていこうという理念でスタートしたことであり、レトルト食品を出すのはもってのほか。念を押すが料理にレトルト食品・冷凍食品・缶詰・市販のお菓子・パンは農泊では使用しないこと。農泊の裏切り行為になる。

全国の農泊家庭の皆さん、家の近くで採れた新鮮な農産物の提供はどんな高級ホテル・旅館でもできないことなのです。地産地消の看板を守っていこう。

## 15　食事の部屋には動物は厳禁

犬や猫の好きな学生は多いけど、その反面アレルギーの学生も多いのが現実である。以前、県内の高校が海外に修学旅行に出かけ、ある一軒で動物の皿と人の皿を同じところに重ねたとして、学生から抗議が上がり、その国に行くことを辞めたという話があるくらい実は切実な問題なのである。

動物の好きな人は自分の子ども以上に可愛がっているが、嫌いな人は食器が同じ所に重ねてあったとしたらなおさら嫌であろう。料理に虫が飛び込んでいるのはまあ仕方ないとしても、髪の毛が入るのは明らかに出す方の不注意で許されず、プロとして失格行為となっている。まして、動物の毛が料理に入っているというのは言語道断である。

農泊は農家のお母さんが主役だが、決してボランティアではない。対価をいただいているのである。帝国ホテルの料理人と同じ、プロ意識を常に持とう。

## 16　賞味期限に注意せよ

今まで何回かこの問題が表に出て考えさせられた。一つはビール、お酒を飲めない私にはお酒に賞味期限があるとは実感がなかったが、ベテランの家で指摘された。もう一つはドレッシングが賞味期限が切れていたということを指摘された。その家庭に聞いてみると、自家製のドレッシングを賞味期限の切れた表示のあるビンに入れていたということだった。何でもこの後が大事だという思いから、こういった失敗の注意喚起は行っている。そしてこの頃聞かないなと思っていたら、我が家に泊まったタイからのお客様がワサビとカラシの賞味期限を確認しているのにハッとした。

子どもであれ大人であれ賞味期限はずっと確認されていると思った方が良い。

## 17　建物や施設で古いという苦情なし

長年、農泊を営む中で建物や施設が古いという苦情は聞いたことがない。始める前は自分の家は安っぽいとか築一〇〇年を経て古臭いとか心配の種は尽きないが、家に対しての苦情は聞いたことがない。安っぽい家でも人気の家がある。それは家族の仲が良いからである。

苦情は、ホコリ、ゴミ、トイレ等の水回りの汚れ等がある。高級フランス料理で食事をしても便器が汚れていたら料理が台無しになってしまう。

古さが売りの農泊家庭の建物

季節で変わる農泊家庭の室内からの風景

## 18　インバウンドは言葉が通じなくても心が通じる

二〇〇三年頃から韓国の農家の方々などがグリーンツーリズムの視察研修で訪れるようになった。この三年間の平均でも約四〇団体・八〇〇名が訪れているが、最初のころは旅館や民宿で夕食を取ってもらい通訳を介した交流の後に家庭へ連れて帰り農泊するという形をとっていた。

しかし、だんだんと慣れて来るものである。言葉が通じなくてもどうにかなるものである。大分県は一村一品運動で世界中から生き神様とあがめられている前・平松知事を見参するため、海外から多くの人が訪れていた。平松知事が「安心院はアジアにおけるグリーンツーリズム発祥の地」とおっしゃったことが効いているのか、あまり名前も聞いたことがない国からも安心院へ泊まりに来ていた。おかげでどこの国が来ても大丈夫という自信につながっている。

それでも、最近テレビでよく宣伝しているポケット翻訳機やスマホ等も便利が良い。時代は変わった。

## 19　なんにもないところで、なんにもしない

農泊は特徴を出すため、農業体験付き旅行で世に出したせいか一般の日本人の農泊利用者は

少ない感じがしている。その理由の一つに農泊は農業体験しないと泊まれないと思っている人が多いのも事実である。最近になっても私の妹から「兄ちゃん、農泊は体験（農業体験）しないと泊まれないんでしょ」と聞かれた。

長い休みも取れず働き詰めの日本人の大人達は休みの日は何もしたくないというのが本音ではなかろうか。ヨーロッパでは普通一週間単位で農泊し「なんにもないところでなんもしない」というのが農泊の極みと言われている。日本も同じで体験体験では農泊のハードルになっている。体験は横に置いて、オプション程度で選んでもらったら良かろう。何にもないと言っているが農村には都会にはないものが何でもある。尚、日本人は旅行（移動）するのだが、ヨーロッパ人は一カ所に滞在するのが主となっている。

## 20　農泊は辺境産業で感動産業

安心院方面で約六〇軒の農泊家庭があるが、どの家を見ても都会らしいところは一軒もない。見事に辺境産業である。この言い方はヨーロッパ風である。

日本とは反対にドイツ等では田舎で暮らせることに誇りを持っている。今までの日本ではこんな田舎の地で商売を始めて成り立つことなど考えてもいなかっただろうが、農泊がそれを打ち破ったのではなかろうか。

田舎暮らしのお裾分け、それに都市の人は感動して帰っていくのである。そのことで私たちは田舎暮らしに自信を持って継続していく力をもらっている。農泊は感動産業と言うが、お互いに感動しているのではなかろうか。

現在、農林水産省によると全国に五三五ヵ所に農泊推進地域が誕生しているそうだが、各地のリーダーの方々は「必ず産業にしてみせる」という念願を忘れずに頑張ってほしい。明るい未来が待っている。

## 21 農泊は楽しい上に、さらに

農泊をやっているお母さん達は一様に「楽しい」という。我が家もそうである。ブドウ園を三ヘクタール経営しながら農泊をしている。非常に忙しいが「楽しい」と言っている。ぶどうの繁忙期には部屋の片づけや観光案内等も時給を払ってやってもらっている。それでいいと思う。農泊の看板であるお母さんの笑顔を保つためなのである。インバウンドの客数は選べないが、教育旅行は泊める側から決められる。農業体験は二人一組でペアを組むことが多く、最低偶数の四人で理想は六人を受け入れるのがベストだろう。

農泊家庭は振り返ればいつの間にかお金持ちになっている。

夕食の食材調達のためのタマネギ引き

さあ乾杯をして夕食にしましょう

## 22　村は総合デパート

農泊が地域でだんだんと活発になって多くの人が訪れるようになると、村は総合デパート的になってくる。そんな時、村で一番力のある、農協、商工会、観光協会がお互いにあまり知らないで暮らしているのはもったいないし、損と思える。

村には広い土地が空いている。理想を言えば、その中に、悠然と三者が居を構え常に情報を共有出来たら、違ってくると思う。理想の形が無理ならば二ヶ月に一度でも事務方の情報交換会を開くのはいかがだろうか。過疎が急激に進む中、いかに連携するかが生き残る道である。理想は理想だろうか。

## 23　苦情・失敗・良かったことの共有

研究会ではことあるごとに「質高く継続のための三つの約束」というものを皆に伝えている。

①苦情・失敗・良かったことの共有

仲間の失敗を自分のことと思い良かったことは真似よう。

②決して陰口はきくまい

イタリアのある観光地で何故かお客がだんだんと減っていっていた。その原因が宿の女将が近くの宿の陰口をきいていることだった。その後「陰口はきくまい」運動を起こしたと聞いている。陰口をきく家や村に誰が訪れようか。

③一流に学びしっかり勉強しよう

農泊のリピーターは泊まる家の人の魅力でやってくる。知的レベルの向上に努め、料理の腕も上げよう。

## 24　事務局の安定は信用そのもの

日本人の七割がスマホを持つ時代となった。まさにネット社会になってしまった。このインターネットでの広報・集客について二〇年グリーンツーリズムに取り組んでいる地域にどうしているか聞いてみた。

A地区…インターネットでの広報・集客を自由にしていたら会員の半数近くがインターネットを始めて、このままいくと組織に運営還元費が入らず組織が崩壊する。

B地区…教育旅行の受入が主で、会員資格として個人でのインターネット利用は基本的に禁止。

C地区…インバウンドの受入が主で、インターネットでの広報・集客は基本的に自由にしている。ただし、届出と一八%の還元費支払いを義務化している。

設立時点からホームステイ型の農泊の予約は、組織の中から選んでもらうことが今でも基本と思っているが、泊まる側からみても個人に予約申し込みするよりも、組織に申し込みする方が安心と思われている。

もしもの夜間緊急対応や保険の対応を考えても個人で自由にしても、申込先は法人の事務局を窓口とする方がベストだと思う。きちっと還元費を払って基盤を安定させよう。基礎である事務局の安定は信用そのものと思っている。

## 25 湯布院を知らない

当地には作家司馬遼太郎氏が日本一と絶賛した安心院盆地の景色（次頁写真）が一望できる展望台がある。我家に農泊に訪れた学生には、その展望台へ必ず連れていくことにしている。「正面に見える一番高い山が湯布院の山、隣が別府の山です」と説明すると、ほとんどの中学生は別府は知っているが、湯布院のことをあまり知らない。毎年、人気温泉地アンケートで上位に入る湯布院を知らないことに驚いた。ということは、客を呼び込むこの仕事をしているうちは常に何らかの情報発信をし続けなくてはならないということなのである。楽しみながら頑張ろう。

〈上〉安心院盆地が一望できる展望台。右手奥に由布岳とその左に鶴見岳が見える
〈下〉農泊に訪れた学生を必ず連れていく展望台にて

## 26　布団で感動を

農泊に訪れる方は滞在時間の三分の一は寝ている時間となる。ベッドにお金をかけよう。これはドイツの若い女性の農泊経営者が言っているそうだ。一番簡単に感動を与えられると考えており、まずここに投資するそうである。私も何度か泊まってみたが頷ける。

日本ではさしずめ布団にお金をかけよう。学生の場合は一つの部屋に全員が集まって寝たりするが、大人は違う。できれば一人で寝たいというのも本音だろうが、農泊の場合なかなか難しい。こちらの事情で泊っていただいているので、せめて心地よい布団を用意しよう。

## 27　一年に一組

うちには年間何千人も来ていますとか、自慢げに言う人がいるが、農泊で泊まるお客はそんなことを素晴らしいとは思わず、そんなにも来ているのか、俺たちもその一部かと思うのが普通である。

年間のスケジュール表や泊まった人からもらった色紙等は見せても誰もエラいとは思ってくれない。少し寂しい思いをさせるだけである。

安心院グリーンツーリズムの看板に一日一組をうたっているが、お客様からすれば、今年はあなた達だけですよ、一年に一組だけですよというのが、夢のような希望ではなかろうか。

以前、我が家に年間スケジュールを台所に貼っているのを農泊の女子中学生が見て、「こんなに来るの」と独り言をつぶやいていた。誰でもそうだが、愛や心は独り占め、独占したいのが人の心の常ではなかろうか。私達、農泊家庭はこれに答えることは難しいが、せめて年間スケジュールや農泊者の手紙、名刺、飾り物などは自分等の寝室に置き、泊る人の目にふれないように心がけよう。そして、泊る部屋はもちろん、トイレ、風呂場も家族が使っている気配が無いように片づけよう。

年間のスケジュール表や色紙を飾るのはプライバシーの侵害にもなるが、「我が家は三流です」という証拠にもなる。「あなただけ特別ですよ」を表現しよう。「一年に一組、あなた達だけですよ」と呼びかけよう。グリーンツーリズムは感動産業である。

## 28　一人旅でも一日一組

設立当時一日に何組も泊めることは考えていなかった。しかし、一日二組泊めるパターンが出てきて続けて苦情が出てきた。一人旅の娘さんがよほど腹が立ったのか、町役場内で声をあげて騒いだと連絡があった。

そのことにより一日一組が看板になったが、そのうち農泊の宣伝の重要な看板となった。そもそも、鍵のかからない部屋で何組か泊めようなんて厚かましい話だ。同じイベントで泊る場合は何組か泊めても盛り上がるかもしれないが、一般のお客様で二組以上泊めては、どちらも嬉しくあるまい。自分に置き換えて考えても、あなただけ特別ですよというのがよっぽど嬉しい。

しかし、もしバカンス法が制定されれば一棟貸し（農の宿）で泊食の分離が進むと想像している。

## 29　農泊の定年は八五歳

勝手に決めるなとの声が聞こえてきそうだが、あくまでも希望である。農泊（宿泊者の受け入れ）の適齢期は六〇歳、円熟期は七〇歳、八〇歳はまだデータがないが、当方のグリーンツーリズム実践大学の講師の話の中で、京都大学脳科学の先生曰く「人間の脳は七五歳～八五歳が一番人生を理解できるとき」という話があった。

この話をもとに農泊の定年は八五歳の目標に設定するのはいかがだろうか。最近、政府は定年を七〇歳にしようと提唱しているが、農泊はその先の八五歳の提唱になる。ヨーロッパのようにバカンス法が制定されると農村レストランが充実するようになり、八五歳でも楽勝と思える。農泊は楽しい上に儲かって、おまけにボケない。高齢者にもできるこんな良い仕事は他にあるだろうか。

八五歳定年は個人的希望の定年である。本当の定年は楽しくないと思った時が定年だろう。自分で決めよう。

## 30　聞かれない質問には答えまい

修学旅行等で数年来ている学校が急に来なくなる場合、一番多い原因が口の利き方である。農泊にきている子供によくぞまあ、軽く小バカにしたような口を利いたものだ。学校のクラブの後輩に言う調子で話をしているのだ。来て早々言うのだから二泊三日すべて悪く取ってしまった。一軒の失敗では済まない。もちろん来なくなった。

ある真面目な農家での出来事だが、子供が言うことを聞かないのでついお父さんが鎌の柄で腕を叩いてしまった。学校と保護者にお詫びをしたら「子どもが悪いことをしたから」で無事に収まったが、次の日その農家のお母さんが校長に「あんな悪い子を見たことがない」というような話をしたから、この学校も来なくなった。保護者にやっと許してもらったのに、言われる筋合いではない校長は気分を害したにちがいない。聞かれない質問には答えないようにしよう。生徒も学校も旅行社も裏切ることになる。頼みますよ。

## 31　田舎にいても知的でオシャレに

農泊は大いなる田舎が舞台だが、農泊家庭が大いなる田舎者では、この仕事は向かない。風景は田舎ぶりが良いほど良いが、人は知的で多少オシャレをして磨いて欲しい。誰でもそうだが田舎に泊まりに行くとき、家の人、料理、設備等に何らかの想像をしてくるが、その想像を超える工夫がなければ次はないだろう。

東京ディズニーランドが、何故三〇年が過ぎても人気が落ちないのか不思議に思い見学にいった。園内を見て回ったが、すべて私の想像を超えていた。

私たち、農泊家庭もディズニーランド同様に想像を超える努力と工夫なしに継続の道はないだろう。

## 32　一番心配なのはベテラン

この二〇年、大分県下を振り返っても、大きな問題を起こしたのはベテランが多い。慣れて慢心しているのか、嘘でしょと思うこともあった。新人は初心に近く問題は少ない。

私たちにとって、教育旅行における初心は地元大分商業高校三二〇名を一一軒で受けた時だが、八〇名を四日に分けて受け入れを行った。この時ほど涙涙の別れはなかった。

グリーンツーリズム実践大学の料理教室

あの時、どんな気持ちで受け入れていたのだろうか。ベテランになると体力的な問題もあるだろう。そんなとき、人を雇ってでも笑顔が出るようにできるとよい。そういう私自身もベテランになっている。気を付けよう。

## 33　必ず保険だけは加入して

一九九六年から会員制という名目で農泊をスタートさせたが、怖いものがいくつかあった。地元の旅館、民宿、保健所、そして一番怖いものが事故だ。お金の問題が起こるからだ。トップが辞めてもそれでは済まないという問題が起こった場合、お金で済ますしかない。だから保険だけは加入した方が良い。

この二〇年振り返っても、大きな事故はなかった。保険金が安いのもそのせいかもしれない。ＮＰＯ法人大分県グリーンツーリズム研究会は現在一一組織が加盟しているが、全体で一つの保険を作ってもらって加入している。

特に印象に残る事故はないが、万が一のことがあると思って保険には加入しておこう。

## 34　六次産品を売るための宿（ドイツ）

農業の最大の欠点は自分で値段を付けられないことである。今まで一六回ヨーロッパ研修に出かけて必ずドイツのイゼーレさんの家に泊まっている。この家も三ヘクタールのぶどう畑でワインを作って売っている。年間二〇〇組が一週間単位で宿泊し、帰るときには車のトランクいっぱいにワインを買って帰ると言っていた。

人口六〇〇〇人のフォークトヴルグ市のグリーンツーリズムの総売り上げが約三〇億円、うち宿泊料が一〇億円、残り二〇億円は農産物の直売やレストランなどの売り上げだという。バカンス法があって、農泊があってこその経済効果と思う。

農協の地下六メートルにワイン樽が並んだ保管庫を見学ののち、出てすぐに豪華な試飲室がありは高級ワイン（一〇種以上はある）を試飲できる。続いて高級売店でワインを販売しているのだ。私たちはその後の旅を忘れて、ついつい買ってしまうのだ。農協も一見ホテル風に工夫しており、本気度を感じた。

## 35　旅先で見るものすべてが珍しい

発足当時、安心院のお母さんはよそから嫁にきている人が多く、農泊に来た人に安心院の説

王さまのぶどう直売所。安心院でも六次産品化を進めている

「ふるさと探訪 女性の旅」

明をするのは難しかろうということで「ふるさと探訪 女性の旅」を四回くらい実施した。ようするに自分の住んでいる農村を回る旅なのである。

回って分かったが自分の暮らしている周りに小さいけれどキラッと光る宝物のなんと多いことか。小さな宝物はどこにでもあると思う。これらのものを繋げてマップを書き、物語を付けると立派なグリーンツーリズム資源になる。

回る旅の時に農業に頑張っている人の家も訪れたが、そこで頑張っている夫婦の話に誰もが感動していた。

田舎で暮らすものが田舎を回って農家の話に感動しているのだ。いかに農業、農村が観光資源になるのかが良く分かった。まして、旅人は見るものすべてが珍しかろう。

## 36 踏み込んだ政治の話はしまい

当地に訪れるインバウンドは韓国、台湾、中国がベスト三だが、もれなく政治的な課題のあるなか日本に来ていただいている。しかし、一番多かった韓国は日韓関係の悪化により二〇一九年八月以降ゼロになっている。

やがて来るようになると思っているが、彼らは政治の話をするために来るのではなく、日本の農村の生き方の研修や心のせんたくに来ている。無条件で歓迎しよう。

政治がうまくいっていない時こそ民間同士の交流は大切だと思う。そのことで農泊は世界平和に貢献しているのである。

## 37　親の事は聞くまい

教育旅行で二泊の場合、二日目の夕食の団欒時、三分間スピーチをしている。そのときには最低、名前・クラブ活動・兄弟の数・この頃あった嬉しかったこと、この農泊体験に望むこと、そして将来の夢と、普通の自己紹介よりは一寸踏み込んだ話を、私達を含め全員順番に発表をしている。とにかく家庭に事情がある子が多いので、親のこと、そして親の職業は聞くまい。しかし、家庭のことを何も聞かないのもどうかと思うので、兄弟の数を聞くのがギリギリのラインではなかろうか。生徒たちから話し出す場合はもちろん別である。よく聞いてあげよう。

以前、子供達みんなで話し合っているうちに、皆自分の家庭の事情を話し出したことがあり、五人くらいの女子中学生だったろうか、「なんだ、あなたもそうなの」とグループの全員が片親で暮らしているのに、それぞれ驚いていたのが印象に残っている。

難しい時代を子供たちも生きて行かなければならない。子供たちの駆け込み寺になれたら、と思う。

## 38　地方創生の答え、農泊

農泊が安心院で始まる前の話である。ラジオから流れた「農業農村が本当に大変になると思うなら、体を張って都市の人を引き入れて応援団を作るべきだ。大変だ大変だというだけなら何も変わらない」という話が頭に引っかかっていた。安心院では、農泊が始まる前は個人客が農村の周りでキャンプとかサイクリングを楽しんでいる程度だった。私たちは思い切って家の中に都市の人を入れてみようという流れから農泊がスタートしたのである。

二〇一九年三月に設立した日本農泊連合に全農と共同歩調できたのも、将来若い人に、農業農村に関わってもらいたいという、同じ想いからの応援だった。一九九六年からヨーロッパ研修には通算一六回行っている。日本の農村は大半が農産物の生産現場だが、ヨーロッパの農村はバカンス法のもと、農村全体が観光資源となっており、そこに暮らす人一〇〇％がグリーンツーリズムに関わり一大産業になっていた。私たちは「農泊が地方創生の答えである」という確認のためにヨーロッパの農村に出かけている。

## 39　ニューカマーズソサエティ

この言葉は「志を持って外から来るものを拒まない社会」という意味で、『ヨーロッパ農村

欧州研修先で（ドイツ農泊発起人シャーマン夫人のノイブロン村にて）

若者主催による年間を通じた米作り体験の初会

休暇事情』のタイトルで当研究会の設立総会で講演を行っていただいた津端修一先生がおっしゃった言葉である。移住者を多く受け入れ、私みたいなよそ者が安心院グリーンツーリズムのリーダーをしていることを言ったものだ。四七歳で立ち上げたグリーンツーリズムだが、確かによそ者だからできたことだと思う。

二〇二〇年一月五日の日本農業新聞のトップに「田園回帰着々」との見出しがあったが、二八府県が三〇代中心の若者が移住最多で推進力になっているそうだ。日本の多くの農村が限界集落、壊滅集落、安楽死集落とさんざんなことを言われている。

都市に住む方、年代は問いません。農村への移住を心から歓迎いたします。一〇〇年以上前、ドイツで「市民農園法」が制定されたそうだ。将来国が国民に年金を払うことが出来ないもしものときのために、自分で食料を作るように、この法律があると聞いている。今、日本で政府がこんなことを言ったら大変になるだろうが、「年金が将来大幅に不足します。田園回帰を促進いたします」ならば歓迎である。ニューカマーズソサエティでお待ちしています。

## 40　迎えて三、送って七

島のホテルのスタッフが港で見送るといったシーンがテレビで流れていた。最後にホテルの支配人が大きな旗を振りながら背広のまま海に飛び込んだり、また日本で一番お客の多い四階建てのユースホステルのスタッフが帰る前に全お客の靴を磨き上げ、全スタッフが揃って外に出て何台も続くバスを見送っていた。ハッとした。終わりよければすべてよし。農泊も同じである。

迎えて三、送って七の言葉もあるが、農泊に来ている間すべて家族全員でおもてなしをすることは無理な話で、しない方が良い。途中はリレーでつないで、最後見送る時には家族全員、猫も犬も出てきて見送ろう。

## 41　自分を磨こう

日本で歴史的にも格調の高さも超一流のホテルに一度泊まってみたいという願望から、実際に泊まってみた。ボーイさんに部屋を案内され、窓の外から見える建物を私が「あれは○○ですか」と聞くと「はいそうです」と答えた。でも、よくよく考えたら、私の聞いた建物がこのホテルの近くにはないということに気づいた。こちらを田舎者だと思って明るく嘘をついたのだ。立派な建物の蓑を着ていても、中で働いている人間の程度が低ければ、憧れが失望に変わってしまう。

研究会設立当時、関西方面で古民家のブームが起こった。会員と視察研修で泊まりに行ってみた。料理も良かったし、服装も古民家風な着物でその努力を感じたが、その人にまた逢いたいとは思えなかった。
今、日本では古民家ブーム感があるが、建物だけでなく自分も磨こう、磨けば鬼に金棒である。

## 42 地域興しでなく仕事なのだ

本当に困ることがある。二八〇名近くの修学旅行が、やってくる一週間前になって急に受け入れ家庭から泊められなくなったと言われた時だ。受け入れ家庭も五〇軒以上あるが、一軒あたり人数も六~七名の最大数でギリギリである。泊められなくなった理由が大事な会議が入ったである。三~四名なら代りは探しこなすが、六~七名になったら非常に難しいのである。このドタンバになったら自分で代りを探して休んでくれ、と言いたいところである。事務局が必死になって探し回るのである。

あるお母さんから先日、集落のイベント時に中学生を泊めていると村の人から批判されたと聞いたが、この農泊も元々は地域興しで始まったが、今はもう違う。二年前からの約束で修学旅行を受けているのです。頑張った分の対価はいただいているのだ。もう地域興しを通り超して仕事になっているのだ。仕事を優先させるのは当然でなかろうか。地域興しという言葉は良いが、自分の都合やわがままで休むことが出来るのが地域興しの欠点でなかろうか。休まれた

大分県名物のだんご汁作り

「スローフード感謝祭」で、農泊主役のお母さんたち

ら非常に困るのである。死に事以外は休まないでほしい。

## 43　食べた餅より心餅

あなたにつきたてのお餅をもらったが、そのお餅も美味しかったが、食べてほしいと思うあなたの心もちが尚更うれしいという格言である。この言葉は農泊の極意中の極意と思う。何事にも心を込めて取り組もう。

組織で農泊を行う場合、料理を統一する必要はないが、基本ラインの目安（左の表参照）は必要である。しかし、肝心なことは「食べた餅より心餅」、時々は思い出そう。

**農泊大人料理の参考的な目安表**

（各献立グループから一品ずつ作って提供。大分県の場合は食事について何らかの料理体験をするようになっています）

**《朝食》**

| | |
|---|---|
| **ご飯** | 白ご飯 |
| **味噌汁** | 季節の野菜　わかめ　豆腐　油揚げ　ネギ |
| **玉子料理** | 玉子焼き　目玉焼き（生野菜、ベーコン） |
| **焼き魚／煮魚** | めざし　鮭　塩サバ　みりん干し魚　煮魚（ベタ・チヌ・クロダイ） |
| **副菜** | 野菜と鶏のうま煮　肉じゃが　湯豆腐 |

**その他**　納豆　のり　漬物　おひたし（ほうれんそう、春菊、白菜、小松菜）　梅干し

---

**《昼食》**

**ご飯／麺類**　高菜ピラフ　うどん　カレーライス　ピザ　チャーハン　そうめん　焼きそば
スパゲティ　琉球丼　ちゃんぽん　白ご飯　中華丼　オムライス　お好み焼き
担々麺

**汁物**　豚汁　団子汁　わかめスープ　かぼちゃスープ

**副菜**　酢の物　高菜の油いため　野菜サラダ　ポテトサラダ　南蛮漬け　漬物

**デザート**　季節の果物　フルーツゼリー

**白ご飯の時の主菜**　とんかつ（揚物、焼物）　から揚げ　コロッケ　チキン南蛮　ハンバーグ

---

**《夕食》**

**ご飯**　鶏飯　五目寿司　栗ご飯　豆ご飯　手巻き寿司　白ご飯

**汁物**　すまし汁　地鶏汁　茶わん蒸し　豚汁　団子汁　肉団子白菜スープ　卵とき汁
魚の吸い物

**※鍋物**　すき焼き　ホットプレートによる焼肉　おでん　水炊き　しゃぶしゃぶ　ポトフ　しし鍋　ちゃんこ鍋　寄せ鍋

**副菜A**　天ぷらシリーズ（野菜、イカ、エビ、どじょう）　魚のホイル焼き　ステーキ
とんかつ（揚物、焼物）　から揚げ　コロッケ　チキン南蛮　ハンバーグ　※刺身

**副菜B**　野菜の煮物　筑前煮　サラダ　佃煮　ひじき　酢の物　白和え　きんぴら

**デザート**　季節の果物　フルーツゼリー　プリン　杏仁豆腐　スムージー

**《おやつ》**

自家製おやつや、地元産のおやつを一品もしくは季節の果物（いももち、やせうま、まんじゅう、果物等）

（二〇〇〇円の夕食、八〇〇円の朝昼食の目安。教育旅行時は、**※印**のメニューは出さない）

# おわりに

私のような一ぶどう農家が、仲間と共に日本農泊連合を設立し、一九九六年に出会った「バカンス法」のもとに一大産業になっているドイツの農村を目標に、今まで頑張ってこれたことに感謝したい。もちろん今からも頑張るつもりです。

グリーンツーリズムを始めて何が一番良かったかと言うと、ぶどう園経営という農業を子どもが継いでくれたことである。二番目には何人ものお母さん達から農泊を始めて「助かった（収入の面で）」と言われたとき、三番目はあるお母さんが今まで出身地を聞かれると何となく言いだせなかったのが、今では胸を張って「安心院です」と言えると言っていたことである。

私も時々東京に行くことがあるが、二日も駅周辺をうろうろすると、日本全国こんなに若い人がいるんだろうかと勘違いしそうになる。最近の地方創生において関係人口（地域や、地域の人々と多様に関わる人々）をいかに増やすかがカギであると言われている。定住は難しいがせめて関係人口を増やすべきと普通の人ならだいたい想像がつく。そのためにはどうしたら良いかを言ってほしい。東京周辺に住む日本人の四割及び都市住民を農村に送る政策を打ち出してほしい。ヨーロッパを見れば答えがある。それが「バカンス法」である。

働き方改革という言葉が世に出て四～五年が過ぎた。一社一社にまかせての改革もありだが、これを機に社会全体の改革をするべきではなかろうか。昨今のインバウンドの不安定性、新型コロナウィルスによる世界的な閉塞感の中で、他にどんな方法があるのだろうか。休んだり遊んだりして経済を回す。「人生はバカンス」となるように方向転換するべきだと強く強く言いたい。

バカンス法の制定には平成から令和に静かに変わるのではなく、江戸時代が明治に変わるような大きなエネルギーが必要と思われる。どうか勇気のある政治家、そして官僚に出てきてほしい。

この農泊物語を書き終えて、今からが農泊の胸突き八丁に向かうのだと実感している。

ヨーロッパを目標に頑張ってきた私たちにすれば当たり前のことを言っているつもりである。日本中の都市に住む方々、農村に住む方々、力を合わせ声を上げていきましょう。世の中に合わせていたのでは世の中は変わらない。

最後になりますが、この本を書きあげることができたのは、何年にもわたり本多雅子氏、安部翼氏、そして農泊の応援団及び実践家の皆さん、そして家族の応援のおかげです。ありがとうございました。そして、この本は、弦書房・小野静男氏の肝いりで世に出すことが出来ました。心より感謝申し上げます。尚、本書の売り上げの一部は、未来ある村 日本農泊連合及び参加団体へ寄付いたします。

二〇二〇年秋　宮田静一

## 安心院グリーンツーリズムの足跡

平成五年（一九九三年）　五月　アグリツーリズム研究会 発足
平成八年（一九九六年）　三月　安心院町グリーンツーリズム研究会に改称　再発足
九月　実験的農泊挙行（八軒にて受入）
十一月　無尽講方式による第一回ヨーロッパ研修の実施
平成九年（一九九七年）　三月　安心院町議会が「グリーンツーリズム推進宣言」を議決
十月　安心院町グリーンツーリズム推進協議会 発足
平成十一年（一九九九年）　十一月　第一回全国藁こずみ大会挙行
平成十二年（二〇〇〇年）　四月　国の地方分権一括法にて旅館業法、食品衛生法が県の管轄になる
六月　大分県グリーンツーリズム推進協議会 設立
十月　大分商業高校の生徒三二〇名の農泊受入　農泊教育旅行の先駆けとなる
平成十三年（二〇〇一年）　四月　旧安心院町が商工歓交課内にグリーンツーリズム推進係設置

平成十四年（二〇〇二年）

一月　毎日新聞夕刊トップ「JR九州農泊商品化」記事記載

一月　第四回大分県グリーンツーリズム推進協議会資料に「?」マーク

三月　大分県生活環境部より旅館業法、食品衛生法の適用規制が緩和。「3・28グリーンツーリズム通知」が出される

四月　大分県グリーンツーリズム研究会発足（旧一七市町村）

平成十五年（二〇〇三年）

四月　厚生労働省令による簡易宿所延べ床面積三三㎡以上廃止

八月　大分県議会は全国にさきがけて「バカンス法制定を求める意見書」を採択し、国に提出

九月　安心院町議会においてバカンス法の請願書が議決される

十月　国土交通省・農林水産省が認定する観光カリスマ一〇〇選に、研究会を代表し宮田静一会長が認定される

十月　「農泊」の商標を取得

平成十六年（二〇〇四年）

三月　大分県グリーンツーリズム研究会NPO法人化

十月　安心院町グリーンツーリズム研究会に専属事務局員設置

十一月　安心院町グリーンツーリズム研究会NPO法人化

平成十七年（二〇〇五年）

三月　安心院町が宇佐市・院内町と合併、新「宇佐市」が誕生

平成一八年（二〇〇六年）

四月　大分・安心院グリーンツーリズム実践大学 開校

五月　㈶日本修学旅行協会と安心院グリーンツーリズム研究会が修学旅行窓口業務委託提携

七月　大分県グリーンツーリズム研究会代表者会議にて九州知事会にバカンス法議決の請願議決

九月　新・宇佐市議会がバカンス法を議決

平成一九年（二〇〇七年）

三月　新・宇佐市議会にてグリーンツーリズム宣言 議決

二月　農林水産省・国土交通省が認定する「農林漁家民宿おかあさん一〇〇選」に安心院から平成一九年度に時枝さん、平成二〇年度に矢野さん、中山さんが選ばれる

平成二〇年（二〇〇八年）

七月　安心院町がワイン特区に選ばれる

七月　子ども農山漁村交流プロジェクト開始

平成二一年（二〇〇九年）

一月　防火管理講習、普通救命講習、食品衛生責任者講習を受講

平成二二年（二〇一〇年）

一月　全国藁こずみ大会に一区切り、新しく第一回大分・安心院スローフードフェア　開催

六月　研究会会長宮田静一が西日本新聞社より『しあわせ農泊』を出版

平成二二年（二〇一〇年）　十二月　大分県五地区にて第三回「九州グリーン・ツーリズムシンポジウム２０１０ in 大分」開催

平成二三年（二〇一一年）　二月　厚生労働省より「教育旅行において生活体験費であれば旅館業法上の適用外」とする通知出る

平成二四年（二〇一二年）　二月　ＩＬＯ１３２号条約批准を目指し、安心院にてバカンス法シンポジウムを開催する

平成二五年（二〇一三年）　五月　「クヌギ林とため池がつなぐ国東半島・宇佐の農林水産循環」世界農業遺産認定

九月　三月二八日が「グリーンツーリズムの日」として認定される

十二月　大分県議会にて二回のバカンス法意見書を議決

平成二六年（二〇一四年）　一月　ＩＬＯ１３２号条約批准を目指し、バカンス法シンポジウム in 東京を開催する

平成二八年（二〇一六年）　一月　農林水産省に「農泊」（当研究会商標取得）という言葉の使用を認める

四月　「農泊の極意～俳句におけるグリーンツーリズムおもてなし心得～」を発刊

七月　安心院町グリーンツーリズム研究会の新拠点研修事務所が

完成する

平成三〇年（二〇一八年）　六月　農林水産省と「農泊」の商標専用使用権設定契約を締結

平成三一年（二〇一九年）　三月　未来ある村日本農泊連合結成。「地域おこし　困ったときに見る三十一の体験書」発刊

## 農泊に関連した用語一覧（五十音順）

### ＩＬＯ１３２号条約

国連の労働に関する専門機関である国際労働機関（通称：ＩＬＯ）が定めた、年次有給休暇に関する労働基準条約。

①三労働週の年次有給休暇の権利

②二労働週の連続での付与

③病欠、祝日や慣習上の休日は有給休暇に含めない

等を定めた条約で、現在世界の三八カ国が批准しているなか、日本は批准していない。安心院町ＧＴ研究会では、ＩＬＯ１３２号条約の批准を推進する活動を長年行っている。

### 一村一品運動

一九八〇年から大分県の全市町村で始められた地域振興運動。一九七九年に当時の大分県知事である平松守彦氏により提唱され、各市町村がそれぞれ一つの特産品を育てることにより、地域の活性化を図った。

### 関係人口

移住した『定住人口』でもなく、観光に来た『交流人口』でもない、地域や地域の人々と多様に関わる人々のことを指す。例えば、特産物購入、定期的な来訪、ボランティア活動、二拠点移住など、その地域と特定のかかわりを持つ人々であり、農村地域は人口減少・高齢化により、地域づくりの担い手不足という課題に直面しているが、このような地域外の人材が地域づくりに関わったり、担い手になることを期待されている。

### グリーンツーリズム

農山漁村に滞在し農漁業体験を楽しみ、地域の人々との交流を図る余暇活動のこと。長期バカンスを楽しむことの多いヨーロッパ諸国で普及した。日本においては一九九二年の農林水産省に設置されたグリーン・ツーリズム研究会の中間報告にて「農山漁村地域において自然、文化、人々との交流を楽しむ滞在型の余暇活動」と定義づけられ、その推進が提唱された。

### グリーンツーリズム実践大学

グリーンツーリズムの担い手育成と、地域へのグリーンツーリズムの普及を目的に開講している、安心院町GT研究会主催の市民講座。

二日間の講座を年間五回開催している。一日目は各分野の一流の講師を招いての座学、二日目は料理教室やフィールドワークというような内容で行っている。二〇二〇年で一六年目を迎える取組。

**グリーンツーリズム通知**

二〇〇二年三月二八日に大分県生活環境部から発令された通知文章「グリーンツーリズムにおける農家等民宿に係る旅館業法及び食品衛生法上の取扱について」のことをいう。一九九六年に始まった安心院の農泊の取組は旅館業法や食品衛生法に抵触するのではないかという問題があったが、この通知により農泊が簡易宿所営業の許可対象となり、宿泊客との共同調理ならば食品衛生法の許可不要という形で規制緩和が行われ、農泊の全国展開のキッカケとなった。

**食品衛生法**

公衆衛生の見地から、食品に関して必要な規制、その他の措置を規定している法律。食事を提供するには、食品衛生法上の飲食店営業の許認可が必要になるが、二〇〇二年三月二八日のグリーンツーリズム通知により、農泊においては共同調理という形で許可不要となった。

**スローフード感謝祭**

安心院周辺地域の五〇軒の農泊家庭や地域の飲食店の自慢の地産地消料理一二〇品以上並ぶ

ビュッフェ形式の食のイベント。農村の魅力や食の豊かさを発信するために毎年二月に開催。二〇二〇年で一〇回目の節目を迎えて幕を閉じた。スローフードとは、ファストフードに対して唱えられた考え方で、郷土に根付いた食文化を見直し、小さな農家を守り育てようというイタリア発祥の運動。

**全国藁こづみ大会**

藁こづみとは稲刈りで出た藁が湿気で腐らないよう、保存するための先人の知恵であり、かつて農村の冬の風物詩であった「藁こずみ」の技を後世に伝え、美しさやアイディアを競うイベント。資源活用による農村景観の見直しを通じて、農業のあり方や農村の良さを都市住民と一緒に考えるイベント。一九九九年～二〇〇九年の一〇年開催し幕を閉じた。

**農泊**

農山漁村において日本ならではの伝統的な生活体験と農村地域の人々との交流を楽しみ、農家民宿、古民家を活用した宿泊施設など、多様な宿泊手段により旅行者にその土地の魅力を味わってもらう農山漁村滞在型旅行。

安心院町では農村の一般の家庭に宿泊し農村のあるがままの生活体験を行う農村民泊を主として行っているが、その他、古民家をリノベーションした一棟貸しの宿、廃校を利用した宿泊施設等もある。尚、安心院町では農村民泊の略を「農泊」とし、二〇〇三年、農泊の言葉の商標（二二七頁参照）を取得し、農泊発祥の地とされている。

**農林漁家民宿お母さん一〇〇選**
農林漁家民宿の普及・定着を目的として、二〇〇七年～二〇〇九年に農林水産省・観光庁連携して実施された事業。全国の農林漁家民宿を営んでいる女性のなかから、各地域でオピニオンリーダーとして活躍している方を一〇〇名選定。安心院からは三名のお母さんが選定されている。

**バカンス法**
数週間単位の休暇を義務づけた法律。一九三六年にフランス二週間の有給休暇取得を付与する法律が制定され、それまでブルジョアなど特権階級だけが楽しんでいたバカンスが一般市民に広がることとなり、長期滞在型旅行の需要が高まりグリーンツーリズムが浸透していった。ドイツやイギリスなどを欧州各国で同様の法律が定められている。現在では、バカンス法とは国際労働基準ＩＬＯ１３２号条約のことを指す。

## B&B

「Bed & Breakfast」の略で、宿泊と朝食のみを提供する宿泊施設のことをいう。

## 未来ある村日本農泊連合

農泊の全国ネットワーク組織。著者が発起人となり二〇一九年三月に発足。農泊の推進による、日本の農村の再生を目指して次の四つを柱とした活動を行っている。⑴農泊の啓発・普及に関するシンポジウム・研修会を開催し農泊の質の向上を目指す。⑵都市と農村を同時に救う欧州のような長期休暇制度（バカンス法）の法整備のため、まずＩＬＯ１３２号条約の批准を目指す。⑶親でも学校でもない「第３の教育」農泊教育旅行の法整備を目指す。⑷農泊の質の向上・推進・連携のため「農泊推奨の証」の発行。

## 民泊

住宅（戸建住宅やマンションなどの共同住宅等）の全部又は一部を活用して宿泊サービスのことをいう。政府が観光立国を目指し、訪日外国人観光客増を進めていくなかで、急増する宿泊需要の受け皿として注目を集めるようになった。二〇一八年に法に基づいた民泊サービスの普及を図るものとして「住宅宿泊事業法（民泊新法）」が制定された。

## 旅館業法

旅館業とは「宿泊料を受けて人を宿泊させる営業」と定義されており、旅館業の業務の適正な運営を確保すること等を目的とした法律。人を宿泊させて対価をいただくには旅館業法上の許認可が必要となる。この法律でいう旅館業は①旅館・ホテル営業②簡易宿所営業③下宿営業の三種類に分類され、いわゆる農家民宿は簡易宿所営業にあたる。

商 標 登 録 証
(CERTIFICATE OF TRADEMARK REGISTRATION)

登録第４７２１５０７号
(REGISTRATION NUMBER)

商標(THE MARK)

農　泊
NOUHAKU

指定商品又は指定役務並びに商品及び役務の区分(LIST OF GOODS AND SERVICES)
第４３類　　農家による宿泊施設の提供

商標権者(OWNER OF THE TRADEMARK RIGHT)
大分県宇佐郡安心院町下毛１１９３－１
宮田　静一

出願番号(APPLICATION NUMBER)　　商願２００２－１００４４７
出願年月日(FILING DATE)　　平成１４年１１月２７日(November 27,2002)

この商標は、登録するものと確定し、商標原簿に登録されたことを証する。
(THIS IS TO CERTIFY THAT THE TRADEMARK IS REGISTERED ON THE REGISTER OF THE JAPAN PATENT OFFICE.)

平成１５年１０月２４日(October 24,2003)

特 許 庁 長 官(COMMISSIONER, JAPAN PATENT OFFICE)
今 井 康 夫

「農泊」の商標登録証

考古学から見た

# 邪馬台国大和説

## 畿内ではありえぬ邪馬台国

関川尚功
Sekigawa Hisayoshi

梓書院

# はじめに

邪馬台国といえば、日本の古代を語る時には、必ずといってよいほど登場する古代国家の名であるが、その位置をめぐって、これまで九州説と大和（畿内）説という、大きく位置が離れた状態が長らく続いている。邪馬台国の所在というものは、古代史の上では、真相究明の入口にあたるような問題である。その中でこれまで有力な説とされているのは、「邪馬台国大和説」である。3世紀の奈良大和に邪馬台国があったというのである。

私自身、昭和45（1970）年以降、奈良県内の古代遺跡の調査に参加し、また、その翌年より桜井市纒向遺跡の調査に加わり、ここ半世紀ほど大和の遺跡・古墳の調査結果について身近に知る機会が多かった。

大和は、四周を山に囲まれた適当な広さの盆地、まとまりのある平穏な地域であるといつも感じている。このような感覚からすると、『魏志』に描かれているような、中国王朝と頻繁に通交を行い、また狗奴国との抗争もあるという外に開かれた活発な動きのある邪馬台国のよう

な古代国家が、この奈良盆地の中に存在するという説については、どうにも実感がないものであった。特に、それが証明できるような遺物も、見当たらないからである。

このような経験からみると、これまでの邪馬台国大和説というものは、実際の大和の遺跡や古墳が示す実態とはかなり離れたところで論議が行われているような印象を受ける。

意外なことだが、邪馬台国大和説が長らく唱えられてきたにもかかわらず、ここ大和では、邪馬台国という明確な意識を以て、本格的に大和の遺跡や古墳を見直すということが、これまでほとんど行われていない。大和説自体が、大和の実情を検討した結果とは、とても思えないのである。

近年の邪馬台国大和説については、疑問を感じるところが多いが、ここでは、その内容を逐一批評するというよりも、むしろこれまでに分かっている大和の遺跡・古墳の実態を見ていくことで、この地域の持つ特質というものを考えていきたいと思う。それが多くの解釈や理屈よりも、おのずと大和説の可否を示すものと思われる。

その上でこれまでの長い大和説の流れをたどることにより、はたして邪馬台国大和説が成り立つのか、ということを述べてみたいと思う。

# 考古学から見た邪馬台国大和説

～畿内ではありえぬ邪馬台国～

目次

# 第I章

# 邪馬台国と大和の考古学

## 邪馬台国と考古学

『魏志倭人伝』に記された邪馬台国の所在地をめぐる近代の論争は、明治43（1910）年に内藤虎次郎（湖南）（1866～1934）と、白鳥庫吉（1865～1942）によって始まり、以来、一世紀以上が経過している。

この『魏志倭人伝』は、中国の正史である『三国志』の中の『魏書』東夷伝・倭人の条であり、あくまで中国王朝の立場を記した史書の中における倭人伝である。邪馬台国の名が中国史書の中にのみ現れるのであれば、この問題はまず日本の古代史などよりも、東洋史なり中国史において最初に扱われるべきものなのであろう。邪馬台国の本格的な検討が、最初に内藤・白鳥という漢籍に通じた著名な東洋史家によって始まったのは、当然のことといえよう。

一方、考古学による邪馬台国についての検討は、大正期に入り、富岡謙蔵（1873～1918）、高橋健自（1871～1929）による、主に古墳出土の漢式鏡の研究から始まっている。

高橋は、大正11（1922）年発表の論文「考古学上より観たる耶馬台国」の中で、邪馬台国問題に対する考古学の立場について、「耶馬台論の如き問題は、元来文献上からばかり考察

されるべきものではない。この種の問題は、研究上上代文化の分野を持っている我々考古学者が当然手を著《つ》けねばならぬ事項であって、この考古学的考察を閑却しては、到底この問題の解決は望めないのである」と述べている。

高橋は、このように邪馬台国問題における考古学の役割の重要性を強調している。この論考以降、考古学においては、本格的にこの問題に参入しているが、未だ決定的な解決には寄与していないというのが実情である。

このような現状に対して、近年は出土資料の年代を理化学的方法により決定することで、新たな展開が計られようとしている。

## 考古学のもつ有効性

文献上の問題である邪馬台国に対し、考古学からの検討は、そこに登場する倭人の国々の実態や、卑弥呼をはじめとする人物たちの活動内容など、その細部にまで及ぶところは少ない。

しかし、邪馬台国の主な候補地は、今日では、ほぼ北部九州と近畿中部に大別されている。

この二つの地域は地理的にもかけ離れており、しかもその弥生・古墳時代の文化内容にはかなりの違いがみられる。邪馬台国の有力候補地が隣接地であればともかく、このような隔たりのある地域についての比較ということになれば、むしろ遺跡や遺物を対象とする、考古学からの検討が有効性を発揮しよう。

考古の基本とするところは、結論が分かれることの多い「解釈」よりも、まず、その前提となる「事実」の確認が優先されるからである。

高橋健自は、さらに邪馬台国の所在地について、そこは当時の政治・文化的な中心点であり、「……その文化には支那文化の影響が相応にあったことを徴するに足るべき地方でなければならぬ」とし、続けて「……後漢乃至魏初の影響を最《（ママ）》著しく受けた文化を徴すべき考古学的資料は畿内と九州と何れに多く認められるか。それが判明すればこの問題の第一次解決がつくものであろう」と述べている。

この高橋がいう、所在地問題への解決に向けての方法は、今日でも変わることのない考古学的な検討の基本であるということができる。

邪馬台国の位置をめぐる考古学の見解においては、これまで大和（畿内）説と九州説という二つの立場がある。このなかで、特に邪馬台国大和（畿内）説を積極的に主唱したのは、古墳時代研究で知られる小林行雄（1911～1989）である。小林は、近畿の前期古墳から出土した三角縁神獣鏡に関する研究結果をその主な根拠としており、その見解は今日まで引き継がれている。

邪馬台国問題に対する考古学による主な検討対象が、このような特定の古墳副葬品に限られることは、考古の立場からすると、必ずしも適当なこととはいえないが、それは当時、大和地域の遺跡や古墳の実態について不明なところが多かったためでもある。

邪馬台国の位置問題について、考古の側からによる解決がここまで延びてきた理由は、弥生時代の北部九州の遺跡や墳墓の内容に比べ、比較すべき近畿大和の実態が分かってきたのがかなり後のことであったからである。今日では、考古資料の増加により、相互の比較検討が可能となるような事実関係が明らかになってきたことも多い。

そこで最初に必要なことは、個々の古墳副葬品などを扱うばかりではなく、この時期にあたる大和の遺跡や古墳の内容を明らかにし、それを同時期の北部九州と総体的に比較することで

あろう。その結果によっては、高橋健自が述べた邪馬台国は畿内か九州かという、この問題の第一次的な解決は、かなり明確になるものと思われる。このような考古学が行うべき最も基本的なことが、あまり意識されてこなかったように感じられるのである。

## 対象となる時代と検討の方法

考古学による検討においては、まず邪馬台国・卑弥呼の時代が、考古の時代区分のいつにあたることとなのかが最初に問題となる。近畿ではこの時期の確実な年代資料が欠けるところが多いからである。このような制約はあるが、これまで考えられていたその時期とは、ほぼ弥生時代の後期から庄内式までなので、その範囲に含まれるということになる。

そこで、ここでは特に邪馬台国の位置問題について有効と思われる、二つの方向から考えてみたい。

一つは、この時期の大和地域の遺跡や墳墓の実態というものが、はたして邪馬台国の所在地として、ふさわしい内容をもっているのか、ということである。それには大和の主な弥生時代

の遺跡と、庄内式から古墳時代初めの布留式に中心を置く纒向遺跡の実態を、邪馬台国とそれを取り巻く状況と比較することが必要となる。

もう一つは、大和には箸墓古墳のような初期の大型前方後円墳が集中するが、これらの古墳と邪馬台国は年代的にどのような関係にあるのか、ということである。これは箸墓古墳が築かれた年代にかかわることであるが、邪馬台国と大型古墳との時間的な関係を明確にすることが、位置問題において、特に重要なことになる。

考古学の基本的な方法は、遺構や遺物という確実性のある資料を机上ではなく、実際的に、しかも数多く扱うことに依っている。そして、それらが示す事実というものに対して、先入観や特定意図に関わりなく、常識的な解釈や判断を加えるということが通常の方法である。これは邪馬台国をめぐる考古資料に対しても同様のことがいえる。

ただ、遺跡や古墳の発掘調査にしてもその及ぶところはまだ一部に留まり、これまでの調査でも邪馬台国問題に対して、決定的な結果というものは得られていない。また、今後は大規模な調査も少なく、これ以上の結果がどの程度望めるものかも分からない。

そこで、結論の方向を示すものとして、これまでに知られている遺跡・古墳と、その遺物内容の総体より、全体的な傾向を明らかにするということが特に重要になってくる。これは文献による検討においても、限られた史料の個々の文言からは、いくらでも多様な解釈はできるが、史料内容の全体からうかがえるある大きな傾向なり方向というものが認められることと同じであろう。

## 北部九州と大和

邪馬台国の所在地という問題について検討を行うのであれば、当然、大和と対比されるべき北部九州からの視点と、その比較が必要となる。それは、大和なり北部九州という、それぞれの地域が示す特性というものが、遺構や遺物を扱う考古の立場においても、また、歴史的な観点からも、きわめて重要な検討の条件となっているからである。

しかし、それには地理的なことばかりでなく、その地域の様相に詳らかでなければ、考古資料についても安易にふれることはできない。そのため、ここでは主な検討対象は大和地域を中

心にしておきたい。

このように、邪馬台国の位置問題については、個々の考古資料に依るばかりではなく、地域にもとづいたそれらの総合的な検討が、最も有効な手段となるといえよう。地域相の違いというものは、特に考古資料ではかなり明瞭に現れることが多いからである。

そうであれば、考古学より邪馬台国の所在地問題について、その詳細な位置についてはともかく、大局的な位置関係を推定することは、実はそれほど困難なことではないことになる。北部九州と大和（畿内）という地理上の位置の大きな違いは、邪馬台国をめぐる歴史動向にも大きく影響するからである。

## 畿内説と大和説

邪馬台国の位置問題においては、九州説に対して近畿地方にその所在地を求める説を、畿内説と呼ぶことが多い。これは、主に近畿圏以外の地域からの呼び方という印象がある。

しかし、近畿中部にあたる畿内と一言でいっても、その範囲は大和・河内・山城など、広域にわたっている。しかも、これら古代近畿の域内においても、かなりの地域差がみられるので、それらの遺跡や古墳を一律に扱うことはできない。畿内という名称自体も、以後の時代の用語である。

また、近畿の中でも大和周辺地域では、ここ以外に邪馬台国の有力な候補地は挙げられてはいない。小林行雄も、邪馬台国の所在地を明確に大和としているので、ここでは大和説としておきたい。

# 第Ⅱ章

# 大和地域の弥生時代遺跡

## 大和の地勢と遺跡・墳墓

ここで大和地域とするのは奈良県の奈良盆地で、その範囲は南北約30km、東西約15kmである。盆地の西部には馬見丘陵が南北約８kmにわたって広がるため、盆地中央部の遺跡分布域は東西10kmほどである。この盆地の内部においても、その中の各所の地勢はさまざまであり、そこに広がる遺跡や古墳の分布も一様ではない。

どこの地域においても、またいつの時代においてもいえることであろうが、大和地域の遺跡や古墳を検討するにあたっても、このような地域相の違いというものを理解しておくことが必要である。また、大和の弥生時代遺跡や墳墓個々の内容については、まだ明らかではないところが多いが、これまでの調査の累積によって、それらの示す全体的な傾向というものを知ることは可能である。

そこで、邪馬台国との関係を念頭に置きながら、この時代の大和の遺跡や墳墓、また遺物の示す傾向がどのようなものかをみてみたい。

## 奈良盆地東南部に多い大型集落

大和の弥生時代遺跡は、南北に長い盆地の各所にみられるが、弥生時代の各時期にわたって継続する、いわゆる「拠点集落」とも呼ばれる規模の大きい中心的な集落遺跡の動向がやはり重要である。このような弥生大型集落の位置をみると、その多くは初瀬川（大和川本流）などの主要河川が流れ、東方地域への経路にも近い盆地の東南部に広がっている。これらの集落には、学史で知られる唐古・鍵遺跡をはじめ、平等坊・岩室、多《おお》、中曽司《なかぞし》、四分《しぶ》、坪井・大福、芝の諸遺跡がある。

さらに、ここからやや南西に離れ、葛城地域との境界付近にあたる曽我川沿いには新沢一《にいざわかず》遺跡がある。そして、大和南西部の葛城地域を代表する大型集落としては、鴨都波《かもつば》遺跡が知られている。盆地東南部のほかに、ここから紀伊に通じる方面に、二つの大型遺跡が所在しているのである。

このように、大和地域の弥生大型集落は、初瀬川が盆地に流出する東南部の初瀬谷口を要として、半径約10㎞の範囲の中に広がり、さらに、ここから葛城・紀伊に向かう地域に分布して

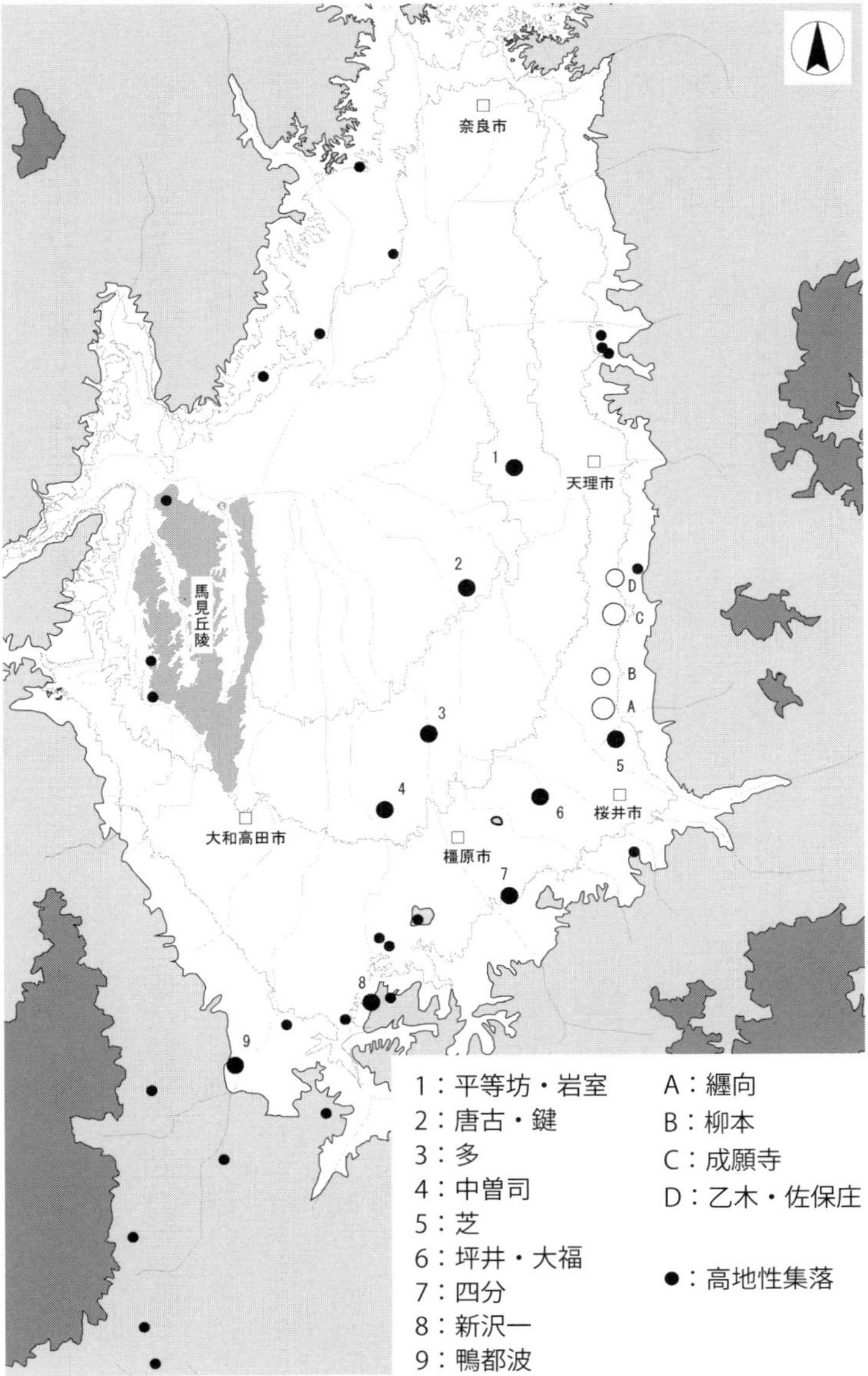


図１　奈良盆地の主要遺跡（著者作成）

いるという傾向がみられるのである。

これに対して、同じ奈良盆地内においても、中河内《なかかわち》に接する西部地域や、南山城《みなみやましろ》に至る北部地域には大型集落はみられない。大和の弥生大型遺跡の広がりというものは、盆地内のすべてに及んでいるわけではない。

このような大型遺跡の分布のあり方は、遺跡が立地できる自然的条件と共に、大和と隣接する各地域との交流関係の多い、少ないというものが反映されている。これらの集落は相互に、ほぼ４㎞以内という至近の位置にあり、おそらく地域の中で密接な関係を保っていたのであろう。これらの遺跡が多く広がる盆地東南部の地域とは、後に纒向遺跡や箸墓古墳のような大型前方後円墳が出現し、さらには古墳時代から飛鳥時代に至るまでの主な宮が所在するところでもある。

弥生大型集落の分布するところは、奈良盆地の中では、古代を通じて、特に重要な地域であったということができる。

## 大型集落の立地と傾向

これら大和東南部の大型集落の立地をみると、山際に近い台地あるいは低丘陵上ではなく、盆地底部の微高地上に進出し、環濠をめぐらせて集落を形成している遺跡が多い。この地域は河川などを通じて、人口や農耕を支える豊富な水量が確保できるところでもあるが、反面、弥生時代中期末には、河川の氾濫により環濠が埋没するように、絶えず水害の危機に面していた。唐古・鍵遺跡北西の低地側には、「環濠帯」と称される多くの環濠が掘られているが、その成立要因はおそらく主に水対策と考えられよう。

また、これらの大型集落は、弥生時代の前期から後期まで、長期にわたって継続しているという傾向がみられる。そして纒向遺跡が成立した後も、規模は縮小しても、古墳時代前期まで集落として続く遺跡が多い。

大和の大型遺跡には、弥生時代各時期を超えて存続するという、集落としての安定性がみられることが大きな特色といえよう。

## 唐古・鍵遺跡の実態

大和の弥生大型遺跡の内容については、まだ不明なところが多い。この中で、最も規模が大きく、また調査も進んでいるのは、古くから知られる唐古・鍵遺跡である。大和の弥生遺跡を代表するこの集落遺跡を囲む大環濠内の面積は約17㌶に及ぶ。ここでは長期にわたる人の集住により、遺跡出土の土器量は膨大である。

弥生時代の前期に小集落のまとまりから遺跡は始まっており、この時期に環濠が開削される。そして弥生中期に入ると、その中頃に大環濠が完成して、大型集落としての範囲が確定し、大きく発展することになる。この弥生中期には、二棟の大型建物が現れる。大きな棟持柱を持つものと、弥生時代最大級の巨大な柱を使用するものという、いずれもかなり特徴のある建造物である。

そして、銅鐸を始めとする各種青銅器の鋳造が行われ、鋳型など関連遺物も多数みられる。石器・木製品の生産も盛んに行われ、大和地域の中核的な集落としての内容を示している。

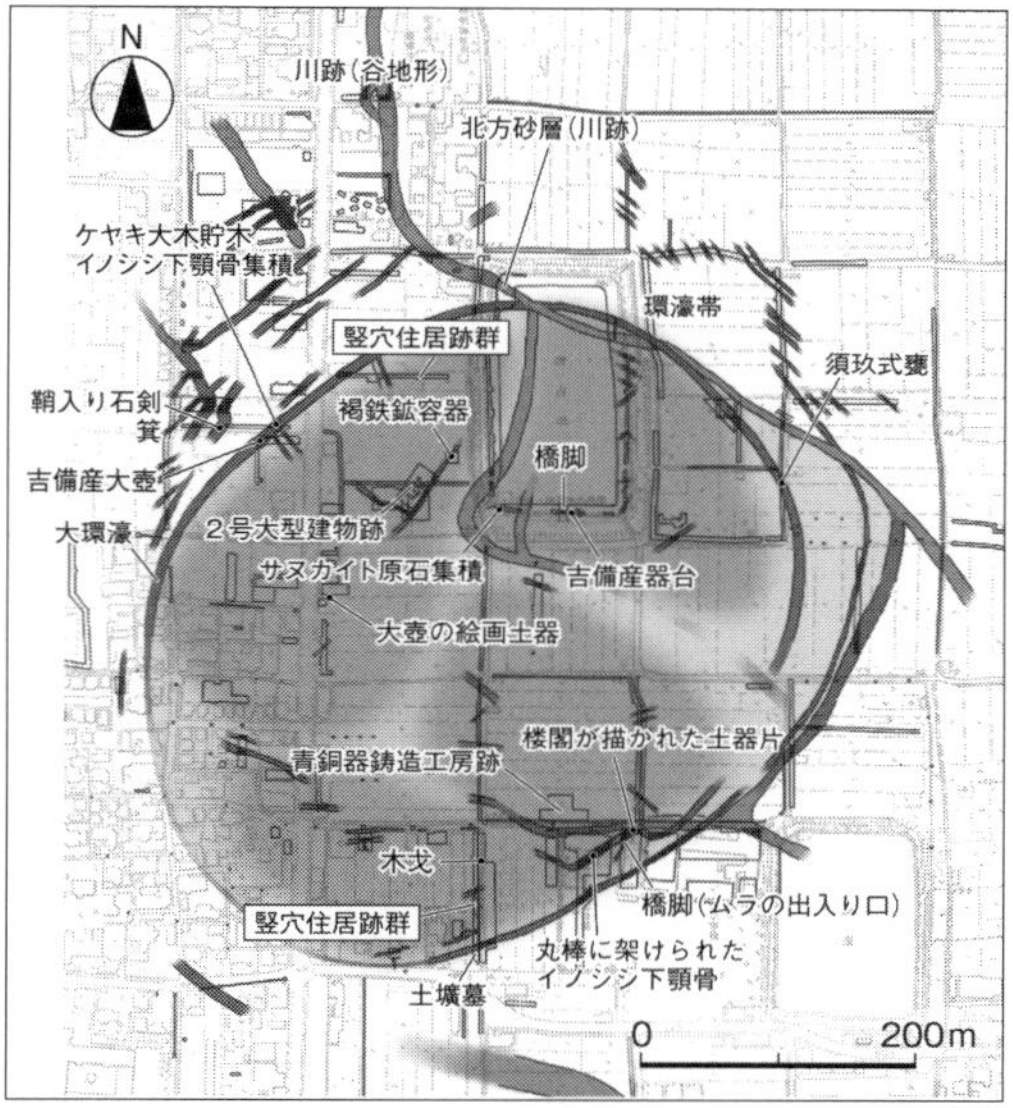


図２　弥生中期の唐古・鍵遺跡（田原本町教育委員会より提供）

弥生中期末頃になると、洪水により環濠は埋没するが、弥生後期に入ると、環濠は再び掘削されて集落は継続するが、その終わり頃になるとそれもなくなる。

弥生後期の段階では遺物量も増大し、多数の井戸がみられることは、集落としては弥生時代を通じておそらく最も拡充した時期といえそうである。ただし、この時期には大型建物の存在や、炉跡のような青銅器の生産遺構などが、まだ確認されておらず、中期と比べて集落内の発展状況がはっきりしないところがある。

また、古墳時代前期に入ってもこの遺跡では、環濠の一部が再び掘削されて集落は継続するが、ほぼこの頃が遺跡の終末となるという状況である。

このように、唐古・鍵遺跡は、集落規模の大きさに加え、弥生時代全期から古墳時代まで続く、相当の長期間にわたる安定した集落経営がなされていた大和の大型弥生集落の典型といえよう。

## 明らかでない首長の居館

唐古・鍵遺跡では、弥生中期に集落の中心になるような二棟の大型建物が現れるが、それらが単体の建物なのか、建物群となるのか、またこの建物の性格についても、集落内の居住者や首長との関係などについて、いくつか考えることができよう。しかし、特に問題となる弥生後期の段階には、このような大型建物の存在は、まだはっきりしていない。

大型集落の中に、どのような中心的な建物があったのかということは、弥生遺跡の中では最も重要視されるところであるが、大和地域では唐古・鍵遺跡を除くと、ほとんど明らかになっていない。

特に古墳時代で知られつつある首長の居住を思わせるような周溝や、区画をもった有力な建

物群が、いつ頃から現れてくるのかということについては、まだ発掘が及ばないこともあり、知ることができないというのが現状である。

## 高地性集落の存在

大和の弥生遺跡の中に、低地に広がる集落遺跡のほか、丘陵上や山頂のような高所に位置する遺跡があり、これらは高地性集落と呼ばれている。このような遺跡は、丘陵上に築かれた古墳の調査などに際して、偶然に見つかることがあるように、意外な高所に立地していることが多い。

弥生時代において大型集落の内容と共に、高地性集落の存在が注目されるのは、その立地と共に、汎西日本的な大きな広がりをもって分布しているからである。特に近畿から瀬戸内を中心に、北部九州の一部までも含むという地域を超えた大きな動きが、その起源とみられる。

大和の高地性集落の位置をみると、奈良盆地内から周辺地域に抜ける経路に沿う、要衝ともいえる眺望の良いところに立地する傾向があることは確かである。

また、東大寺山遺跡や桜井公園遺跡では丘陵周囲に堀を複数めぐらせており、この種の遺跡がそこからの眺めと共に、明らかに防御を意識していることが分かる。このような性格をもつ高地性集落は、大和では主に盆地南半部周縁を中心に広がるが、特に盆地東南部より紀伊に抜ける南西方面に最も多くみられる。ここは先にふれたような、弥生大型集落が位置する方向でもある。

弥生時代に高地性集落が現れることについては、これまでも『後漢書』にみられるような、弥生社会の争乱を想定するなどの諸説があった。近年は、時期が違うなどの理由で、いわゆる「倭国大乱」などと結びつけることは少ないが、立地と時期を限って出現するという特異な高地性集落については、この時代の緊張関係なり争乱を起源とすることを否定することはできないであろう。

それは、同じような性格の遺跡を他の時代に求めるとすれば、戦国時代の山城が最も近い立地にあるからである。高地性集落の出現事情が、もし弥生時代の争乱などを要因とするならば、その結果は、弥生後期の社会を規定するものとなったはずである。

特に、地域間の戦乱という事態に際しては、倭国が乱れ、そののちに邪馬台国の卑弥呼が共立されたという『魏志』の記事が想起される。おそらく、このような地域間の争乱の結果、各地域では種々の権力をもつ首長の存在がかなり明らかになってくると思われ、墳丘墓の出現との関連も考えられるからである。

これまで高地性集落の出現は、国々の統合化を進めるもので、それは「畿内を中心に起こった政治的緊張」ととらえる見解もあった（田辺昭三『謎の女王卑弥呼』）。大和地域では、弥生時代後期前半から中頃の高地性集落が多い。その時期は、瀬戸内地域などより、わずかに後出するので、むしろ西方地域より波及した何らかの緊張関係に対して出現したことを示すものとみられる。

高地性集落にみる地域の緊張関係が国々の統合化をもたらしたことは十分に考えられるが、遺跡が示す動きからみると、この政治的な動きというものは畿内からはじまったということはできない。

## 少ない弥生後期の墳丘墓

次に大和の墳墓の状況をみると、弥生時代前期から現れる方形周溝墓は、中期にはかなり増加するが、後期以降はやや減少する。唐古・鍵遺跡でも各時期の木棺墓や方形周溝墓・土器棺墓が知られるが、弥生時代を通じて副葬品を有するものがほとんどないため、墳墓の副葬内容というものが明らかではない。このような傾向は、ほかの遺跡においても共通している。

また、弥生後期に入って丘陵上に築かれ、特に古墳との関わりで注目される墳丘墓は、大和地域では極めて少ない。平地に多い方形周溝墓の確認数が古墳時代初めまで含め、すでに400基を超えているにもかかわらず、それとは対照的に、墳丘墓の存在というものは、ほとんどみることができないのである。

墳丘墓の事例としては、わずかに馬見丘陵の南端、馬見古墳群近くの黒石10号墓と、盆地東部の高地性遺跡である別所裏山遺跡の墳丘墓がある。これらはその規模も小さく、副葬品は知られていない。

弥生後期に続く庄内期頃には、馬見丘陵南西部において、画文帯神獣鏡や鉄製武器を保有する上牧久渡3号墳が現れる。墳丘は小規模ながら豊富な副葬品が注目されるが、ここは奈良盆地を西に離れた中河内方面に近いところにあたり、大和地域においては墳丘墓自体が少ないことには変わりはない。

## 大型墳丘墓がみられない大和地域

弥生時代後期には瀬戸内・山陰・北陸など、その中でも特に西日本地域では、丘陵上に築かれる各種大型の墳丘墓が発達することはよく知られている。しかし、大和地域ではこのような大型墳丘墓については未だに確認されないばかりか、墳丘墓自体がほとんどみられず、むしろ、その空白地帯といえるのである。

大和の弥生時代墳墓については、これまで全く関心が払われていなかったわけではない。昭和37（1962）年より五カ年にわたり、新沢一遺跡近くの丘陵上にある、新沢千塚古墳群において、約130基もの古墳を対象とした大規模な発掘が奈良県立橿原考古学研究所によって

行われた。この調査で所長の末永雅雄（1897～1991）は、この丘陵上において、古墳ばかりではなく、新沢一遺跡に関わる弥生墳墓の存在を想定していた。

すでに唐古・鍵遺跡の大規模発掘の経験を持つ末永は、近畿の弥生墳墓が明確ではないのは、北部九州の墳墓と違いがあるものと考えていたのである（末永雅雄「新沢千塚古墳群」）。

しかし、この調査では、丘陵上において弥生後期の千塚山遺跡の存在が認められたが、墳丘墓などの墳墓は確認されなかった。このように、奈良盆地内部においては、特に首長墓とみられる大型の弥生時代墳墓は、未だ明らかではないという状況が今日まで続いている。

さらに、方形周溝墓などを含めた弥生墳墓全体をみても、副葬品はほぼ皆無という状態である。このような大和の墳墓の実態は、北部九州や大型墳丘墓がみられる地域とは、著しい違いがあり、少なくとも邪馬台国問題においては、積極的に大和説を肯定するような材料にはなりえないであろう。

## 目立つ東方系の土器

大和の弥生遺跡からは、他地域から運ばれた、あるいはその影響をもつ土器が出土するが、それらが示す傾向というものを唐古・鍵遺跡の報告内容からみてみる。近畿より西方では、吉備・瀬戸内が合わせて約20点あり、北部九州はその後に1点確認された程度である。それに対し、近江は約40点、伊賀・尾張は約20点、特に伊勢湾岸地域が60点を超え、さらに長野県・天竜川流域の土器も含まれている。

このような唐古・鍵遺跡の搬入土器の実態をみると、西は吉備、北は近江、東は伊勢湾岸地域が主な交流範囲であり、全体的な傾向としては、西方の地域よりむしろ東方の地域との交流が多いことがうかがえるのである。そして、西方地域においては、主な交流地域の西限はほぼ吉備までであり、大和弥生遺跡の主な地域交流の範囲が、北部九州にまでは及んでいないことは明らかである。

## 金属製品の少なさ

大和地域の弥生遺跡から出土した鉄製品は、今のところ唐古・鍵遺跡では4点、そのほか六条山や三井岡原遺跡のような丘陵性遺跡出土の鉄鏃等、大型集落の平等坊・岩室遺跡の鉄斧をはじめ、総数10点余りにすぎない。隣接する大阪府下では、総数はすでに１２０点を超えており、それと比較しても格段に少ないというのが実態である。

さらに、鉄器の製作にかかわる遺構や遺物は、まだ知られていない。大和では、弥生後期の初め頃までは石器が使用されており、鉄器の少なさは、その普及の状況を示すものとなる。

また、青銅製品については、調査例の多い唐古・鍵遺跡で32点が報告されている。これらは銅鏃・巴形銅器・腕輪・鑿《のみ》転用細形銅矛・銅鐸の破片である。この中で最も多いのは、24点の銅鏃であり、また銅鏡がほとんどみられないことも大和の弥生遺跡総体にみる傾向である。大和では銅鐸を含む青銅器生産にかかわる遺物は、唐古・鍵遺跡の銅鐸鋳型などを始め、大福・脇本・新沢一遺跡で鋳造にかかわる遺物が出土している程度である。近畿の中で、その遺跡数をみると、河内を中心とする大阪府が10カ所を超えて最多となる。

大和地域は、近畿圏の中で金属器は少なく、また青銅器生産も盛んなところとは言い難い。

## 大和の銅鐸が示す動向

弥生時代の遺物を代表するものは、近畿、北部九州を問わず、やはり銅鐸や銅鉾などの青銅の祭器であろう。特に近畿は銅鐸の分布圏の中心とみなされているだけに、邪馬台国大和説の立場であれば、銅鐸との関係についても当然考えられなければならない。

奈良盆地内部では、江戸時代以降に知られる出土地の確かな12点の完形の銅鐸がある。しかし、破片を含めた銅鐸数でも、近畿圏においては、兵庫・滋賀県、大阪府がさらに多く、それに及ぶことはない。大和の銅鐸文化が近畿の中でも特に盛んであるとはとてもいえないのである。

大和の銅鐸の出土するところをみると、そのほとんどが集落から離れた、盆地の周縁に点在していることが分かる。しかも、そこは眺望が良く、峠などに通じる交通路に近いところが多い。このようなところは盆地の境界域にもあたるが、それを西側からみていくと、南西部にある

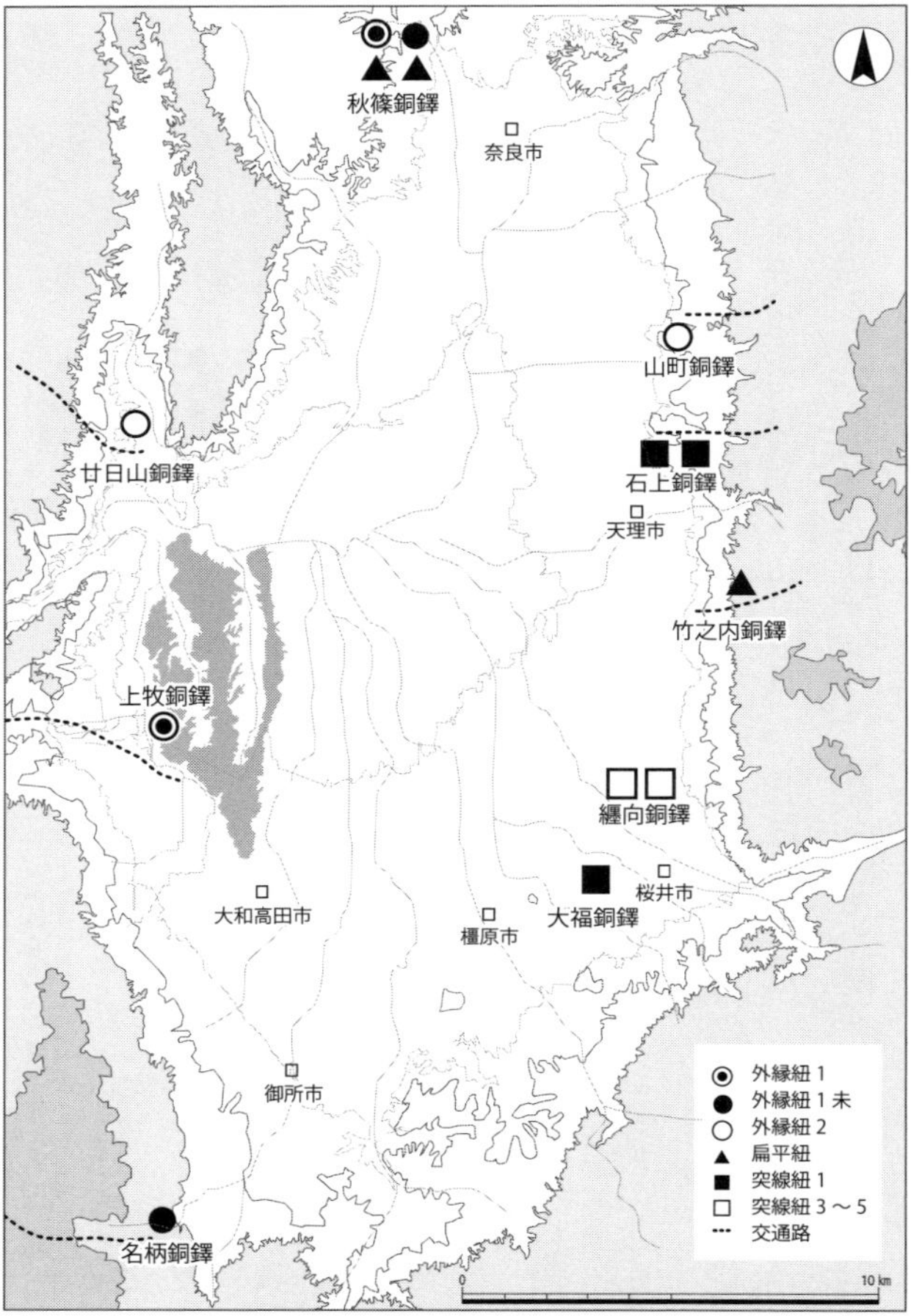


図３　奈良盆地の埋納銅鐸分布図（著者作成）

| 地域＼型式 | | 外縁付鈕１a | 外縁付鈕１b | 外縁付鈕１末 | 外縁付鈕２ | 扁平鈕古 | 扁平鈕新 | 突線鈕１ | 突線鈕３～５ |
|---|---|---|---|---|---|---|---|---|---|
| 西部 | 中央 | 上牧 | | | 廿日山 | | | | |
| | 北西 | | 秋篠３号 | 秋篠４号 | | 秋篠１・２号 | | | |
| | 南西 | | | 名柄 | | | | | |
| 東部 | | | | | 山町 | | 竹之内 | 石上１・２号 | |
| 東南部 | | | | | | | | 大福 | （纒向１・２） |

図４　奈良盆地の埋納銅鐸（著者作成）

図５　大福銅鐸（左）と纒向遺跡の銅鐸片（右上・下）
左・右上：桜井市教育委員会より提供
右下：奈良県立橿原考古学研究所付属博物館より提供

名柄《ながら》銅鐸は、南河内へ抜ける水越峠への経路上にあり、しかも多鈕細文鏡《たちゅうさいもんきょう》と共に出土している。この頃の銅鏡が墳墓の副葬品ではなく、銅鐸と同じような扱われ方をしていたことが分かる。

盆地西部中央の上牧《かんまき》銅鐸は、奈良盆地が見えずに中河内・大阪方面への最も主要な経路がよく望めるところで出土している。廿日山《はつかやま》銅鐸も中河内へ通じる十三峠への経路近くで出ている。奈良盆地の北西端にある秋篠銅鐸は４口あるが、ここから北河内に通じる清滝峠への経路に沿っている。

一方、盆地東縁部の銅鐸も、山町・石上・竹之内銅鐸は、いずれも東部山間地域への経路近くで出ている。そして東南部では、東方への最も大きな交通路である初瀬川上流口付近では、発掘でみつかった大福銅鐸があり、その近くの纒向遺跡で破片となった２つの銅鐸片があると

いうのが、大和内部の銅鐸の分布状況である。

このような銅鐸の出土位置が示す傾向は、おそらく埋納にあたり盆地外の他地域とのつながりを意識していることが感じられるのである。

そして、その銅鐸の時期と位置との関係をみると、最古級の銅鐸はみられず、次の段階で盆地の西部方面より現れてくる。銅鐸の文化が西方地域から河内を経て、大和に伝わってきたことを示している。

ところが、その後は出土地が次第に盆地の東部に移り、さらに後半期になると、纏向遺跡南方の大福銅鐸のように、盆地東南部へと変わってゆく。しかも出土地は丘陵部ではなく、集落に近いところとなる。そして最終末の銅鐸は破片となって、纏向遺跡において出土しているのである。この同じ末期の銅鐸破片は、おそらく鋳造原料として用いられた大福・脇本遺跡でもみられるが、これらも纏向と同じ盆地東南部の遺跡である。

銅鐸出土地の移り変わりには、大和の中でも西方に向かうところから、次第に東方に移り、最後には破片となって纏向遺跡で終わるという、明確な動きが認められるのである。

このように、大和の銅鐸が示す傾向というものは、西方地域より銅鐸の文化を受け入れながらも、後半期からは、西日本よりむしろ東方地域との関係が強まっていることを示しているのであろう。それは、纒向南方の大福銅鐸が近江・東海系の銅鐸であり、その方面より運ばれたものと推定されることも、同じ動きとして考えられるからである。

そうなると銅鐸においても、大和に流入する他地域の土器が東海圏の土器が多いことと変わらず、同じような傾向に変化していることになるのである。このような動きをみると、大和の銅鐸が古墳の出現ばかりか、邪馬台国とのかかわりにおいて、はたして、その関係が認められるものなのか、かなり疑問であるといえよう。

## 微々たる大陸系青銅器

邪馬台国の問題を考える上で最も重要なことは、大陸との交流関係の有無である。弥生時代の大和の遺跡が、対外交流において、どのような関係をもっていたのかを知るには、出土する大陸系遺物とその比較が必要である。

しかし、この中でも特徴的な大陸産青銅器の出土は、近畿地方の中でも特に少ない。隣接する大阪府下では庄内期まで含め、瓜破・瓜破北・亀井などの諸遺跡で漢鏡の破片や中国銭貨の貨泉がすでに約20点出土しているが、大和ではその数をはるかに下回る。

大和地域出土の大陸系の青銅器としては、古くから御所市で名柄銅鐸と共に出土した多鈕細文鏡が知られている。しかし、これは中国鏡ではなく、弥生中期の半島系の銅鏡であり、しかも出土地は盆地東南部を離れた葛城地域である。

そして、最も注意すべき中国鏡の確実な出土例は、今のところ唐古・鍵遺跡に近い清水風遺跡において出土した前漢鏡片1点にすぎない。しかも、この鏡片は弥生時代中期から庄内期の遺物包含土層中より出土したものであり、それがともなう遺構の由来が明らかではない。

図6　清水風遺跡の銅鏡片（田原本町教育委員会より提供）

さらに、大陸産青銅製品の代表格である貨泉などの中国銭貨に至っては、東日本地域でも出土するところがあるにもかかわらず、奈良県内では未だに皆無の状態である。これらも将来的には出土することもあろうが、このような状況をみると、大陸系の遺物、特に中国製の銅鏡・銭貨が近畿中部の中でも、極めて少ないという傾向は、今後も変わることはないであろう。

大和の弥生遺跡においては、特に大阪平野の遺跡と比較して、中国製の青銅器が皆無に近いことは不思議である。これらが大陸から九州などを経て河内に及ぶと、支障なく奈良盆地に流入するのが当然であると思われるのに、一向に出土しない。

大和弥生文化の特質について、一書にまとめた川部浩司も、弥生時代の舶載青銅器と認められるのは、先の名柄・多鈕細文鏡と平等坊・岩室遺跡の楽浪系円環形銅釧のみとし、点数が極端に少ないことから、韓半島との直接的な交渉は想定できない、と述べている（川部浩司『大和弥生文化の特質』）。

このような考古資料が示す事実は、大和弥生社会の傾向をあらわすものといえようが、邪馬台国にみる社会動向とは、相当の違いがあることが感じられるのである。

# 第Ⅲ章 纒向遺跡の実態

## 遺跡の確認

纏向遺跡は奈良盆地の東南部にあり、東西約2㎞、南北約1.5㎞の範囲に広がっている。これまでの弥生大型集落の多くが低地部にみられたことと比べると、さらに東方の山麓部に近い扇状地帯に位置している。纏向遺跡は、これまで「太田遺跡」という名で、昭和の戦前期から知られており、一部の研究者からは、すでに至近の箸墓古墳や大和《おおやまと》・柳本古墳群と関連する遺跡ということが認められていた。

また、小林行雄は邪馬台国の具体的な所在地について、直接的に明言はしなかったが、その著書の写真説明の中で、「邪馬台国大和説では、しいて卑弥呼の宮殿の所在地までは言及しないが、おそらく三輪山に近い大和平野東半部と推定してもよいであろう。」と、その考えの一端を述べている（小林行雄『女王国の出現』）。

このように邪馬台国大和説においては、早くから観念的に最古の大古墳群地帯である盆地東南部付近が、その候補地に擬せられることは、むしろ当然であった。その後、昭和46（1971）年から、纏向遺跡の発掘調査が本格的に始まり、ようやく弥生末期から庄内期にかかる大型遺

跡の存在が確実となった。

しかし、その当時、この結果をもって纒向遺跡を邪馬台国と関連づけるというような見解は、全くみられなかったのである。

## 奈良盆地東南の山麓に広がる大遺跡群

纒向遺跡は単独の遺跡として捉えられることが多いが、遺跡北方の山麓部に近い扇状地には、同時期の遺跡がかなり知られている。纒向に北接して立花・柳本・黒塚東遺跡があり、さらに成願寺《じょうがんじ》遺跡が大和古墳群の古墳分布範囲に重なり、その北には多量の庄内期の遺物が出土した乙木《おとぎ》・佐保庄《さほのしょう》遺跡が位置する。このように、古墳時代初頭を中心とする遺跡が、纒向を始めとして、南北約５㎞にわたって連なっているのである。

纒向遺跡は桜井市域に限定されることが多いが、むしろ天理市域にも広がるこれらの遺跡と共に一大遺跡群を形成しているようである。これらの遺跡の多くは未調査で、内容はまだ不明なところが多いので注目されることは少ない。

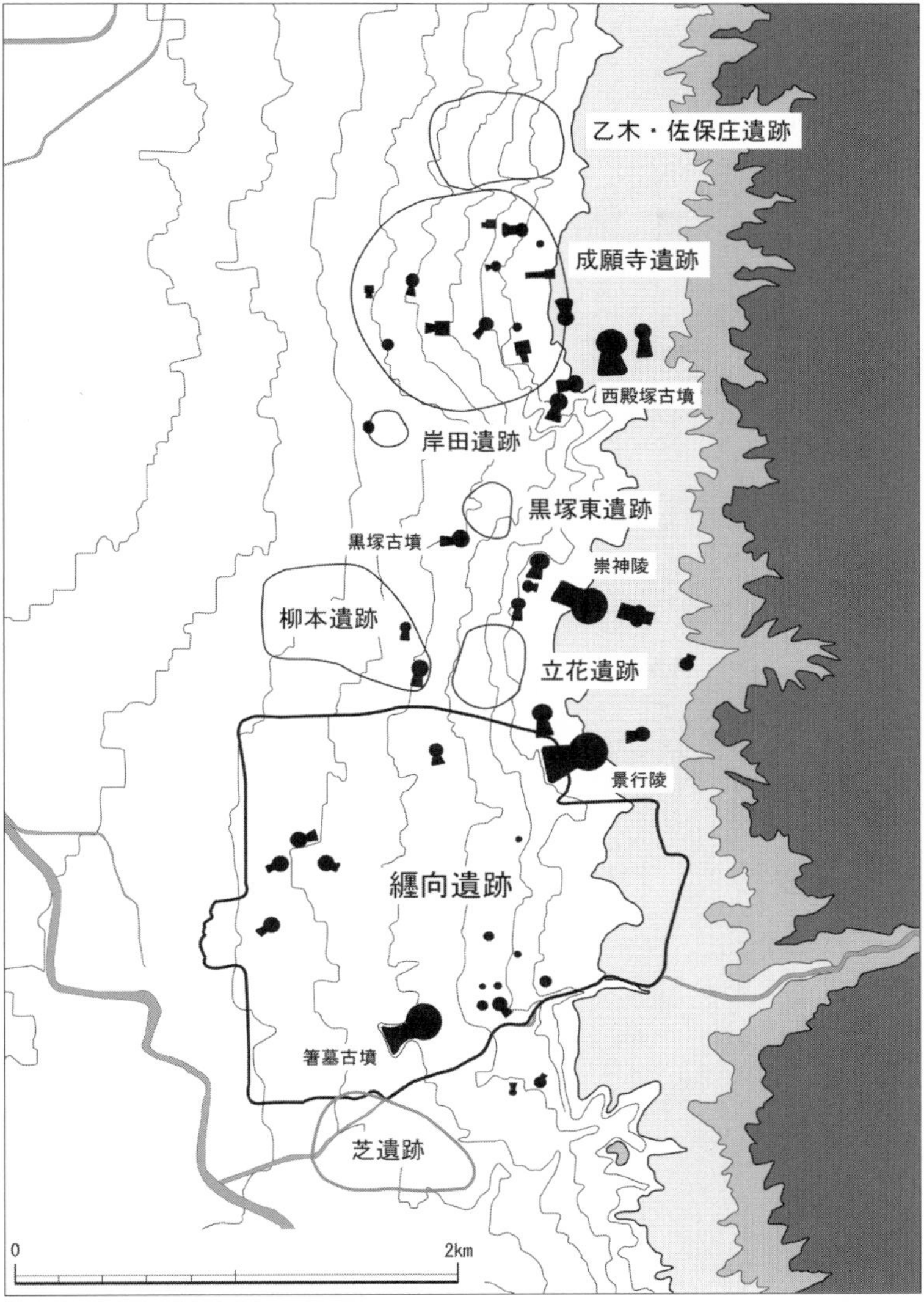


図7　纒向遺跡周辺の遺跡と古墳（著者作成）

しかし、共に遺跡の立地状況がよく似ており、時期もほぼ同じ頃とみられる。その中枢地域は纒向遺跡であるにしても、これらはむしろ一体的な遺跡群として理解したほうがよいであろう。纒向を含めたこれらの遺跡は、大和・柳本古墳群という、初期の大型古墳群の前面に広がっている。古墳群と大型集落という、相互に対応する関係にあるとみることができる。

## 周辺地形と遺跡の立地

纒向遺跡が、弥生時代の大型集落と大きく異なるところは、建物や井戸などの各種の遺構が、扇状地の河川に挟まれた微高地上に分立して位置し、環濠をめぐらせる遺跡ではないことである。このため、これまでの弥生時代の環濠集落のような防御性や閉鎖的な性格というものは、あまり感じられず、むしろ開放的な立地形態となる。調査当初の頃には、遺構のある微高地上ばかりではなく、遺跡の間を流れていた旧河川の地域でも発掘が行われた。そこでは、多くの土器を含む川砂を延々と掘ることになったが、これにより纒向遺跡をめぐる本来の地形状況を知ったことがある。

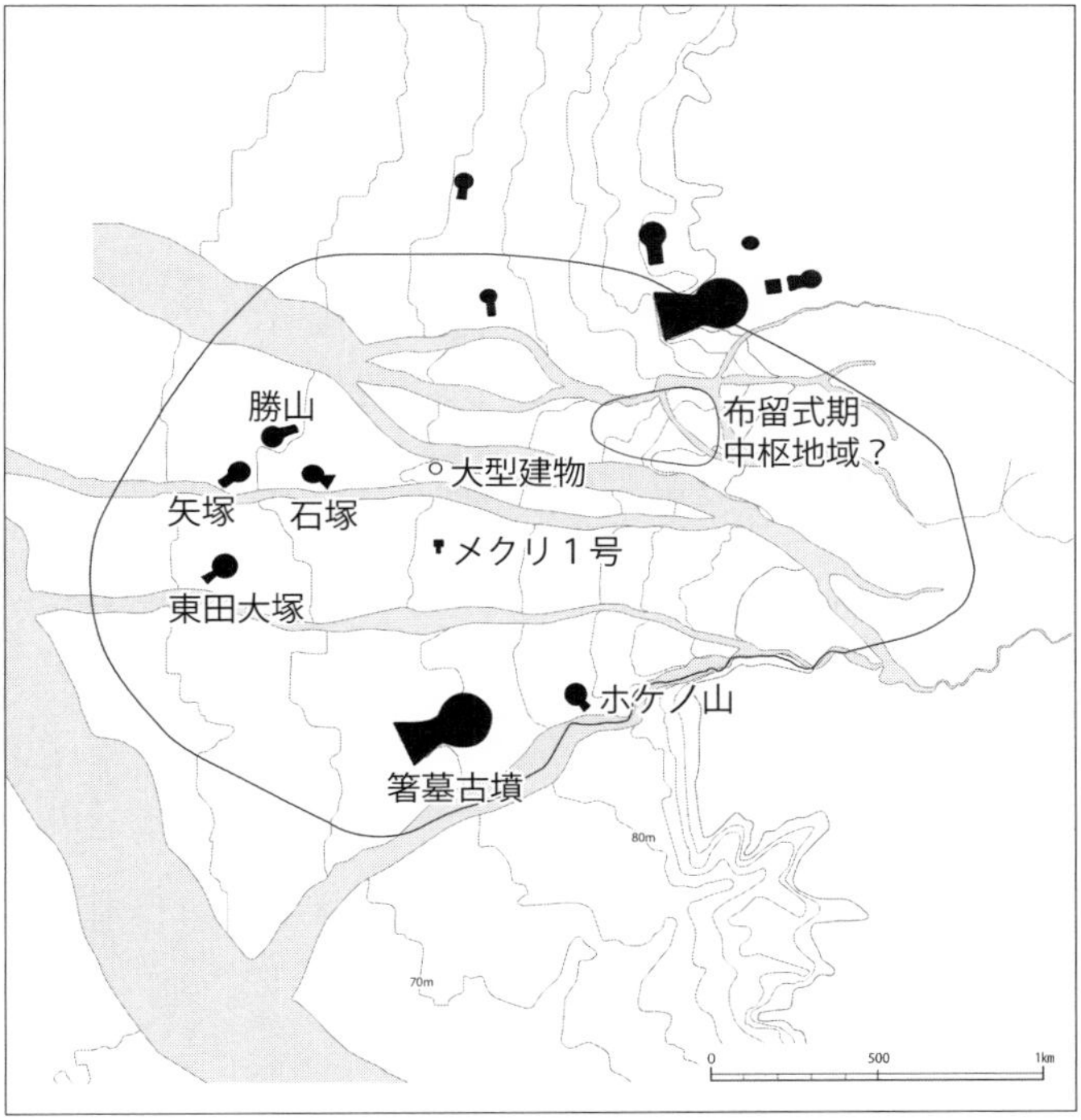


図８　纒向周辺の旧地形（著者作成）

このように、纒向遺跡は地形からみると、複数の旧河川によって分立している遺跡群であり、このような立地の遺跡が、さらに北方にも広がっているのである。遺跡の範囲は最盛期には広大であるが、それは遺構の広がるところばかりではなく、河川域も含んでいるからである。

そして遺跡の当初に築かれた、大溝と呼ばれる大規模な水路遺構はあっても、

環濠をもたないことは、遺跡内外との区画が明確ではなく、本来的に計画的な集落とは言い難いところがある。

また、遺跡の範囲は広大であるが、地形図をみると分かるように、山麓寄りのところでは次第に傾斜地となる。そこでは丘陵上の平坦地も狭くなるので、大型建物群など、広域にわたる遺構を想定することはできない。地形からみても、ここでは弥生時代の大型環濠集落と同じような土地利用は考えられないのである。

纒向遺跡とその北に広がる遺跡群にみられるような、山麓に近く、河川に沿う扇状地において遺跡が出現することは、この時期の大型集落遺跡の特色でもある。これは、古墳時代に向けた、新たな遺跡立地の傾向とみることができる。

## 遺跡の始まりと変遷

纒向遺跡の範囲はかなりの広域にわたるため、未だその全体の内容については、不明なとこ

ろが多い。これまでの調査では、弥生時代の後期に入ってから確実な遺構をみることができる。遺跡の南端においては、弥生大型集落である芝遺跡と重なるところがあり、そこでは弥生中・後期、庄内期いずれの時期の遺構もみつかっている。このような弥生時代の遺構は数が少ないが、隣接する芝遺跡との関係において現れたものであろう。纒向遺跡はそれまでの遺跡が全くないところに出現したわけではない。

遺跡の変遷をみると、その本格的な始まりは、弥生後期の終わり頃からで、この時期に矢板で護岸をした大溝の開削が行われるが、そのほかの遺構は多くはない。次の庄内期に入り、次第にその数が増え、遺跡の範囲も拡大する。

そして、纒向遺跡が最盛期を迎えるのは、庄内式の末期から布留式の初めのことであり、この時期を過ぎると、遺跡は縮小に向かう。纒向遺跡の遺構の増大と範囲の広がりをみると、その拡大の過程は段階的であり、当初から大型の集落として出現し、そのまま継続しているわけではない。

また、遺跡の中心域の動きをみると、庄内式から布留式にかけて山麓寄りに移動すると考え

られている。纏向遺跡の中枢は固定しているものではなく、新しくなると地形的には狭くなる山麓方面に移行しているということになる。このような纏向遺跡の立地をめぐる動きは、弥生時代の大和の大型環濠集落とはかなり異なるものである。

そして、遺跡の最盛期である庄内式末期から布留式の初めとは、箸墓古墳の造営前後の時期に相当する。纏向遺跡が継続する期間の中では、かなり新しい時期のことになるので、やはり遺跡の大きな画期としては、箸墓古墳出現との関係が考えられるのである。

## 大型建物の評価

纏向遺跡では、これまで中心的な建物遺構の存在が、明確ではなかった。この中で、近年、大型建物を含む建物群・柵とされる遺構が注目されることになったが、評価が分かれるところがある。これらの遺構の位置は、東西に延びる太田北微高地上の、河川に挟まれた南北幅約１００ｍという纏向遺跡の中でも、特に狭い微高地上にある。遺跡の中央部分にあたる、南側の太田微高地に比べ、立地的に狭隘にすぎるところがある。

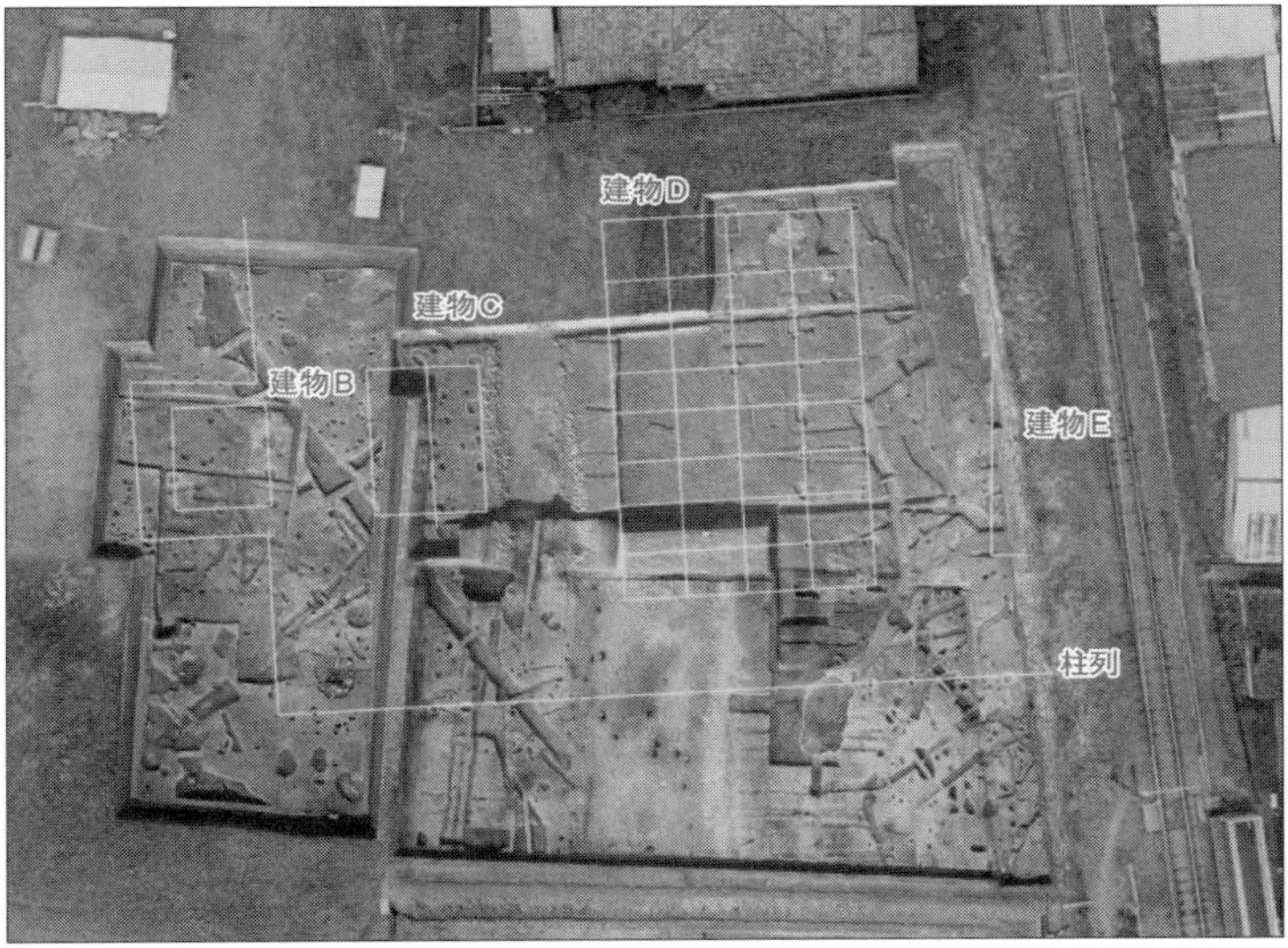


図９　大型建物（桜井市教育委員会所蔵資料）

このような、南北の立地空間が少ないという制約により、建物の配置方向が東西方向にならざるを得ないのであろうが、これまで知られているいくつかの遺跡の中心的な建物の立地環境とはかなり異なるものである。

また、主な建物Ａ～Ｄの４棟のうち、Ａはその後の調査では存在しなかったといい、最も規模が大きく中心的とされる建物Ｄについても、主柱の半数以上が失われているため、建物の全体像については理解が及ばないところがある。唐古・鍵遺跡の大型建物のように完存していれば問題はなかったが、推定復元の結果が

先行しており、積極的評価が困難なところがある。

また、この主要建物Dの主柱の多くが欠失しているのは、その後に築かれた庄内期や古墳時代の遺構、特に前期の大きな区画溝による掘削のためである。遺跡の中心になるような重要な建物であれば、その跡があまり時間をおかずに他のいくつもの遺構によって簡単に壊されるようなことはないであろう。ここは他にも、各時期の遺構の造替が頻繁に行われているところである。このため、はたしてこの場所が纒向遺跡の中枢ともいえるような特別な地点であったのかは明らかではない。

さらに、これらの建物を囲むとされる柵については、柱痕とされる小穴は不揃いで、ほかの小穴と重なるところが多い。これらを御所市・秋津遺跡でみられるような、明確かつ整然とした柵と比較することは困難であろう。

纒向遺跡において、大型の建物群の存在は重要視されるところであるが、全体像がまだ不明確な段階では、これらをただちに庄内期頃の王宮クラスの遺構とするには、さらなる確証が必要のようである。

## 纒向遺跡の墳墓と古墳

遺跡内には、庄内から布留式期にかけて、方形周溝墓などの低墳丘の墳墓がいくつかみられる。この中でメクリ1号墳は、全長28ｍの前方後方墳とされるが、東半部の遺存状態が良くなく、墳墓としての形態や周溝が明瞭でないところがある。周辺にみられる方形周溝墓群も、その規模は大和では通有の大きさである。

また、棺材が残る木棺墓や土器棺墓も見つかっているが、副葬品はほぼ皆無である。

このように纒向遺跡内の低墳丘の墳墓は、弥生時代以来の大和の一般的な墳墓形態や内容とほとんど変わるところはなく、同じような傾向を示している。箸墓を中心とする纒向古墳群の主な古墳としては、石塚・矢塚・勝山・東田大塚・ホケノ山古墳がある。いずれも墳丘長100ｍ前後の前方後円墳で周濠を有するが、ホケノ山以外の古墳では、埋葬部の内容が全く明らかではないことがやはり問題であろう。

古墳の時期についても、箸墓古墳より古い庄内期後半頃の築造とされるが、その根拠は古墳の周濠内や墳丘内から出土した土器であり、確実性に欠けるところがある。やはりホケノ山古

墳のように、古墳完成時にともなう土器が明らかにならないと、正確な時期を明らかにすることができない。これらの古墳が箸墓古墳より先行するとしても、古墳の規模や葺石などの外表部にみる格差には、圧倒的な違いがみられる。纒向古墳群の中では、箸墓古墳とそれ以外の古墳との間には、連続性よりも、さらに大きな断絶があるものといえよう。

このように、纒向遺跡と周辺の古墳群においても確実に箸墓古墳に先立つ、庄内期の大型墳墓の実態というものは、未だ明確にはなっているとはいえないのである。

## 人の移動を示す外来系土器

纒向遺跡の発掘で新しい事実として注目されたのは、他地域から運ばれた、あるいは、その地域の影響を受けた外来系の土器が数多く出土したことである。弥生時代の唐古・鍵遺跡でも、他地域より運ばれた土器は出土しているが、纒向遺跡におけるその数はさらに多く、また地域の範囲も広がっている。

この外来系の土器の中には、脚の付いた甕、また甕を支える土製支脚のように、近畿では

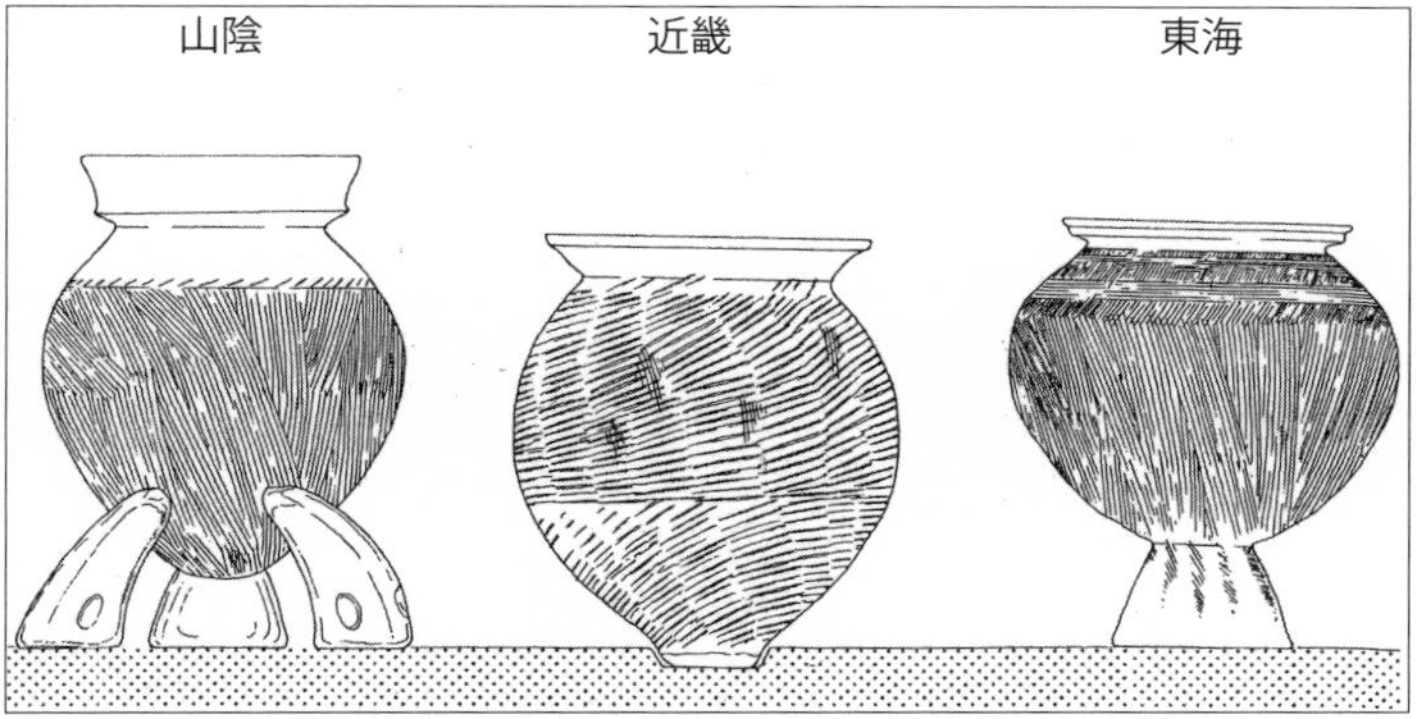


図10　甕の使用法と違い（著者作成）

みられない他地域特有の炊飯用の甕や器具が含まれている。これは、明らかに他地域からの人の到来を示しており、この地域間の交流とは、人の移動が前提となっていることが分かる。

このような、これまでみられなかった新たな現象は、庄内期に入り、列島内各地域間の交流が特に活発になってきたことによるもので、纏向遺跡だけにみられる現象ではない。それは単なる交易などとは異なる、かなり大きな社会動向が、その要因となっていることが推定される。

このような各地でも同様にみられる交流関係の中心地が、大和においては纏向遺跡であったことが、その外来系土器の多さに表れているのであろう。

## 外来系土器の多くは東海系

纒向遺跡にみられる地域間交流の内容は、このような外来系土器によって知ることができる。かつて、この遺跡の発掘初期の頃にこれらの土器が出土し始めた時は、吉備系が多いであろうという予想があった。それは当時、古墳の出現に関しては、吉備地域の特殊器台や墳丘墓の影響というものが注目されることが多かったからである。

事実、吉備系の土器は、河内や大和の庄内式土器を代表する庄内甕の成立に大きな影響を与えていることは確かである。しかし、その後、発掘が進むにつれて、吉備をはるかに上回る東海地方の土器の多さが明らかになり、意外に思ったことがある。これら東海系土器は、外来系土器全体のほぼ半数を占める多さである。

そうなると、纒向遺跡においても外来系土器が示す傾向というものは、弥生時代の唐古・鍵遺跡とあまり変わることはないということになる。弥生時代と異なるところは、そのほか山陰・北陸など、日本海沿岸地域の土器が目立つことである。その中でも多い山陰系土器の流入は、主に出雲地域と大和との関係が生じたということになり、弥生時代とは違った、また別の事情

を考える必要があろう。

纒向遺跡においても、その主たる交流地域の中心は、西方地域も重視されながら、大和の弥生時代と変わらず、東方地域にあったのである。東海系土器は近畿大和ばかりではなく、東日本でも相当の広がりをみせていることは、よく知られている。この時期の土器にみる地域交流が、汎日本的であるとされるのはこのためである。

古墳の出現前にみるこのような新しい事態については、西日本ばかりではなく東海地域を主導とする東日本を含め、広域の問題として考えなければならないことを示しているのである。古墳出現前の東日本まで含むこのような大きな動きは、おそらく3世紀の邪馬台国と、その影響範囲をはるかに超えるものと思われ、はたしてその時代のことなのかが問題となろう。

## 主な西方交流地域は吉備・山陰まで

纒向遺跡では、西日本から搬入される土器は吉備と山陰地方が多く、吉備以西となると、西部瀬戸内系がわずかにみられるが、北部九州系の土器は、発掘では確認されなかった。大和に

おいては、外来系土器の出土からみる庄内期の地域交流の西方地域における範囲は、主に吉備・山陰地方までであり、このことは、弥生時代の唐古・鍵遺跡へ運ばれた土器の西限がほぼ吉備であることと、同じ傾向とみることができる。

このような外来系土器が示す在り方は、隣接する河内とはかなりの相違がある。河内では吉備系の土器の出土はかなり多く、また吉備の特殊器台・特殊埴輪の破片も出土しており、その関係の深さが知られる。

纒向遺跡では、搬入土器の範囲は拡大するものの、その西方の範囲は、弥生時代と同じく北部九州まで及ぶものではない。このことは、邪馬台国問題において、纒向遺跡の交流対象を考える上で、重要な事実となる。

## 少ない金属製品と大陸系遺物

纒向遺跡では鉄製品・青銅製品という金属器の出土は非常に少ない。青銅製品では、今のところ銅鐸片2点のほかは銅鏃が約10点で、その総量はむしろ弥生時代の唐古・鍵遺跡をかなり

下回っているという状態である。また、鉄製品についても、鍛冶関連遺物を除くと微量である。特に漢鏡など、大陸産青銅器の出土がないことは、纒向遺跡と大陸との交流状況がいかなるものであったかをよく示している。大陸系の遺物自体には、わずかな朝鮮陶質土器や馬具の一部と思われる木製鐙があり、半島南部の骨鏃を模したとされる木製鏃も出土している。これらの多くは庄内末期から布留式初めという、箸墓古墳出現前後の時期にかかるので重要性は高い。しかしその品目をみると、これらが邪馬台国の時代に相当するものなのか、また、その関係性がみられるのかが問題である。

いずれにしろ古墳出現期という時期にかかる纒向遺跡において、金属器なり、大陸系の遺物が非常に少ないことは、むしろ意外ともいえる。それがこの遺跡の実態というものを現しているとみなければならないであろう。

## 鉄器生産技術の外来性

纒向遺跡では、当初の調査ではみられなかった、鉄器の製作に関わる鍛冶関係の遺物出土地

点が、近年では10カ所ほどまで増えてきた。このような遺物の出土は、これまで大和の弥生遺跡ではみられなかったものである。纒向遺跡でみるこれらの遺物の時期は、大陸系遺物とほぼ同じ頃であり、遺跡の存続期間の中ではかなり新しいといえる。ただし、この鉄器生産は小規模で、製品も鉄鏃のような小型品が主体のようである。

また、鍛冶で使用された鞴《ふいご》（送風管）の中には、その横断面が蒲鉾形をするものがあり、この形態は福岡県・博多遺跡群で出土するものと共通することが知られている。

さらに、ここでは数少ない朝鮮半島南部の陶質土器をともなっていることは特に注目される。纒向遺跡の鉄器生産技術が、半島から北部九州を経て及んでいることが明らかである。このような事実は、対外交流も含めてこの遺跡の性格にもかかわるものであり、その意味は大きいといえる。

## 遺物にみる弥生遺跡との継続性

このように、纒向遺跡から出土した遺物の傾向をみると、少ない青銅製品の中では銅鏃が最

も多く、大陸製の青銅器が皆無であること、そして鉄器も少量である。

外来系土器については、広い地域にまたがり数も多いが、東方系の土器が多く、北部九州の土器はほとんど確認できない。これらの点は、唐古・鍵遺跡にみられる傾向とほぼ同じであるといえる。纒向遺跡が大和の大型弥生遺跡と比べて、遺跡群としての大きな広がりを持ち、集落の立地や構造が大きく異なるにもかかわらず、遺物内容からみると、むしろ弥生時代からの継続性を示すところが多いことは注目されよう。

そして、そこへ大陸系、あるいは鉄器製作に関わるような遺物がみられるという、新しい変化が生じるのは、箸墓古墳出現前後という、かなり新しい時期のことであるといえよう。

## 古墳造営集落としての性格

また、纒向遺跡は周辺の大古墳群造営のための「古墳造営キャンプ」である、という酒井龍一の見解がある（酒井龍一「古墳造営労働力の出現と煮沸用甕」）。古墳群との位置関係や、時期の近接性からみても、その関係は考えられるところである。

ただし、庄内期の段階では、まだ大型古墳は出現しておらず、この時期の確実な古墳の存在というものもまだ明らかではない。

庄内式の末期になると、箸墓古墳の築造が始まると思われ、以後は連続的に大型古墳の造営が続くので、この時期には古墳群造営との関係は明確になる。纒向遺跡では初期古墳に関わる特殊埴輪片の出土もあり、鉄器生産のほか、規模は小さいが玉の生産も行われていたことも確認されている。これら大型古墳群の造営との関連は、やはり、この遺跡のもつ最も大きな特性であるといえよう。

## 纒向遺跡の成立要因

纒向遺跡でみられる外来系土器の多さは、他地域との大幅な交流があったことを示している。そこでこの遺跡の位置というものが注目される。纒向遺跡の南方には後の横大路《よこおおじ》という、奈良盆地最大の東西の交通路があるが、この経路は大阪湾岸地域からここ大和南部を経て、さらに東海地域へ向かう最短の経路にあたる。

大阪湾岸地域で、纒向遺跡と対比できるのは、中河内の遺跡群である。ここは纒向遺跡と同じく近畿で最も早く庄内式の甕の製作が始まり、しかも同じく吉備の特殊器台・埴輪が出土するという中心集落である。纒向と環境が似たところが多い河内の遺跡である。

このような汎日本的な地域の交流・連携が始まる時代の中において、各地域で交流の中心となる纒向や中河内のような大型集落が新たに現れると考えるのが良いのではなかろうか。

纒向遺跡で最古の大型前方後円墳が出現し、またそこが宮都となるというのは、このような前提があっての、その後の結果であるといえよう。

# 第Ⅳ章 大和地域の遺跡動向と邪馬台国

これまで述べたように、大和の弥生遺跡と纒向遺跡については、まだ明らかにならないところも多いが、考古資料が示す全体的な傾向というものをみてきた。これらの内容から、果たして、そこに邪馬台国との関係性をうかがうことができるものか、これまでの結果から考えられることを述べておきたい。

## 大和弥生遺跡の実態

大和地域の弥生大型集落の規模については、他地域の大型遺跡の内容と比較しても、大きく異なるところはない。その中で方形周溝墓などの墳墓や大型建物については、弥生時代でも中期の段階のほうが目立っており、注目されるべき後期の方が、むしろ明らかになっていない、というのが実情である。

このように不明なところが多い遺構のあり方に対して、出土遺物が示す傾向をみると、大和弥生遺跡の他地域との違いというものが明瞭になってくる。

まず、地域間の交流関係を示す各地から及ぶ土器の内訳をみると、唐古・鍵遺跡の搬入土器の主体は、東海地域が最も多い。大和弥生集落の他地域との交流は、主に西日本地域より、むしろ東方地域であることは明らかである。西方地域では吉備の土器も目に付くが、邪馬台国と関係の深い北部九州地域との関係は見ることはできない。弥生時代において大和と河内は、同じ近畿の隣接地域でありながら、生駒山地を挟んで、河内は西方に、大和は東方に志向するという対照的なあり方を示しており、古墳時代の一体化現象とは異なるようである。

さらに、最も重視されるべき直接的な対外交流を示すような大陸系遺物、特に中国製青銅製品の存在は、ほとんど確認することができない。このことは弥生時代を通じて、大和の遺跡には北部九州、さらには大陸地域との交流関係をもつという伝統自体が、存在しないことを明確に示しているといえよう。

また、鉄器の出土も周辺地域に比べるとかなり少量であり、青銅器自体の出土や、その生産遺跡も近畿の中で特に多いということはない。大和の大型遺跡が規模や安定性を保っている反面、大陸や西日本から及ぶ数々の遺物などの受容については、近畿の中でも特に少ない傾向にあるといえよう。

## 首長墓にみる地域の比較

大和地域では、これまで長期にわたって丘陵部の古墳の調査が行われてきたにもかかわらず、その過程で弥生墳丘墓が確認されることは、極めて稀であった。平地の遺跡にみる多数の方形周溝墓に対して、丘陵上の墳丘墓の少なさは際立っているのである。墳墓においては、特に被葬者に対する副葬品というものがほとんど認められない、というのが実態である。

弥生時代の大和においては、今のところ有力な首長層の存在とその動向を遺跡ばかりではなく、墳墓の内容からも明確にすることができないのである。このような現状をみると、今後の発掘調査においても、有力な首長墓といえるような、大型の、あるいは多くの副葬品をもつ弥生墳墓が見出される可能性は、今のところ考えることはできないといえる。

西日本各地域の有力な弥生墳墓の在り方をみると、やはり北部九州で最も早く出現し、また銅鏡などの中国製品を持つ副葬品内容も突出して多い。これに次ぐものとして、瀬戸内地方や山陰・北陸など日本海沿岸地方にみられる大型の墳丘墓がある。これらの地域でも「王」と思

われる有力な首長の存在が、墳墓により確認されている。このような弥生墳墓による大和と北部九州・西日本地域との比較をみると、その差は歴然としていることが分かる。

弥生時代の墳丘墓の存在や、墳墓内の副葬品というものは、その後に出現する古墳とのつながりを考える上で重要なことは当然であるが、それらが弥生時代の大和においては、未だに明らかではないというのがこれまでの実態なのである。

このような大和地域の弥生遺跡・墳墓の示す傾向をみると、邪馬台国の示す動向と、どのような関わりがもてるのか、むしろ、その関係を考えること自体が困難であるといえよう。

## 大和の銅鐸と銅鏡

先に大和の銅鐸の示す傾向についてふれたが、邪馬台国との関連の上でその意味をとらえてみたい。大和地域は、「銅鐸文化圏」とされる近畿地方の中で、銅鐸の出土数や生産においても、その中心地といえることはない。

また大福・脇本遺跡では、鋳造関連遺物と出土した銅鐸片により、青銅製品の原料としての

再利用が考えられているが、その時期はほぼ弥生時代の終末であり、庄内期には銅鐸の使用は終わっているとみられる。

銅鐸は大和の弥生社会では重要な役割を果たしたと思うが、その出土地は、西方地域から導入されながらも次第に東方地域を志向しており、後半期には近江・東海系の銅鐸も出土しているのである。邪馬台国とも関わる北部九州など、西方地域との関わりが次第に少なくなっていくように、銅鐸は古墳出現への動きとはまさに逆の方向を示していることになるのである。そして、大和の銅鐸使用の終焉を示すところが纒向遺跡であるということは、最も象徴的なことといえよう。銅鐸自体も、本来、銅鏡のように大陸と共通する遺物ではなく、その発達も九州以東の地域の中でのことであり、古墳につながるような遺物ではないことは明らかである。

近畿地方においては、弥生時代から古墳時代への変化を「銅鐸から銅鏡へ」と呼称されることがある。それは、銅鐸と銅鏡の比較において、近畿の弥生文化の代表的遺物は、あくまでも銅鐸であり、銅鏡ではないことをはからずも示しているのである。

大和においては、北部九州に比肩できるような青銅祭器は銅鐸のみである。しかし、その銅鐸が示す結果がこのようなものであれば、弥生時代の大和では邪馬台国をめぐり北部九州と比

較できるような代表的な遺物というものは、もはや存在しないということになるのである。

大和の弥生時代では、今のところ首長墓が確認されないこともあり、墳墓出土の銅鏡は皆無である。特に中国鏡自体の出土がほとんどみられないことは、もともと大和には鏡の保有という伝統がないことを示している。そこに邪馬台国の卑弥呼が得た「銅鏡百枚」の影は、とうていうかがうことはできないのである。大和では弥生時代の銅鐸と、古墳に副葬される銅鏡との間には、大きな断絶がある。

邪馬台国大和説の前提条件である、弥生時代の近畿において中国王朝より得た多数の銅鏡が古墳時代まで保有され、古墳に副葬されるという「鏡の伝世」については、とても理解されるものではないであろう。

このような大和の銅鐸や銅鏡が示す実態からも、大和と邪馬台国との接点を見出すことはできないのである。

## 大和弥生遺跡の特質とその要因

以上のように、大和弥生文化のいくつかの状況をみてきたが、遺跡や遺物にみる、このような傾向や特性が生じる要因について述べておきたい。

大和地域は周囲を山地で囲まれ、陸上通交の経路も限られ、大阪湾岸地域に比べ、標高も高いという地勢にある。そして盆地内の小河川はすべて大和川に集まり、険隘《けんあい》な亀の瀬を抜けながら大阪湾へ流れるので、河川通交もかなり限定されることになる。近畿の中でも、地域交流が盛んな湾岸地帯に隣接しているにもかかわらず、基本的には閉鎖性の高い、完結的な地域である。他地域との交易という面からみると、必ずしも有利な地勢とはいえない。

さらに、外来系土器の内訳が示すように、大和は近畿地方にありながら、その中では西日本よりも東方の地域との関係がより深いということが知られている。このような、大和の弥生遺跡をめぐる地勢というものが、遺物の上では金属製品や大陸系遺物の移入が特に少ないこと、墳墓においては墳丘墓の未発達、墳墓内副葬品の少なさという、特に西方地域との違いに現れているとみることができよう。

大和の唐古・鍵遺跡を始めとするいくつもの弥生大型遺跡は、規模も大きく、特に集落としての継続性と安定性が高いことは近畿中部においても有数である。一度、大型集落が成立すると、外部地域の強い影響をあまり受けることなく、長期にわたって存続するという傾向は、大和という地勢からくるものであることは確かであろう。

しかし、以上のような大和の地域特性である盆地内で完結するような傾向は、邪馬台国にみるさまざまな外向的で活発な動向とは、まさに対極的な位置にあることは明らかであろう。

## 纒向遺跡と邪馬台国

大和の弥生時代集落の系譜を引き、弥生時代末期より出現する纒向遺跡の内容についても、大規模遺跡としては立地が分立的で開放的である。弥生環濠集落のような生活・生産地域が集中し、防御性をもつような性格とはむしろ対照的で、そこに大きな違いがみられる。

特に重要なことは、背後に大古墳群が控えているという、他の遺跡ではみることができない、かなり特異な立地環境の中にあるということである。

纒向遺跡が最も拡大するのは、箸墓古墳の造営前後という、かなり新しい時期のことであることも、古墳群との関係性をよく示している。

また、出土遺物についても、これまでの大和の弥生遺跡の傾向と、ほぼ同様であることが知られる。それは、金属器や大陸系遺物の少なさ、それに対する東方地域の土器の多さなど、いくつもの共通性に現れているのである。

特に外来系の土器にみる西方地域との関係については、弥生時代以降、依然として北部九州との接点をみることができない。鉄器生産技術が到来する庄内式末期に至るまで、邪馬台国と関係の深い伊都国や奴国など、北部九州の国々とはほとんど交流関係を認めることはできないということになるのである。

このように、弥生時代から続く大和の遺跡のもつ特質というものが、箸墓古墳の造営の直前までそのまま受け継がれていることは、大型前方後円墳出現の基盤ともなる遺跡の内容としては、やや意外ともいえる。

纒向遺跡がその成立以来、規模の拡大を続けながら、最終的に大古墳群の造営に深く関わっ

ているこことは、これまでの弥生遺跡とは全く性格の異なる遺跡であることを示している。そして、纏向にみられる外来系土器の多さとその地域の広がりは、この遺跡に限らない現象である。それは弥生時代の交易主体の地域交流とは質的に大きく異なる、汎日本的な、あらたな交流関係が起こったためであり、この過程で纏向遺跡自体も、遺跡の大型化が進んだものといえよう。

しかし、このような交流地域の広がりにおいて、大陸系遺物が相変わらず微量であることは、纏向遺跡においても対外交流については、大和の弥生時代と同様、依然としてほとんど認められないということになる。

以上のように、纏向遺跡の主な内容とその傾向をみてきたが、この遺跡を仮に邪馬台国として想定した場合、そこに比較できるような遺構や遺物というものが、全くといってよいほど見当たらないことに気付かされる。

纏向遺跡は古墳時代初頭前後には列島内最大規模の大型遺跡であっても、これまでの遺跡の実態からは、大和の弥生遺跡と同じく、邪馬台国との関連を見出すことはできないのである。

そして、鉄器生産の受容が端的に示しているように、少なくとも庄内式の末期、つまり箸墓古墳の造営が始まる頃までの一大遺跡群としての纒向遺跡には、墓制や生産面、さらに対外交流などにおいて、北部九州を超えるような内容は認めることはできないということになる。

さらに纒向遺跡で特徴的な、土器の交流というものは、列島規模を範囲とする地域間の統合に向けての大きな変動であり、邪馬台国時代の地域の枠をはるかに超えた、さらに大きな古墳時代の始まりにかかわる動向であることは疑いないであろう。

このようないくつかの事実からみると、纒向遺跡は、邪馬台国とは地域・性格、そして時代も全く異にする遺跡ではなかろうか。

## 対外交流と無縁な3世紀の大和

このように、大和地域の弥生遺跡と纒向遺跡の実態が示すところでは、邪馬台国との接点を考えることができないことは明らかである。

その中でも特に顕著なことは、遺跡内容には直接的な対外交流の痕跡というものが、決定的

に欠けているということである。それは北部九州の遺跡と比較するまでもなく、『魏志』にみえる邪馬台国の交流実態とは、およそかけ離れたものであるといえよう。

かつて高橋健自が、邪馬台国の大きな要件として挙げた「中国文化の影響」においても、全くといってよいほど、その痕跡を認めることはできないのである。この事実ひとつを取り上げても、邪馬台国問題で纒向遺跡を含めた大和地域の遺跡が関わること自体が困難であることを示している。

## 対外交流の盛んな大和・河内の5世紀

このような対外的な交流をめぐり、大和地域の弥生後期・庄内期の遺跡と全く対照的な内容を示すのは、古墳時代中期・5世紀の状況である。

5世紀は、中国宋王朝との通交が行われ、半島諸国とも大きな関わりをもつ、いわゆる「倭の五王」の時代である。この時期、大阪平野や奈良盆地には巨大古墳が群在し、当時の政権の中枢が近畿中部に存在したことは明らかである。

そして古墳にみる副葬品はもちろん、この時期の遺跡を発掘すれば、それ以前にはみられなかった半島系の韓式・陶質土器や古式の須恵器、さらには馬の歯・骨などが出土するのである。この時代の大和・河内が、政治ばかりでなく対外交流の面でも、その中心にあり、それと共に新来の文物が到来する様を、古墳や遺跡からまぎれもなく実感することができる。大陸系遺物の出土について、このような古墳時代中期の状況と比べると、同じ大和の地域でありながら、弥生・庄内期の内容と、その落差の大きさというものを特に感じる。

このような実態をみれば、3世紀頃の奈良盆地において、北部九州の諸国を統属し、魏王朝と頻繁な交流を行ったという邪馬台国の存在を想定することはできない。大和地域の遺跡や墳墓、そして各種の遺物にみる考古学的事実の示すところは、明確に邪馬台国の大和における存在を否定している、と言わざるを得ないのである。

# 第V章

# 箸墓古墳と邪馬台国

『魏志』には、「卑彌呼以て死す　大いに冢を作る　徑百餘歩　徇葬する者奴婢百餘人」との記載がある。この卑弥呼の「冢」の実態は、この短文からは明らかではないが、その築造が事実であるならば、3世紀中頃の日本で築かれた、かなりの規模の墳墓となろう。

そのため、この記事はこれまで邪馬台国論争の中で、古墳の出現との関わりで注目されてきた。

## 邪馬台国大和説の根幹

奈良盆地東南部の纒向遺跡を始めとする遺跡群の近くには、箸墓古墳などの大型前方後円墳を中心とする古墳群が広がっている。また、その南方、初瀬川の南においても桜井茶臼山古墳やメスリ山古墳という初期の大型古墳が出現する。

このような、大和東南部地域において継続して出現する巨大な大型前方後円墳こそ、これまで各地で明らかになった墳丘墓とは、規模・内容において明確に区別することができる。したがって、この大きな画期をもって古墳の出現とし、新たな古墳時代の始まりとすることが適当

図11　纒向遺跡と箸墓古墳（梅原章一氏提供）

であろう。

考古学による邪馬台国大和説では、このような大型前方後円墳出現の歴史的な基盤が、その前段階の弥生時代の大和において、すでに存在したであろうという想定がその根底にある。

それと共に、古くから弥生時代の代表的な遺跡として知られる唐古・鍵遺跡や、古墳時代初頭の纒向遺跡の存在も、大型古墳と共に邪馬台国大和説を支える主な考古学的な根拠とされてきた。

しかし、これまでみたように、唐古・鍵遺跡にみる大和弥生遺跡の内容と、纒向遺跡の実態からは、邪馬台国の存在を

想定できないと考える。

そこで次に問題となるのは、大和説の重要な根拠の一つとなっている大型前方後円墳の存在である。それは卑弥呼の「冢」についての記述が、はたして古墳の出現とどのような関係があるものなのか、そして大和の大型古墳出現の前史を、直接的に邪馬台国に求めることができるのか、ということである。この問題を明らかにするため、最初に最古の大型前方後円墳とされる箸墓古墳の確認に至るまでの研究史をふりかえっておきたい。

現在の邪馬台国大和説も、これまでの考古学による長い検討の蓄積の上に成り立っているため、その過程を今日的に見直しておく必要がある。

## 古墳の成立とその契機

古墳の出現時期について、これまでの考古学界の定説は、小林行雄によって示された、ほぼ3世紀末から4世紀の初めを上限とする、4世紀前半を中心とする年代観であった。

小林は、その著書、『古墳の話』の「古墳の年代は鏡で決められるか」という項において、

いわゆる伝世鏡についてもふれながら、年代決定の方法を示している。

そこでは、「……一世紀の鏡も、四世紀にいたってはじめて古墳に埋められる機会をもったということがわかってきた。それがわかったときから、ようやく日本の古墳の年代研究は、ただしい軌道にのることができた。すなわち、日本の古墳の年代は、やはり古墳自身の比較研究によって、徐々にきめていかねばならないという方針が確定したのである」と述べている。

しかし、今日でも最古級の古墳の実年代を考古資料によって決めるという「古墳自身の比較研究」は、年代決定資料の不足により、かなり困難なことである。

そこで当時、小林が古墳出現年代の基点としたのは、「崇神天皇の在位の時期を……四世紀のはじめにさげる説は、崇神天皇の崩年を戊寅の年（318）とする『古事記』の註記を重要視した解釈である。」とするように、文献に依拠するものであった（小林行雄「古墳がつくられた時代」）。

小林は、『シンポジウム　日本国家の起源』の中で、なぜ古墳の発生が『魏志倭人伝』の時期までさかのぼらないのか？　という内容の質問に対して、「……崇神天皇の推定年代に合わ

せるために、四世紀の初めか、三世紀末ごろまで古墳の発生を下げたわけです。大和朝廷というものが成立しないと古墳が出てこないと考えたいわけです。」と率直に語っている。

また、斎藤忠（1908～2013）も、同じく崇神天皇・崇神陵を基準に置いている。斎藤は、「考古学の立場からすれば、やはり、崇神天皇陵を実在の最古の天皇陵と考えて差し支えなく、あわせて崇神天皇を実在の確実な最古の天皇とみてよいようである。」と述べている（斎藤忠『古墳文化と古代国家』）。

箸墓古墳の存在が注目される以前の考古学界においては、崇神陵というものが、古墳の成立年代を考える上で、基準となる重要な古墳とみられていたのである。

このように、これまでの考古学の立場では、大型前方後円墳の出現は3世紀中頃の邪馬台国の時代まで遡りえず、4世紀の統一国家―大和政権の成立に、その契機を求めるというのが、一般的な理解であった。

## 西嶋定生による古墳成立の契機

一方、文献史学による古墳の出現事情については、東洋史家の西嶋定生（１９１９～１９９８）の有力な見解がある（西嶋定生「古墳出現の国際的契機」）。西嶋は、朝鮮諸国・日本の国家形成時において、時期は相違しても、突如として高塚墳墓が現れるという事実を重視する。そしてこの要因を、中国王朝から与えられた官爵身分に対応する礼法にしたがって墳墓を築造し、国内的に権威を示したものとみるのである。東アジア的に見て、「親魏倭王」に封ぜられた卑弥呼の墓というものは、朝鮮半島南部の諸国に先立って中国王朝との冊封関係が成立した、その結果によるものと考えたのである。

この西嶋の見解が注目されたのは、古墳の出現について、考古学の側から説明されてきた大和政権の成立という国内的な理由に対して、さらに大きな東アジア的な契機に求めたことにあった。この西嶋説においては、「親魏倭王」たる卑弥呼の墓の登場を古墳の始まりとみるので、当然のことながら、邪馬台国大和説という結果になる。このため、考古学による古墳出現時期の遡上傾向にも影響を与えている。

大型前方後円墳の登場という、古代史上の大きな画期について、その契機を国内ばかりではなく、対外的な要因に求めるという視点は、確かに重要であろう。

しかし西嶋説により、古墳の出現事情が解釈できても、これまでの考古学によるその推定時期を遡るばかりか、文献史学の大勢である邪馬台国九州説とも異なることとなるのである。

## 箸墓古墳の認識

現在では、墳丘長約２８０ｍに及ぶ箸墓古墳が最古の大型前方後円墳とされているが、それが考古学的に確認されたのは、さほど古いことではない。そこで、この箸墓古墳の認識に至るまでの過程をみてみたい。

この古墳に早くから注目したのは、考古学よりむしろ古代史の側からであった。それは周知のように、箸墓古墳は『日本書紀』において、二度にわたって登場し、記載も豊富なためである。

まず、「崇神天皇紀」においては、箸墓古墳は孝霊天皇皇女・倭迹迹日百襲姫命《やまとととひももそひめのみこと》の墓として、古墳の築造状況のみならず、その造営歌まで記されている。そして、「天武天皇紀」にも壬申

の乱（672）の戦闘にかかわる記事の中で、「箸陵」としてその名がみられる。これは、上《かみ》ツ道という飛鳥に至る直道に接する箸墓の巨大墳丘が、吉野方の格好の防衛拠点となり、ここで近江方との戦いになったためであろう。飛鳥時代においても陵として認識されていたことが分かる。

大和を始めとして、近畿中部には数多の大型古墳が存在する

明治９年に撮影された箸墓古墳。当時は木が少なく、墳丘本来の姿が映っている（上、宮内庁所蔵）。現在は樹木が密集し、墳丘は全く見えない（下）

図12　明治9(1876)年頃の箸墓古墳(平成26年5月19日：産経新聞・宮内庁書陵部所蔵)

が、所在が明確でこのような詳細な記事がある古墳は、ほかにはみられない。『日本書紀』の箸墓古墳に対する扱いは異例といってよいであろう。神話的な要素に彩られ、古代史と考古学が交差する箸墓古墳は、基点となるべき実に貴重な存在といえる。

古代史の上では、まず、喜田貞吉(1871~1939)が、早くも大正3(1914)年の「古墳墓年代の研究」において、年代的に基準となる古墳を摘出し、応神・仁徳陵、聖徳太子墓、天武・持統陵などとともに、箸墓古墳を取り上げている。ここで喜田は、この古墳について、「……余輩は少くも奈良朝初の人士によりて、崇神天皇の頃既に此形式の墳墓が築造せられたりきと信ぜられしことを確信し、以て当代墳墓の一標準となすべしと思ふなり。」と述べている。

さらに喜田は、箸墓古墳の状況について、西面する前方後円の陵で周湟がないことにふれ、応神・仁徳陵などと共に、この古墳においても埴輪が存在することに言及していることは注意されよう。喜田が挙げた、時代の基準となる最も古い古墳が、箸墓古墳なのである。

## 笠井新也の箸墓古墳・卑弥呼の墓説

その後、箸墓古墳に注目したのは、この古墳を卑弥呼の墓と唱えたことで知られる笠井新也（1884〜1956）である。

笠井は、大正末年の段階で、当時の古代史の通説にしたがい、3世紀中ごろの卑弥呼の時代は、崇神天皇の時代であることは確定的であると考えた。そして、この年代観を根拠に、崇神朝における女性の第一人者というべき倭迹迹日百襲姫命の人物と、その事跡が卑弥呼に酷似するものとし、箸墓古墳を『魏志』にみえる卑弥呼の冢墓であるとしたのである。

さらに笠井は、文献ばかりではなく、昭和18（1943）年の論文「箸墓古墳の考古学的考察」において、箸墓古墳に対する先駆的な考古学的検討を行っている。この中で注目されるのは、古墳の墳丘形態の変遷により、この古墳の位置づけについてもふれていることである。

笠井新也による、文献・考古にわたる総合的な検討は、箸墓古墳に対する初の本格的な研究といえよう。笠井説が従来の邪馬台国大和説とは異なる、「前人未発の大和説」と称された所以である（笠井倭人「前人未発の大和説をうち立てた笠井新也」）。

## 笠井説に対する戦後考古学界の反応

しかし、この笠井の箸墓古墳を卑弥呼の墓に比定した説に対して、戦後の考古学界の反応は、否定的なものであった。

斎藤忠は、これまで卑弥呼の墓とされた「……江田船山古墳にせよ、今日孝霊天皇の皇女の墓として治定されている「倭迹迹日百襲姫命」の古墳にせよ、卑弥呼の死んだとみとめられる三世紀中頃のものではないことは、今日考古学の上から明確に断言できること……」とする（斎藤忠『古墳文化と古代国家』）。さらに、前期の大型古墳としては例のない、平地に築かれた箸墓古墳は、むしろ丘陵上に築かれた現崇神・景行陵より新しいとみていた。

また森浩一（1928〜2013）も、箸墓古墳の「……前方部はすでに発達のきざしをみせ、また墳丘に円筒埴輪の使用のあとがうかがわれるので、とくべつ古く考えることはむずかしい。」としている（森・石部「畿内およびその周辺」）。森が埴輪の存在をもって箸墓古墳が古くはならない根拠としたのは、この当時、前期でも最古級とされていた京都府・椿井大塚山古墳や奈良県・桜井茶臼山古墳には、埴輪がみられなかったためであろう。

森はさらに笠井説について、「……笠井氏は箸墓を女王卑弥呼の墓と考えたのであるが、それはあまりにも大胆すぎたため、邪馬台国大和説をとる考古学者によっても支持されはしなかった。……今日の考古学の水準では、箸墓は卑弥呼の時代より約百年はのちの時代に築かれたと考えられるので、邪馬台国大和説の根拠とすることは、現在ではむつかしい。」としている（森浩一「脚光をあびる古墳」）。

小林行雄も、『女王国の出現』の「卑弥呼の大冢」の項で、殉葬をもってこの記事全体を疑うことを一つの考え方であるとし、続けて、「ところが、またちがった解釈がある。すなわち、まず邪馬台国大和説を前提として、卑弥呼を「崇神紀」に登場する倭迹迹日百襲姫命にあて、同時にその墓とつたえる、前方後円墳の形をそなえた奈良県箸墓古墳（桜井市）をもって、卑弥呼の塚と認めようとする説である。」と、笠井新也の名は挙げてはいないが、その説について紹介している。

そして、この笠井の見解に対しては、「これは、卑弥呼に相当する人物は、日本の伝承にもその名をとどめていると仮定した考え方であるが、たとえその仮定が正しくても、箸墓古墳と

の結びつきは伝説の範囲をでない。」と否定的に述べている。

小林は、「……日本の古墳がいつ発生したかというような、重要な問題を、これだけの簡単な記事によって、きめてしまうのは危険である。」とする（小林行雄『古墳の話』）。

そして、「要するに、中国側に残された邪馬台国の物語と、日本側に伝えられた大和政権の伝承をつなぎ合せて、一つにつながった歴史を復原しようとすると、どうしても埋めきれない空隙が残るのである。」とする（小林行雄「御肇国天皇」）。それが当時の考古学界の代表的な見解であった。

## 庄内式土器の認識とその探求

笠井新也による箸墓古墳の研究以降、最古の古墳に対する検討は、主に二つの方向で進められた。

一つは近畿における邪馬台国の時代を含む、弥生後期から古墳時代前期に至る土器の変遷を明らかにすることである。時代の物差しとしての土器編年が不確定では、古墳や遺跡の時期を

もとに、その時間的な序列を決めることはできないからである。

そして、もう一つは最古級の古墳、特に前方後円墳においては、いつの時期の土器や埴輪がともなうのかという追究である。

昭和11（1936）年、大阪府豊中市庄内の小学校建設による池の採土で、多くの土器が出土した。当時、小林行雄と藤沢一夫（1912〜2003）は出土したばかりの土器を実見する機会を得た。藤沢は後に、「これが今の所謂《いわゆる》庄内式土器との最初の出遭《あ》いである。弥生式のようでもあり、土師式のようでもあり、頭を捻ったことである。」と回想している（藤沢一夫「わかき小林行雄氏との交流」）。

この、昭和11年という年の1月には、弥生時代研究に大きな足跡を残した森本六爾（1903〜1936）が若くして亡くなっている。奇しくも、森本が世を去ったその直後に、庄内遺跡において、後に庄内式と呼称される土器が出土し、そして、年末には唐古・鍵遺跡で大量の弥生時代遺物の出土により、いわゆる「唐古池の大発掘」が始まるということになる。

これまで、弥生時代の土器については、昭和14（1939）年に刊行された、森本六爾・小林行雄らによる『弥生式土器聚成図録』において、その内容がまとめられた。

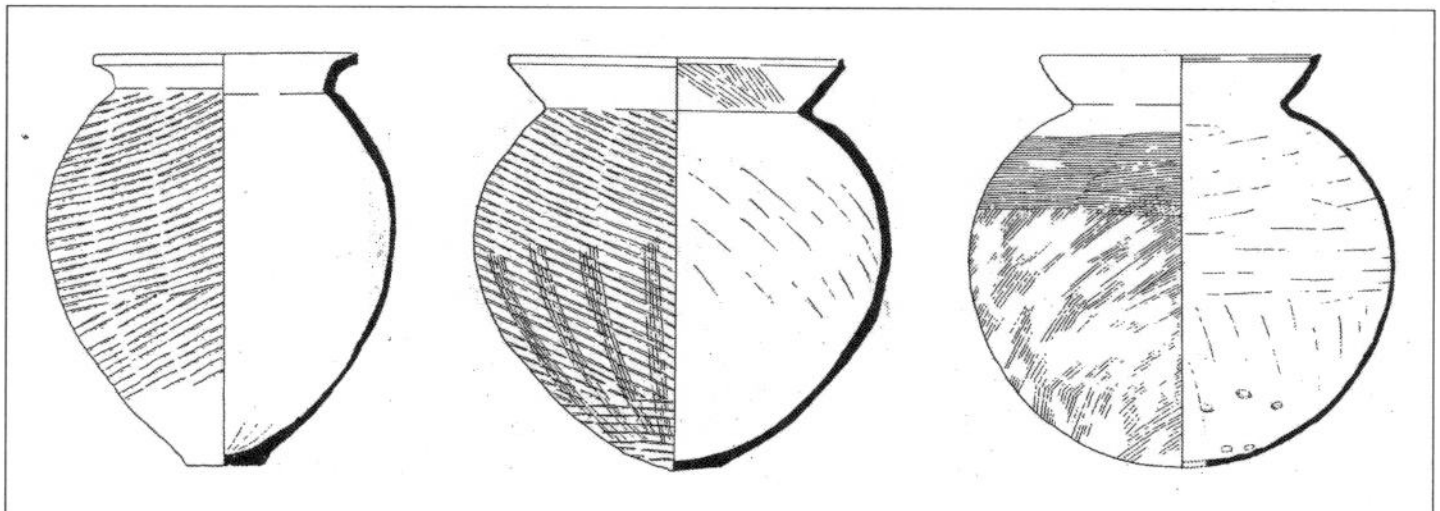


図13　近畿の甕の変化（著者作成）

この図録は、戦前における弥生土器研究の到達点となっており、その中には、この豊中市庄内より出土した土器も収録されている。そして、古墳時代の土器については、前年に行われた奈良県・布留遺跡の末永雅雄・小林行雄らの調査により、その古い様式が知られ、「布留式土器」と命名されている。このように考古学で最も基本的なこの時期の土器編年の検討は、着実に進んでいた。

しかし、弥生土器と古墳時代の布留式との間の土器内容を明らかにすることは戦後に持ち越された。

昭和31（1956）年に、坪井清足（1921〜2016）は岡山県・王泊《おうどまり》遺跡の調査報告において、大阪府・小若江北遺跡の土器をもって、布留式土器の基準となる純粋的な資料を示している。その上で、庄内式に相当する土器の存在比

郵 便 は が き

料金受取人払郵便

８ １ ２ － ８ ７ ９ ０

博多北局
承 認
5030

169

福岡市博多区千代3−2−1
麻生ハウス３F

差出有効期間
2026年5月
1日まで

㈱ 梓 書 院

読者カード係 行

---

## ご愛読ありがとうございます

お客様のご意見をお聞かせ頂きたく、アンケートにご協力下さい。

| | |
|---|---|
| ふりがな<br>お 名 前 | 性 別 （ 男・女 ） |
| ご 住 所 〒 | |
| 電 話 | |
| ご 職 業 | （ 歳） |

梓書院の本をお買い求め頂きありがとうございます。

下の項目についてご意見をお聞かせいただきたく、
ご記入のうえご投函いただきますようお願い致します。

| |
|---|
| お求めになった本のタイトル |
| ご購入の動機<br>1書店の店頭でみて　2新聞雑誌等の広告をみて　3書評をみて<br>4人にすすめられて　5その他（　　　　）<br>＊お買い上げ書店名（　　　　） |
| 本書についてのご感想・ご意見をお聞かせ下さい。<br>〈内容について〉<br><br>〈装幀について〉（カバー・表紙・タイトル・編集） |
| 今興味があるテーマ・企画などお聞かせ下さい。 |
| ご出版を考えられたことはございますか？<br>・ある　・ない　・現在、考えている |

ご協力ありがとうございました。

定を試みている。坪井はここで、いくつか土器の比較資料を挙げながら、「……更に豊富な出土例によって一様式として確認されることの遠くないのを思わしめる。」と、庄内式土器の確認が近いことの予測を述べている（坪井清足『岡山県笠岡市高島遺跡調査報告』）。

このような庄内式土器探求への機運が醸成される中で、昭和33（１９５８）年の大阪府・船橋遺跡の調査において、弥生後期と布留式の中間的な特色をもつ甕の破片が出土したことにより、調査者の注意を引くこととなった。

それを契機に、船橋遺跡調査メンバーの一人である原口正三が、昭和39（１９６４）年に大阪府・上田町遺跡で庄内式土器の検出を目的に発掘を行い、近畿中部の遺跡で初めて層位的に庄内式土器が確認されたのである（原口正三「大阪府松原市上田町遺跡の調査」）。後に原口自身が語っているように、庄内式土器の存在を最初に認識したのは原口正三であろう（高槻市教育委員会『邪馬台国と安満宮山古墳』）。

そして船橋遺跡の調査に原口らと加わり、共に検討を行った田中琢により、昭和40（１９６５）年に「布留式以前」という画期的な論文が発表されることになったのである。

田中はここで、布留式に先行するこれらの土器が『弥生式土器聚成図録』において最初に図

示された大阪府豊中市庄内遺跡の名をもって、「庄内式」と呼んだのである。

このような庄内式土器の認識に至るまでの過程をみると、それは、これまで長い間進められてきた近畿弥生土器研究の延長上にあるといえる。

## 庄内式土器と古墳

田中は、この「布留式以前」の論文において、「最近では、布留式の土器そのものが古墳から発見される実例が増加している」といい、「これらの古墳は、第Ⅱ期に属するもので、布留式のおこなわれた年代もこれによって知ることができる。」とする。

この田中が述べた第Ⅱ期とは、「四世紀の後半から五世紀のはじめにわたる古墳時代の第Ⅱ期」（小林・近藤「古墳の変遷」）とされたもので、ここに当時の布留式土器の年代観が示されている。

そして「……庄内式は、それ以前の第Ⅰ期の古墳の造営された時期のものとみなすことができよう。」と推測したのである。このため、田中は桜井茶臼山古墳出土の大型壷と、布留式の同種の壷との小差に対して、「……その差異が時期差なら、茶臼山古墳出土品は庄内式にいれ

て考えてもよいかもしれない。」としている。

さらに、弥生土器から庄内式への変化は、庄内式から布留式へのそれよりも、大きなものではないとしながらも、庄内式土器については「古墳時代の土器が土師器であり、甕の内面へらけずりに代表される技法が畿内の土器に個有のものならば、現在さかのぼりうる最古の土師器であるとしてよいであろう。」と述べている。

この田中による庄内式土器提唱の段階では、まだその全容は不明なところがあったが、ともかく近畿の弥生後期から布留式に至る土器変遷の流れがようやく明らかになったのである。この論文で述べられた庄内式土器は土師器であり、最古級の古墳にともなうものであろうという田中の見通しは、今日でも影響を与えている。

## 「埴輪の起源」とその影響

近畿で庄内式土器が認識されつつある中で、岡山県の吉備の地域において、埴輪に関するきわめて重要な事実が、近藤義郎（1925~2009）・春成秀爾によって明らかにされた。昭

和42（1967）年の「埴輪の起源」の論文である。

近藤・春成は、近畿地方では埴輪の始まりが明らかではないのに対して、吉備の地域においては、弥生時代後期以来の特殊器台が発達して、それが埴輪の起源となることを初めて示した。その後、箸墓古墳をはじめとする大和東南部の前期古墳において、この特殊器台・埴輪が確認される例が増加し、ようやく埴輪成立の過程が明確になってきた。埴輪の起源が探究される中で、最終的にそれが大型前方後円墳出現地の大和ではなかったことは、多くの古墳研究者の予想を超えたことであった。

このことは、大型前方後円墳の重要な構成要素の一つである埴輪の起源が、近畿以外の地域にあったことが判明した事例となり、近藤らの論文の及ぼした影響は、きわめて大きなものがあった。

## 椿井大塚山古墳の墳丘調査

庄内式土器の存在や埴輪の起源が明らかになるのと共に、最古級の古墳にともなう土器に対

する追究は、埴輪の起源を明らかにした近藤義郎らによって積極的に進められた。

そして、昭和46（1971）年には、近藤らによって近畿有数の前期大型古墳である、椿井大塚山古墳の時期を確認するための墳丘調査が行われた。椿井大塚山古墳は、30面を超える三角縁神獣鏡が出土し、小林行雄により最古級の古墳の一つとされ、その邪馬台国大和説を支える同笵鏡論のもとになった古墳として知られている。

この調査では、後円部上より無文の二重口縁壺形土器の破片が出土し、都出《つで》比呂志らがその検討を行った。その結果、都出はその報告の「墳丘の築造と土器様式との関係」の項で、「……この古墳は日本における最古の前方後円墳の一つと考えられているが、その築造は、庄内式期までは遡らず、布留式の時期であることが判明した……」と述べている（都出比呂志「墳丘築造以前の土器」）。

この椿井大塚山古墳の墳丘調査によって、ようやく近畿で最古級とされる大型前方後円墳の時期の一端が、土器の比較によって知られるに至ったのである。

## 最古の大型前方後円墳となった箸墓古墳

笠井新也の研究以後、箸墓古墳に対してにわかに関心が高まったのは、吉備起源の「特殊器台」の存在が報道された昭和45（1970）年からである。

これまでみたように、箸墓古墳についての考古学界の見解では、必ずしも古い古墳とは考えられてはいなかった。むしろ中期古墳に近いという認識であった。しかし、宮内庁により、箸墓古墳採集の特殊埴輪が明らかにされたことから、それが一転して最古の大型前方後円墳とされることになったわけである。

結果、長い間の懸案であった、大型前方後円墳の出現をめぐる問題は、ここに決着したといえよう。

しかし、これまで初源期のいくつかの古墳が検討される中で、全くといってよいほど注意にのぼらなかった箸墓古墳が、最終的に最古の大型古墳となったことは、考古学界において、埴輪の起源をめぐる問題と共に予想外の結果となったのである。

箸墓古墳は『日本書紀』にも登場し、しかも、そこに崇神朝に造営された古墳であることが

皇陵「箸墓」から埴輪の〝祖先〟出土

# 邪馬台国論争に新しい波紋

## 〝卑弥呼の墓説〟再燃か

## 崇神天皇陵よりも古い

【大阪】弥生（やよい）式土器から埴輪（はにわ）への移行期に存在した特殊器台形土器と呼ばれる円筒形の模様入り土器が、宮内庁の手で奈良県の皇陵「箸墓（はしはか）」から掘出された。この土器は、埴輪の祖先に当るもので、いままで岡山県吉備地方と兵庫県西南部以外には発見されたことはなく、皇陵から出土したのはこれが初めて。これで箸墓が最古の皇陵級古墳と推定される物的証拠が見つかったことになり、卑弥呼（ひみこ）の墓の所在をめぐって展開されている邪馬台国論争にも新たな波紋を投げかけるとみられる。

箸墓から出土したものと同じ都月型の土器（岡山大で）

箸墓は正式には大市墓といい、奈良県桜井市三輪町箸中にある前方後円墳。宮内庁は第七代孝霊天皇の皇女、倭迹迹日百襲姫（やまとととびももそひめ）を葬った墓として皇陵に指定している。古墳の全長は二百七十五㍍。前方部の高さ十六㍍に対し、後円部の高さは二十九・四㍍で、後円部がそりあがった典型的な古墳時代前期のもの。日本書紀にも、姫と大物主神との恋愛が記されている。

御陵を管理している宮内庁書陵部は、古墳の表面にある土器類を調べるため四十三年十一月、箸墓の後円部の墳頂付近を長さ約三十㍍にわたって深さ十―三十㌢掘り、腐食土をはぎとって古墳のふき石を露出させた。この作業の途中、倒れた大木の根にからまって、ヘラがき文様のある土器の破片約三十点がみつかった。同部陵墓調査室は、この土器を岡山大・近藤義郎助教授、東京国立博物館・三木文雄考古課長、同志社大・森浩一助教授ら専門家数人に見せ意見を求めた結果、岡山市の都月1号墳から出土した円筒形埴輪の祖型の特殊器台形土器とまったく同じ模様の土器とこのほど確認した。

日本最古の皇陵と推定される箸墓（奈良県桜井市三輪町で）

特殊器台形土器は岡山・吉備地方に集中的に発掘されており、丸底のつぼをのせる円筒形の台で、側面に帯状のへら書き模様があるのが特徴。近藤助教授の研究によると帯状の模様の違いから、立坂型、向木見型、宮山型、都月型の四種類に分けられるが、都月型はこの中では最も新しく、いままで各地で出土している朝顔型埴輪や円筒埴輪に発展する直前のもの、という。

これまでの学界の通説では、最古の皇陵級の古墳は崇神天皇陵（天理市柳本）とされ、四世紀中期といわれており、宮内庁も崇神天皇陵から埴輪の存在を確認している。しかし最近では、九代の開化天皇以前についても、現在、宮内庁が管理している御陵が、弥生時代の墳墓をもとに江戸時代末期に修築されたのではないかとの見方が出はじめている。

これは、近年、全国各地で古墳の前段階とみられる弥生時代の方形周溝墓（ほうけいしゅうこうぼ）の発見があいつぎ、それが三世紀末や四世紀初めに古墳に発展すると考えられるようになってきたためだ。したがって箸墓から弥生時代後期の特殊器台形土器が見つかったことは、箸墓が崇神天皇陵よりも古いことを証明するだけでなく、弥生時代と古墳時代を連続的にとらえようとする考古学界の新しい潮流にとって、有力な資料となりそうだ。

古代史のナゾを解く唯一の史料、魏志倭人伝によると邪馬台国の女王卑弥呼は三世紀中ごろ、「径百余歩」の塚に葬られたことになっているが、この塚が箸墓であるとする説は、葬られているという倭迹迹日百襲姫が女性であることも論拠となって大正年間から唱えられ、いまでもこの説を支持する学者もいる。今度の発見で、箸墓は卑弥呼の没年に一歩近づいたことになるが、都月型土器を四世紀初めとみる説が強いなど、まだ多くの疑問点が残っており、今後の研究が待たれている。

宮内庁は今後出土した土器をさらにくわしく検討し、来年以後に出される「書陵部紀要」で発表する方針。それまでは〝慣例〟により研究者にも公開しないことにしている。

図14　箸墓古墳で特殊器台発見の報道記事（1970年5月30日：朝日新聞）

明記されている。そのような古墳が最古の大型前方後円墳となったのである。

## 邪馬台国と『日本書紀』

邪馬台国大和説となれば、当然、邪馬台国と箸墓古墳はつながりを持つということになる。『日本書紀』には箸墓古墳に関する記事がかなりある。そうなると、かつて笠井新也が考えたように、『日本書紀』の中に、邪馬台国の卑弥呼なり、台与の存在を反映するところがあるはずであろう。

しかし、今日では小林行雄も述べているように、『魏志』と『日本書紀』との間には「どうしても埋めきれない空隙」がある。『日本書紀』には『魏志』の邪馬台国に関する記事が引用されているが、それは「崇神天皇紀」ではなく、さらに後の「神功皇后紀」である。このことからも、その関係のなさがうかがえよう。

大和説であれば、かつて否定された邪馬台国と『日本書紀』との関係が、また復活することになり、そこに全く整合性がないことの意味が問われてくることになるのである。

# 第Ⅵ章

# 箸墓古墳と古墳出現年代

## 土器・埴輪による古墳の時期決定

箸墓古墳が最古の古墳として認識されるまでの過程で分かるように、多くの大型古墳のおよその年代を決める手掛かりとしては、各古墳で共通して比較ができる土器や埴輪がその主体となる。箸墓古墳とその周辺の巨大前方後円墳においては、その内部構造や埋葬にともなう副葬遺物の内容が全く分からない現状では、それらによる検討というものは望めないからである。ただし、古墳から出土する土器においても、周濠や墳丘の中に含まれるものはあくまで参考にしかならない。これらの土器は、古墳が築造された時期との関係が不明で、いつ、なぜそこに含まれたものなのかが全く分からないのである。

このため、近藤義郎が行ったような、古墳築造時にともなう土器・埴輪を明らかにする作業が重要となる。最近では、大和地域の前期大型古墳のいくつかにおいて、これらの土器や埴輪がかなり増加してきており、前期の大型古墳の時間的な序列がほぼ明らかになってきた。

## 箸墓古墳の埴輪と土器

箸墓古墳の墳丘から出土した土器と埴輪が宮内庁により、初めて公表されたのは昭和51（1976）年のことである（中村一郎・笠野毅「大市墓の出土品」）。それによると、箸墓古墳の後円部上からは、吉備系の特殊埴輪・特殊器台・特殊壺が採集されている。そして前方部の頂部においては、吉備系ではなく、無文の近畿系の大型二重口縁壺が多く採集されたが、そこに特殊壺片もわずかに含まれるようである。この中で前方部の二重口縁壺は、これまで桜井茶臼山古墳（墳丘長200m）でみられた壺とほぼ同じもので、椿井大塚山古墳でも出土しているものとも共通する。これらの壺は、その頸部が筒形で、口縁部分が二段に大きく広がるという、かなり特色ある形のため、すでに「茶臼山型壺」という名で知られているものである。

さらに、この壺形土器は、箸墓西方約4kmに位置する前方後円墳の葛本弁天塚古墳（墳丘長70m）においても、吉備系の特殊器台・特殊埴輪と共にみることができる。このような事例は、箸墓古墳ばかりではないのである。

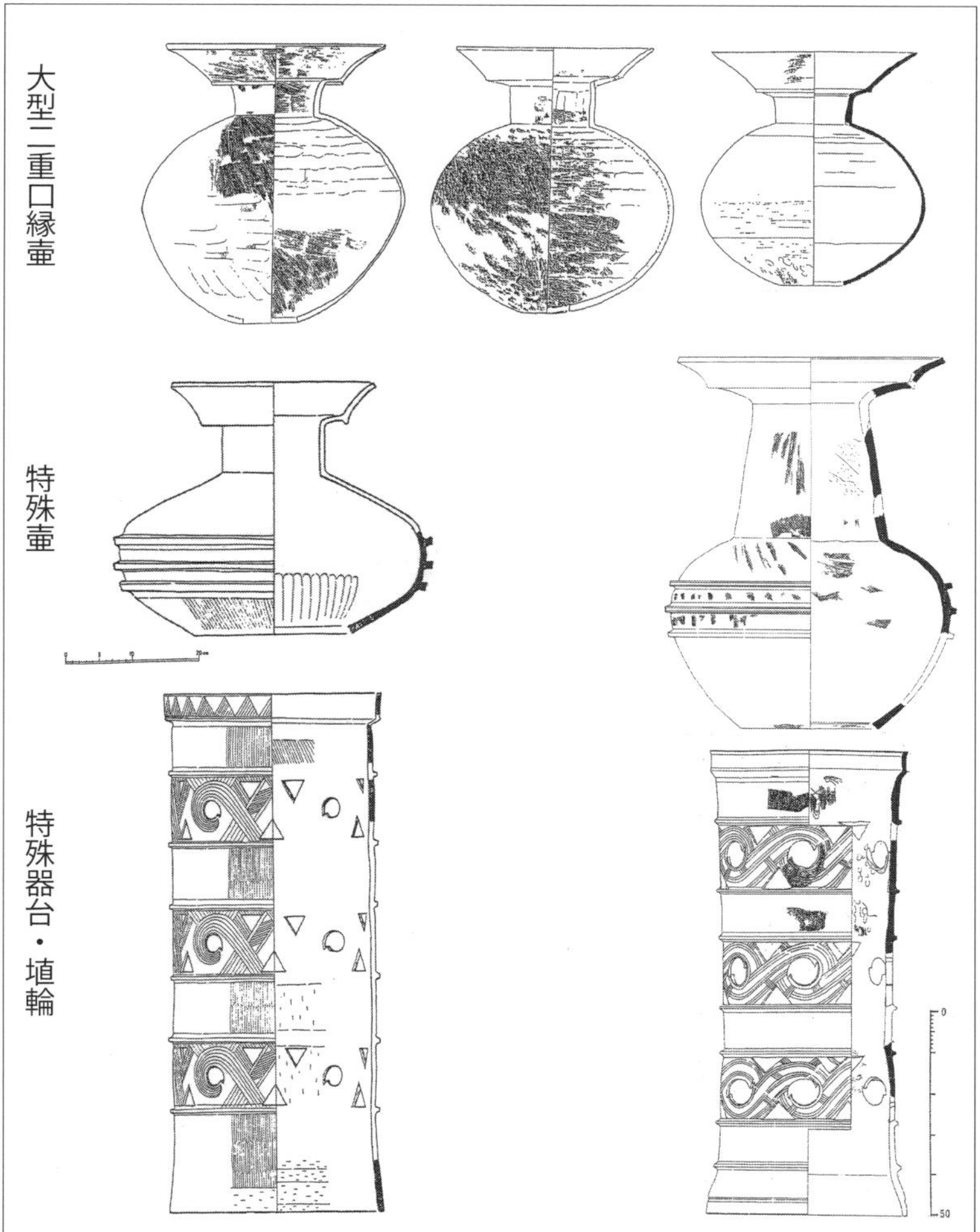


図15　大和の古墳出土の壷と特殊器台・埴輪（著者作成）

また、最古級の古墳墳丘上に特殊埴輪などはなくとも、壷形土器が置かれることは、先の桜井茶臼山・椿井大塚山・ホケノ山古墳など、意外に多い。これらの土器により、古墳が出現した当初の時期を知ることが、考古による最も確かな方法である。

箸墓古墳などで使用されたこの無文の二重口縁壷は大型で複数あり、ほぼ同形同大である。ホケノ山古墳の墳頂に置かれた、装飾をもち小型で個々の違いがみられる庄内式に多い壷とはかなり異なっている。

この壷形土器は、埴輪のように規格性が高く、桜井茶臼山・葛本弁天塚古墳と、ほぼ同じ土器型式の中にあるので、箸墓古墳は初期の大型古墳のグループの中では、ほかの古墳と大きな時期差は認めがたいということになる。

箸墓は最古で最大の大型前方後円墳であっても、他の同時期の大型古墳より突出して古いということではないといえよう。

## 桜井茶臼山古墳の「丸太垣」

桜井茶臼山古墳では二重口縁の大型壺のみが出土し、特殊埴輪などは知られていない。しかし、近年の再調査では後円部墳頂において、石室の周囲を丸柱で方形にめぐらせた「丸太垣」が明らかになった（橿原考古学研究所「桜井茶臼山古墳第7・8次調査概要報告」）。前期の大型古墳では、これまでに知られていなかった施設である。

この「丸太垣」は埴輪と木柱との違いはあっても、区画を目的とする円筒埴輪と、その配列状況は全く同じといえる。丸太垣とは、製作が煩雑で稀少な特殊埴輪の代わりに丸柱を建て並べたともいえよう。また、木柱を使用しているということは、あるいは建造物の区画施設との関連も考えられる。

桜井茶臼山古墳は墳丘長200ｍもの大型古墳でありながら、大型前方後円墳が集まる柳本・大和古墳群より、かなり南方に離れた初瀬川の南に単独的に位置している。

これほど古い大型前方後円墳が、このようなところに築かれるのは異例ともいえるが、古墳群地帯より離れて位置することが、箸墓古墳に比べて墳丘上に吉備系の特殊埴輪を使用しな

かった、あるいはできなかったという違いに表れているようである。

桜井茶臼山古墳の丸太垣は、初期の大型古墳において、ようやく埴輪の樹立が始まる頃の一つの状況を示しているのであろう。

## 箸墓完成時の土器は布留式

箸墓古墳前方部出土の二重口縁大型壷の最も大きな特色は、一見して分かるように、その形や大きさが定型化していることである。纒向遺跡の庄内式土器の中でもこの無文の二重口縁壷がみられるが、弥生土器のようにまだ個々の形態差があり、大きさにも統一性というものがない。

このような各器種にわたる土器が画一的な形に変化するのは、埴輪にも通じる古墳時代の布留式土器のもつ大きな特徴である。このため、箸墓古墳墳頂部に置かれたこの二重口縁壷は、田中琢がその可能性にふれた庄内式土器に含めるよりも、都出比呂志も述べるように、布留式古相の土器とすることが適当である。

都出比呂志は、「古墳と土器様式との関係については、Ⅰ期を布留式古相に、Ⅱ・Ⅲ期を布留式中相に対応させる」として、箸墓古墳も含まれるⅠ期の古墳に相当する土器型式の時期を示している（都出比呂志『前方後円墳と社会』）。

大和東南部においては、大型前方後円墳の時期はほぼ判明しており、箸墓古墳より古い大型古墳というものは、もはや考えられない。

箸墓の築造は庄内式末期より始まったのであろうが、古墳完成時に墳丘上に置かれたのは、布留式土器である。したがって大型前方後円墳の出現は、布留式から始まるものとすることができる。

## ホケノ山古墳の土器とその時期

また、箸墓古墳に年代的に先行するとされることの多いホケノ山古墳は、埋葬部が石室ではなく、木製の槨室に木棺を収める庄内期の墳丘墓にみられる木槨墳という古い埋葬形態である。ここの埋葬部上面からは、庄内式に多い装飾文様をもつ二重口縁壷11点と、ほかに小型丸

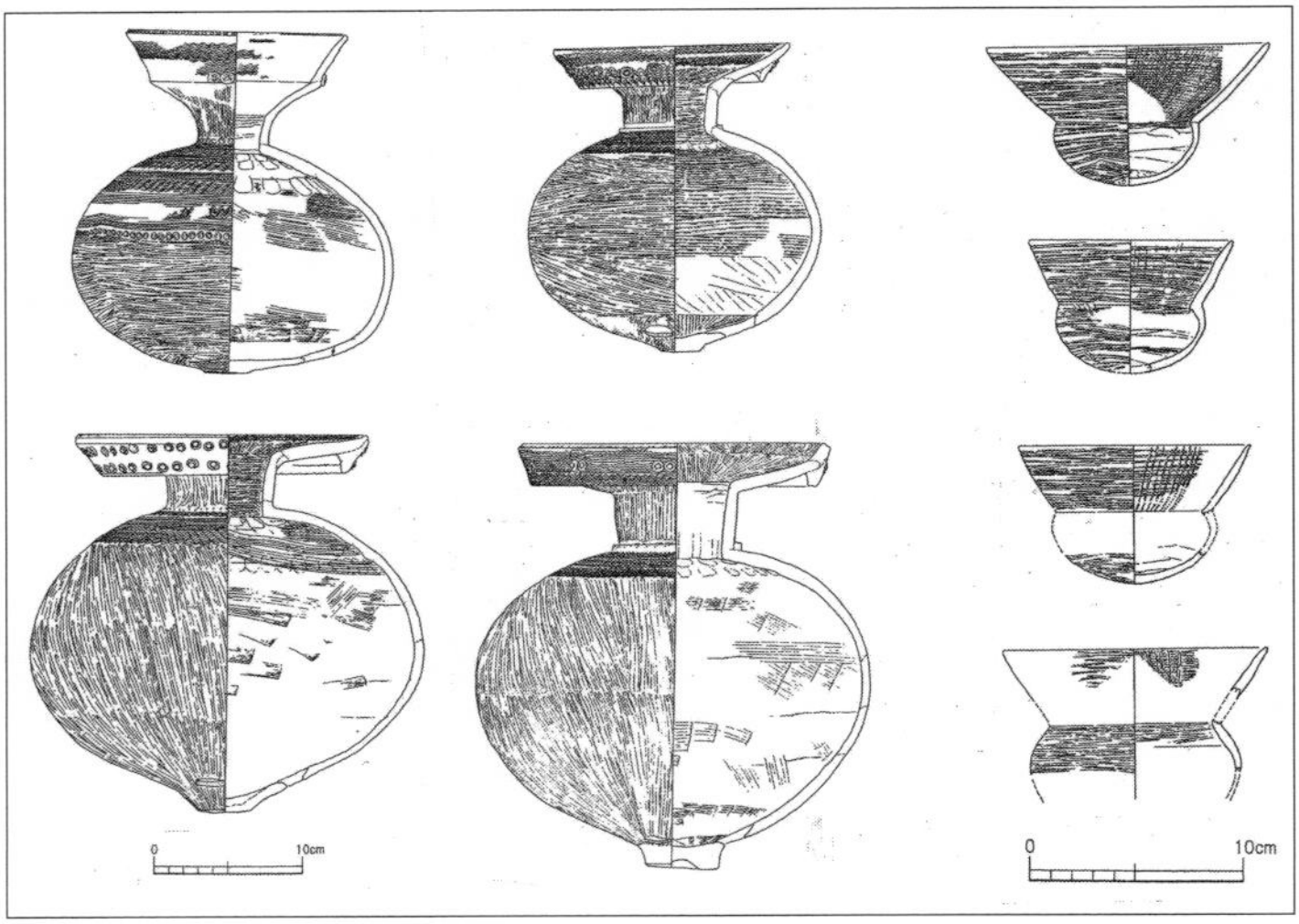


図16　ホケノ山古墳の土器（橿原考古学研究所より提供）

底土器4点ほどが出土している。埋葬部が木槨であることや、この庄内式にみられる壷をもって、ホケノ山古墳は庄内期の築造と考える向きも多い。

しかし、この壷と同じ状態で出土している小型丸底土器は、これまで布留式土器の指標とされている典型的な土器である。庄内式から布留式への移行期には、両者の土器が共存することがあるので、古墳の時期は、当然、この布留式土器で決めることになる。

このため、ホケノ山古墳は庄内式ではなく、布留式期の古墳であり、その時期は箸

墓古墳とほぼ変わるところはないということになる。この意味では、前代の木槨や庄内式の壺が残るなど、古い要素がみられるホケノ山古墳で、小型丸底土器が出土した意義は大きい。これによって、ホケノ山古墳の正確な築造時期を知ることができたからである。

なお、墳丘長80ｍのホケノ山古墳を、箸墓古墳のような巨大前方後円墳と同列に比較することはできない。布留式の築造ではあっても、ホケノ山古墳が木槨墳で庄内式に多い壺がまだみられることを、一概に箸墓古墳より古い根拠とすることはできない。

ホケノ山古墳の墳丘上には、底部に孔をもつ二重口縁壺が並べられている。これは箸墓・桜井茶臼山古墳などの大型古墳で、壺の大きさや文様は異なっていても、同じく孔があけられた壺が置かれることと全く同じ行為であり、そこに大きな時期の差を感じることはできない。

さらに、布留式に始まる最新の古墳施設と副葬品・土器・埴輪というものは、箸墓古墳のような最大級の大型古墳において、まず初めに使用されるものと考えられるからである。

## 箸墓古墳は3世紀か？

最古の大型前方後円墳である箸墓古墳が、布留式の時期であるということは、この古墳が庄内式に相当するものであろうという大方の予想とは異なるものであった。

このことは、大型前方後円墳の出現というものが、これまで考えられていたほど年代的にも古くはならないということを示唆するものである。そして、箸墓古墳の時間的な位置づけも、同じく布留式に相当する桜井茶臼山古墳や椿井大塚山古墳と大きく隔たるものではなく、むしろ同じ年代幅の中に含まれることを意味している。箸墓古墳の築造時期は、結果的に、邪馬台国・卑弥呼の時代とはかなりの時間差があるという、これまでの考古学界の通念に沿うものになったといえよう。

ところが、これに対して、近年は箸墓古墳の築造が3世紀まで遡るというような見解もみられる。もし、箸墓古墳の年代が、その頃なのであれば、あるいは邪馬台国との接点も出てくるであろう。

そこで、箸墓古墳の実年代を、どのあたりに考えたらよいのか、これまでの前期古墳編年の内容から、あらためて検討してみたい。

## 前期前半の大型古墳編年

古墳の比較によって時間的な前後関係を決める古墳編年では、まず同一の地域において、各時期の大型古墳を比較することが必要である。比較の対象となる古墳の所在地域が大きく異なっていたり、また、墳丘規模にかなりの違いのある古墳を同列に扱うことは、その差が古墳の内容に反映されることが多いので注意が必要である。

箸墓古墳を始めとする前期初頭の大型古墳は、奈良盆地の東南部に集中して所在する。ここでは墳丘長２００ｍを超える大型古墳のほか、黒塚古墳などの墳丘長１００ｍクラスの古墳も多い。前期を通じて、同じ地域の中で同規模の大型古墳の系列をたどることができるので、ここでは各古墳の比較というものが可能となる。

また、古墳の編年では、副葬品の組合せが重視されるが、大型古墳でそのすべての内容が分かる例はほとんどなく、撹乱などによる断片的な出土事例も多いので、各古墳の均等な比較というものができない。

このため、すべての大型古墳に通有な遺物で比較検討するには、土器と共に、その多くの大

型古墳に使用されている埴輪が特に有効である。そこで前期初めの古墳に使用されている埴輪の動向についてふれておきたい。

## 箸墓直後に出現する普通円筒埴輪

箸墓古墳において使用された埴輪は、吉備地域より導入された、刻線や巴・三角形の透かしをもつ特殊器台・特殊埴輪に限られ、そのほかの種類の埴輪はみられない。この埴輪のみを使用する大型古墳が箸墓古墳に限られるということは、この段階の時間幅は、ほぼ大型古墳一基が造営された期間内であることを示している。

そして、箸墓古墳に後続する大型古墳は、西殿塚古墳（墳丘長２３０ｍ）であるが、ここでは、吉備系の特殊埴輪はほとんどみられず、その多くは特殊埴輪の口縁部形態をとどめる無文の円筒埴輪で占められている。

さらにこの古墳では、前期でも後半期に一般化する、口縁部に屈曲をもたない普通円筒埴輪が、わずかではあるが、すでに出現している。

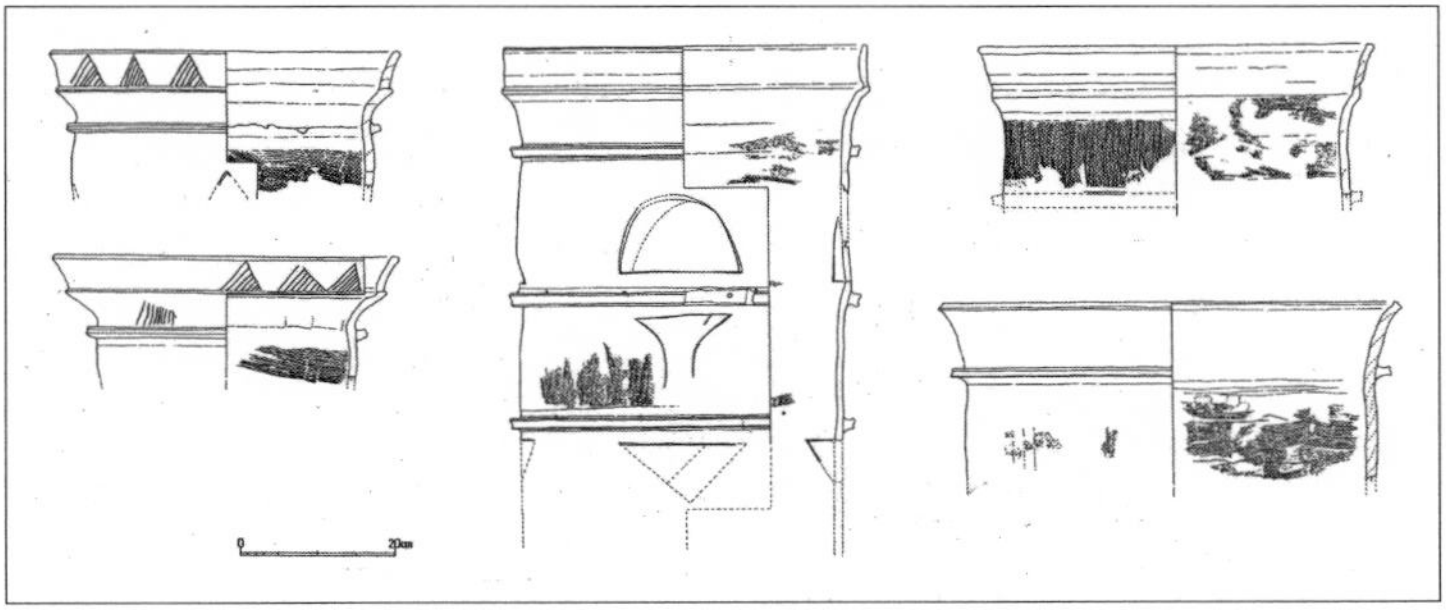

図17　西殿塚古墳の埴輪（天理市教育委員会より提供）

古墳墳丘上に置かれる埴輪は、基本的に古墳の築造時に配列が完了するものである。西殿塚古墳でみられるような、新古にわたる複数種の埴輪が共存しているということは、近くの中山大塚古墳（墳丘長１３０ｍ）においてもみられることなので、特殊な事例ではない。前期初めの一時期、特殊埴輪から普通円筒埴輪成立の過渡期にみられる現象とみることができよう。

初期の大型前方後円墳にみられる、このような埴輪使用のあり方は、大和に到来した吉備系の特殊埴輪から、普通円筒埴輪の成立と普及が、かなり早く進んだことを示している。

また、箸墓古墳では、埴輪が置かれる箇所も古墳の後円部墳頂に限られ、墳丘全体には及んでいない。しかし、西殿塚古墳では、墳丘裾付近の発掘調査で相当量の埴輪が出土して

おり、すでに古墳墳丘のかなりの範囲に埴輪をめぐらせていることが分かる。おそらく大型古墳で一般化する埴輪列は、西殿塚古墳より始まるとみられる。

　このように、新たに埴輪列というものが出現すると、大量の埴輪が必要となる。そこで、透し文様が多く、製作工程が煩雑な特殊埴輪から、より製作が簡易で量産に適する普通円筒埴輪へという、埴輪製作上の大きな変革が急速に進んだのであろう。

　このような初期の埴輪形態の転換の速さからみると、前期初めの古墳の時間幅というものは、かなり短期間のことであると推定できる。

## 前期古墳副葬の石製品

　次に前期古墳の代表的な副葬遺物の一つで、前期を二分するのに有効な資料とされた、腕輪形などの石製品が現れる時期についてふれておきたい。

　これまで前期古墳副葬の銅鏡においては、小林行雄により、中国製三角縁神獣鏡からなる古相の鏡群と、仿製鏡を含む新相の鏡群とに分離された。

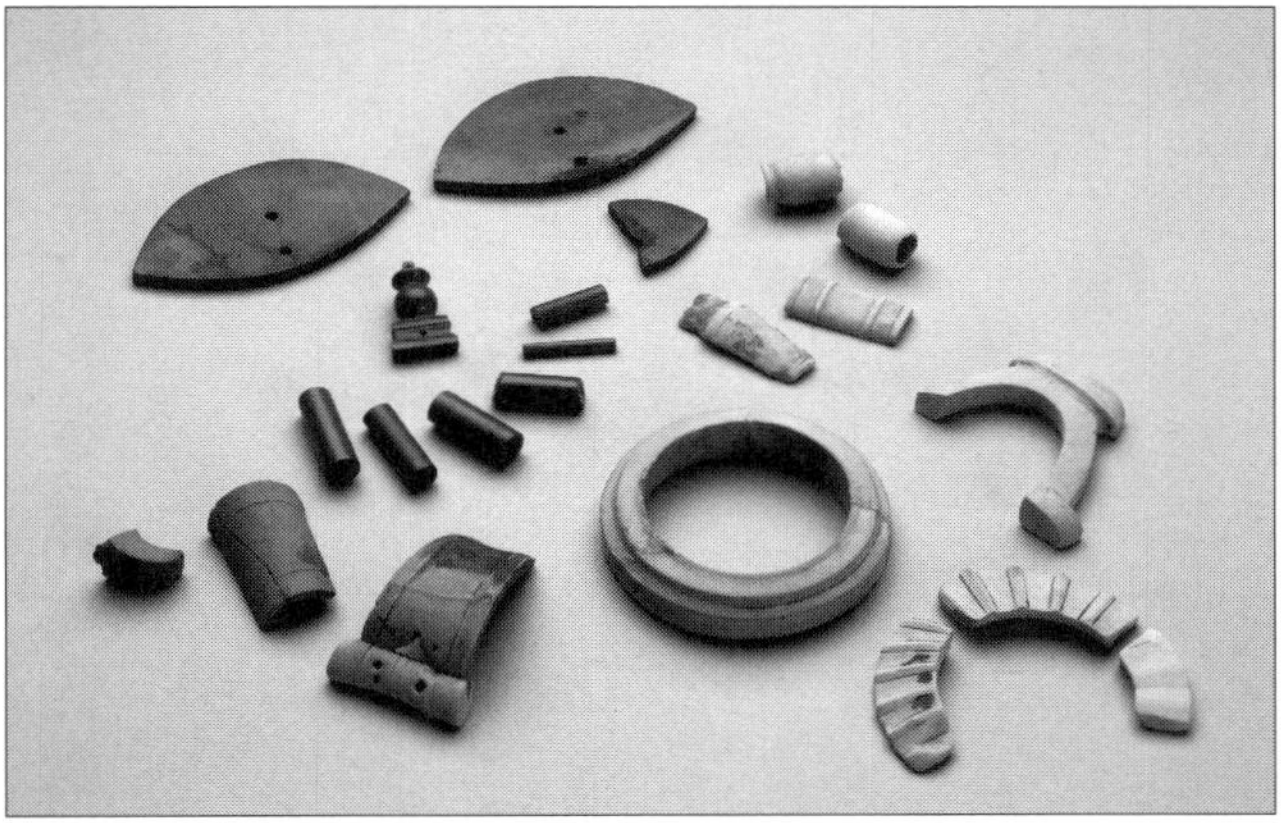

図18　桜井茶臼山古墳の石製品（奈良県立橿原考古学研究所付属博物館より提供）

古相の鏡群を副葬する椿井大塚山古墳などには、腕輪形石製品は含まれず、新しい鏡群をもつ古墳にはそれが伴うものとされ、久しく前期古墳を新古に分ける基準の一つになっていた。

しかし、箸墓古墳とかなり近い時期の桜井茶臼山古墳においては、すでに腕輪形を始めとする各種の石製品が出土しているのである。このため、古墳副葬品としての石製品というものは、前期初めの段階より出現しているとみることができる。

近年、纒向遺跡において、庄内式末期の遺構より、緑色凝灰岩の円盤を加工した巴形石製品の未成品が出土した（森暢郎「纒向遺跡出土の巴形石製品について」）。この円盤は、腕輪形石製品の製作時に、その中央部を刳り貫く時にできるものである。

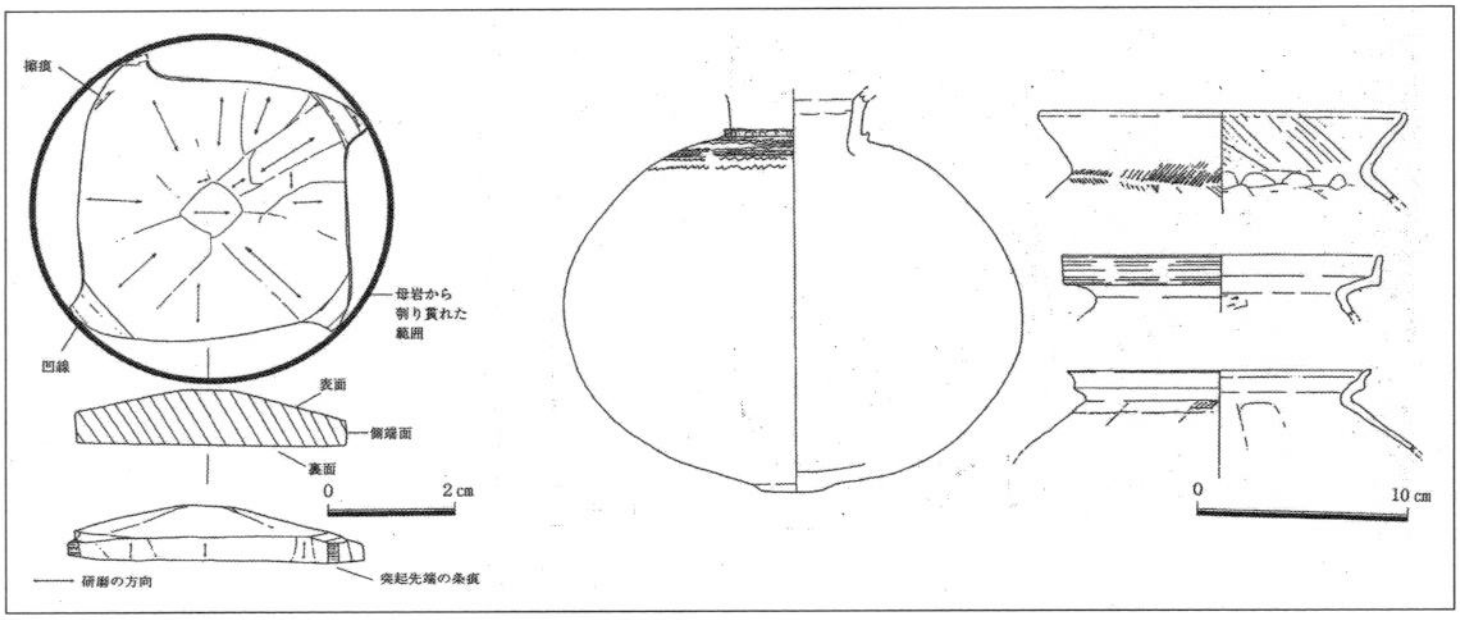


図19　巴形石製品の未成品（左）と伴出の土器（森2014より改変の上引用）

このことは、庄内式末期という箸墓古墳の造営が始まる頃には腕輪形・巴形石製品の製作が始まっていたことを示すもので、大型古墳出現当初より、すでに石製品は副葬品として現れていたことは確かであろう。

また、現崇神陵に隣接する櫛山古墳（墳丘長１４８ｍ）においては、腕輪形石製品が二百数十点ほど出土しているように、前期古墳の石製品の数量は、特に大和において多い傾向がある。

特に前期初頭の段階では、古墳副葬品としての石製品の普及・浸透というものは、各地へ一様に及ぶものではなく、地域や古墳の規模など、いくつかの条件によって、その有無の差が生じるものとみられる。

たとえば、大和を離れる南《みなみ》山城の椿井大塚山古墳の副葬品に石製品がみられないことは、古墳の時期が古いからというよりも、むしろ地域性によることも考えられる。

また、中山大塚・黒塚古墳など、墳丘長100m級の前期古墳に石製品がみられないのも、大型古墳ではないためともいえるのである。このように石製品の副葬は、古墳の当初段階より始まっているとみられるので、その副葬の有無を古墳の時期差としてみることはできないであろう。

なお、このような副葬品としての石製品の有無のあり方は、先にふれた埴輪においても同様の傾向を示している。たとえば、副葬品の中に石製品がみられない椿井大塚山古墳や黒塚古墳では、埴輪は存在していない。かつては、埴輪がないことを古墳の時期が古いためとみなすことがあったが、最古の箸墓古墳において、特殊埴輪が存在する以上、それは石製品と同じく古墳のもつ特性の差によって生じた現象と考えることができよう。

## 時間幅が短い前期前半期の古墳

以上のように、前期初めの古墳においては、箸墓古墳にみられる吉備系埴輪から、続く西殿塚古墳の普通円筒埴輪の出現過程にみるように、埴輪製作の転換というものは、かなり短期間

の中で行われていることが分かる。

そして腕輪形を始めとする石製品がこの時期にすでに現れていることは、これまでのように前期古墳編年において、それが含まれないという時期を設定して、そこに一定の時間幅をもたせることができなくなる。

前期古墳において、石製品がみられない時期というものがなくなるため、前期初めの時間的な間隔というものは、さらに短くなってくるのである。前期古墳の詳細な編年案を最も早く示した都出比呂志は、前期を四小期に区分し、最も古いⅠ期の古墳に箸墓・黒塚・椿井大塚山古墳などを挙げ、「……古墳数が少ないことを理由にⅠ期の時期幅を短く見積りたい」と述べている（都出比呂志『前方後円墳と社会』）。

さらに、前期中頃の奈良県のメスリ山・新山古墳の内容をみても、武器の多量副葬、滑石製品や石棺の出現のように、中期につながる要素をすでにみることができるが、依然として、大型古墳の数は多くなく、時間幅は長くないとみられる。そして、これらに後続するのが、現崇神陵のような前期後半の古墳である。この時期になると、埴輪や副葬遺物にも大きな変化がなく、内容が安定的である。

また、大型古墳の数も多くなり、古墳も広がりをみせるのもこの時期なので、前期の中では一定の時間幅が考えられる。そして、これに続く時期が中期─5世紀となるのである。このように、古墳遺物の変遷内容から前期古墳の時間幅というものを推定するならば、前期初めの箸墓古墳の時期が、これまでの想定を超えてさらに遡るということは、まず考えられないであろう。大型古墳の出現時期を、簡単に3世紀まで遡らせるというようなことは、容易なことではないことが理解できよう。

## 古墳年代の基本は5世紀

古墳時代、特にその始まりの実年代については、4世紀代の古墳年代の定点がないため、不明なところが多い。このため、この時期の年代決定を考古学ではなく、理化学的分析結果に頼る向きも多い。

このような現状において近畿地方の古墳初源期の年代は、比較資料がほとんどみられない弥生時代からではなく、時期的にも近い古墳時代より推定するほかはない。考古学による古墳の

年代は、文字資料の不足により、時間幅をもたせた、およその時期で推定することが通例である。

このため、これまでより考古学による確実性のある古墳年代というものは、古墳時代中期を、ほぼ5世紀に置くということであった。この時期の大型古墳は、大陸系要素の導入により、古墳の内部施設や副葬品内容も大きく変容していくのが特色である。このような変化と共に、現仁徳・応神陵にみるように、大型古墳の墳丘規模が極大化するとともに、大古墳群自体が、奈良盆地から大阪平野や湾岸地域へ新たに進出し、百舌鳥・古市古墳群が出現するように、近畿中部の大型古墳は、5世紀になると視覚的にもかなり大きな変化を見せている。

この時代は邪馬台国以来、中国王朝との通交が再開した時のことであり、それが中国正史の記載にみえる、いわゆる「倭の五王」の時期に対応するものとされてきたのである。このような、古墳の内容や動向が示す大陸志向という動きも、その時代状況とよく一致しているといえよう。

古墳時代の前期と中期の境をどのあたりの時期に求めるのか、という細部の違いはあっても、中期を5世紀に当てるという年代の大枠は、今日でも異論はないはずである。

そして、中期に先立つ前期後半の時期が、小林行雄により4世紀後半とされた。その史料的

な裏付けが、『日本書紀』のいわゆる「神功・応神紀の時代」の記述と、高句麗・好太王碑にみえる「倭」の記載であったにしても、この時期の古墳が5世紀の前段階にあたるという、これまでの見方に誤りがあるとは思われない。

この年代的な基点というものは、容易に変更することはできないはずであり、またそれによって、これまで前期古墳の年代観も推定されてきたのである。

## 下降する古墳出現年代

このような古墳のおよその年代観というものが、はたして適正なものか、これまでの考古学による古墳年代の検討過程をみておきたい。

古墳の年代について、本格的な検討が始まったのは大正期である。高橋健自は、「……古墳発見の支那鏡及びその模造鏡によって、漢魏代に属すべき立派なものが盛んに近畿より発見される……」と述べている（高橋健自「考古学上より観たる耶馬台国」）。高橋は、古墳から中国・漢魏代の銅鏡やその仿製鏡が出土することを、すなわち古墳の時期をほぼ示すものと考えていた。

また富岡謙蔵も同じく漢式鏡の検討より、「……支那文化の輸入は畿内に及びて、後漢代に大和に於いて、直接吾人に系統を引く大和朝廷の成立を見たることを認む可く……」とする（富岡謙蔵『古鏡の研究』）。富岡は、大和朝廷の成立は中国の後漢代の時期にあたり、この頃、古墳に中国鏡が請来されたとみていた。このような富岡・高橋に代表される見解が、当時の考古学による一般的な古墳の年代観であった。

ところが、昭和初年には、古墳調査経験豊富な梅原末治（１８９３～１９８３）により、たとえ前漢鏡が古墳より出土しても、それは伝世されたものであり、古墳の時期としてはその上限を示すにすぎないと、これまでの考えが変更されるに至った（梅原末治「讃岐高松石清尾山石塚の研究」）。

その後、さらに梅原は、魏鏡とされた数多くの三角縁神獣鏡について、それが古墳出土鏡の頂点を画していることを述べ、「……此の事実は恰《あたか》も『魏志』の倭人伝に見える当代鏡が多数に我が国に舶載せられたとする記載と相応ずるものであり、……」として、卑弥呼に与えられた「銅鏡百枚」は、三角縁神獣鏡に相応するものと認めたのである。そして古墳の年代観についても修正を加え、「……我が上代古鏡のそれを蔵した遺跡との間に見受ける事象は、畿内を

中心とする高塚にあってはこの種の副葬品を見ることが魏晋代を上限とするを穏当の様に思はれて来る。」と述べている（梅原末治「上代古墳出土の古鏡に就いて」）。

このように梅原により、これまで中国との対応関係では古墳の上限が漢魏の時代とされていたものが、魏晋代の頃と、さらに新しくみられることになった。

小林行雄は、この伝世鏡という考え方によって、これまでの古墳年代の上限が変更されたことについて、「こうして、中国製鏡鑑によるわが国の古墳の年代観は、三転して、古墳に鏡を副葬するふうを生じたのは、魏晋代に、大量にかの国の鏡が輸入されはじめてからのことであって、その結果として、従来伝世していた古い形式の鏡もまた、これと同時に、副葬せられることになったという、画期的な結論に到達したのである。」と梅原の見解を支持している（小林行雄「古墳時代はいつごろはじまったか」）。

そして、これにより古墳の年代研究が正しい軌道にのることになった、と述べているのは、先に見たとおりである。さらに戦後になり、小林行雄や斎藤忠が古墳発生の契機を大和政権・統一政権の出現に求め、その上限時期を3世紀末より4世紀初めにあてたのである。

ただし、その年代の根拠は、箸墓古墳の時期が知られる以前であったため、『古事記』に記

された崇神天皇の「崩年干支」に依るものであった。このように、これまでの古墳年代検討の過程をみると、古墳の出現年代は、大正期以降、古墳研究の進展とともにかなり下降してきていることが分かる。

## 古墳出現時期と邪馬台国の間

古墳の出現は邪馬台国問題と無縁ではない。これまで推定されていた古墳発生の年代と、邪馬台国の存続時期の間には、大きな時間差はないからである。

仮に、古墳成立の時期を小林行雄が考えるように、3世紀末から4世紀初め頃を上限とすると、卑弥呼の後の倭女王による西晋への遣使は、266年のことであり、その間の差はきわめて短い。小林行雄の大和説の根底には、想定される古墳出現時期と、邪馬台国の時代との間にみる時間的な近さがある。このような時間的な流れをみれば、邪馬台国は大和としても、無理は感じられないのである。

また斎藤忠は、現崇神陵の時期は4世紀の中頃から後半とするが、それに先立つ、ほぼ半世

紀の間を統一国家に至る胎動期と考えている。もし古墳の成立が、その初めの頃であれば、同じく邪馬台国の存続時期とはさほど離れず、年代的には大和説も可能となってくる。

このようにみてくると、この古墳出現の時期が3世紀末から4世紀初め頃を上限とする想定が、はたして正しいものなのか。文献ではなく、考古の側による検討が必要となってくるのである。

## 文献と考古による古墳の年代差

かつて古代史においては、崇神天皇の崩年干支を258年にあてることが、ほぼ定説化しており、卑弥呼は崇神朝の人物という解釈が一般的であった。笠井新也もこの年代観にもとづいて、卑弥呼の墓を箸墓古墳に求めたのである。

考古の立場からすると、卑弥呼の墓は不明であっても、崇神陵として治定《じじょう》されている古墳は存在するので、その時期により、卑弥呼と崇神天皇との時間的な関係を比較することは可能であるということになる。

そこで、文献にも関心の深い小林行雄は崇神天皇の崩年干支について、その「戊寅年」が古代史において258年とされていることに対し、古墳の年代からみると古すぎるとして、それを一運下げ、318年とみたのである。そして、この年代観をもとに古墳出現年代の上限を3世紀末から4世紀初め頃と推定し、邪馬台国と古墳出現時期との時間差を認め、卑弥呼の墓の出現を古墳の発生と結びつけることはできないと考えたのである。

こうして、古墳時代初めの年代観は、「四世紀の前半に中心をもつ古墳時代の第Ⅰ期は、前方後円墳の発生期にあたる。」とされることになった（小林・近藤「古墳の変遷」）。

このため庄内式を提唱した田中琢は、「四世紀の後半から五世紀のはじめにわたる古墳時代の第Ⅱ期」（同右）の古墳において、布留式土器が出土していることを根拠に、この第Ⅰ期を庄内式の時期と考えたのである。

そして、昭和41（1966）年に、斎藤忠は、「崇神天皇陵に関する考古学上よりの一試論」という論文で、現崇神陵の検討を行った。この論文は、後に「崇神天皇陵の研究」と改題されたように、崇神陵に関する文献・考古からの詳細な検討である。この中で斎藤は、「天皇陵として確実に最も古いものは崇神天皇陵ということができるのである。」として、現在、崇神陵

として治定されている古墳の決定は正しいものとする。

そして、現崇神陵の時期については、「……この古墳の立地、墳丘の形式を考えて、ほぼ4世紀の中頃、或いはこれよりやや下降することを考えてよい。」と述べている。ここに示された年代観は、今日でも、ほぼ変わるところはない。

考古学による現崇神陵の年代が、4世紀中頃から後半と明示されたことにより、卑弥呼が崇神朝の時代の人物であるという､それまでの古代史の通説は､明確に否定されることになった。現崇神陵の年代観は、古代史による崇神天皇の崩年干支の年代を258年、また小林行雄がそれを根拠に一運下げた318年に求めたことに比べると、その年代にかなりの差が生じていることが分かる。考古の側による古墳の年代からみると、文献にもとづく古代史の側からみた古墳年代というものは、相当古くなっているのである。

このような経緯をみると、同じく文献に依って古墳発生年代の上限を、3世紀末から4世紀初め頃としたことは、古墳年代の根拠とすることはできなくなる。その後、ようやく最古の大型前方後円墳として確定した箸墓古墳の時期が、椿井大塚山古墳と共に、庄内式ではなく、古

墳第Ⅱ期に相当していた布留式の時期と判明したのであれば、古墳出現年代については、さらに下降するものとみなくてはならない。

布留式土器は、それまで古墳時代前期の後半から中期の初めにあたり、その年代は「4世紀の後半から5世紀の初め」とされていた。それが古墳時代前期（第Ⅰ・Ⅱ期）のすべてが布留式に含まれることになったのである。

そして、布留式の後半が中期にかかるのであれば、その年代自体が、これ以上遡るなどということはありえないであろう。さらに箸墓古墳を含む古墳第Ⅰ期の時間的な間隔は、埴輪や石製品の内容をみても、古墳第Ⅱ期の時期幅よりも、かなり短いものと考えられることは、先に述べたとおりである。

このようにみてくると、最古の大型前方後円墳である箸墓古墳の年代というものは、実際のところ、前期後半とされる4世紀後半頃より大きく遡ることは考えられないということになる。

このような箸墓の年代観は、やや意外と受け止められようが、それは必ずしも例外的な想定ではなく、むしろ先にふれたような、考古学による大正期以来の古墳出現年代下降の流れに沿

うものと言えるのである。箸墓古墳で特殊埴輪が確認される以前には、この古墳が最古の大型古墳とみられていなかったことでも分かるように、大型前方後円墳の出現時期というものは、これまで考えられていたほど古くなるものではないということを認識する必要があろう。

また、3世紀という時期については、古墳年代の基点となる5世紀からは、かなりの間隔があり、これまでより考古学的な検討の及ばない時期、むしろ古墳編年の射程外という観があった。笠井新也の「箸墓古墳卑弥呼の墓説」も、これまで考古学界からは、ほとんど顧みられることはなかったのはこのためである。

以上のように、前期古墳の編年内容を通覧しても、また、これまでの古墳編年の経緯からみても、箸墓古墳は4世紀の中で考えるのが適切であり、3世紀まで遡ることは考えられないといえよう。

『日本書紀』にみる箸墓古墳の被葬者と、邪馬台国の卑弥呼との間には、女性司祭者としての性格の共通性はあっても、そこには、かなりの年代差が存在するということになるのである。

## 逆行する近年の古墳出現年代

古墳が出現する時期は、弥生時代以降のことであり、中国でいえば漢代より後のことである。考古学の対象としても、それほど古い時代ではない。このため、古墳時代に限れば、これまでの古墳出現推定年代が大きく変更される余地は、もともとないはずである。

箸墓古墳3世紀説という問題についていえば、「箸墓古墳＝卑弥呼の墓説」に対する、かつての考古学界の反応でも分かるように、過去に否定されている年代観なのである。

仮に古墳の始まりが3世紀となれば、古墳編年においては、中期古墳の5世紀という年代は動かすことはできないので、3・4世紀にかかることになる前期古墳の時期区分のみが、かなり間延びさせざるを得ないという変則的なことになる。

極端な編年案では、箸墓古墳を後漢末頃に位置付ける事例もみられるが、それでは古墳出現年代が、また大正期に逆戻りということになり、明らかに古墳考古学の進展に相違することになるのである。

古墳の年代は、古墳研究の根幹となるものであるが、それはこれまでの長い研究史の上に成

り立っているものである。もし、それを変更するとなれば、確たる考古学的な年代根拠が必要となるはずであるが、それが未だに明らかにされないままに、年代のみが繰り上がっているところがやはり問題であろう。

考古の立場からみても、これまで長期にわたる検討を経て、下降しつつある古墳出現年代に対して、それに逆行し、かなり古い、以前の学史的な年代観にまた近づいてくるということは、通常の古墳編年の過程では、まず考え難いことなのである。

それは、これまでの結果をふまえた上での新しい説などではなく、古墳考古学が始まった頃の旧説に戻るだけのことになるからである。

また、古墳には副葬品を始め、さまざまな遺物がともなっている。このような各種副葬品などの新たな出現が、これまでの弥生墳丘墓の内容とは大きく異なる時代の所産であることが、新しい古墳時代の特性の一つとして、早くから認識されてきた経緯がある。古墳本体の年代というものは、古墳から出土する多種にわたる遺物の総合的な年代観の上に基づいているのである。仮に前期初めの古墳が3世紀であれば、まず、古墳に伴う土器や埴輪もその時期というこ

とになる。

さらに、副葬品の中には、数の多い石製品・銅鏃、そして鉄製の刀剣・槍の武器類があり、鉄製甲冑もみられるのである。これら『魏志』にも現れないような遺物までも、3世紀—邪馬台国の時代に存在する、ということになる。このようなことは、これまでの古墳考古学の「常識」からみれば、それは簡単には容認できないはずであろう。

古代史家の平野邦雄（1923～2014）は、考古学による急激な古墳年代の遡上傾向に対して、「……最近の考古学は、かつて古墳の成立を四世紀はじめとしていたものを、三世紀半ばまで遡らせ、なかには三世紀前半とするものもあり止るところがないように思われ、……」と不審の念を表明している（平野邦雄『邪馬台国の原像』）。

このような危惧は古代史ばかりではなく、考古の側からみても同様なのである。古墳の時期については、これまでの長い検討の経緯を踏まえた、常識的な根拠に基づく年代決定が求められるわけである。

## 炭素14年代決定法の問題

古墳3世紀遡上説の大きな根拠の一つに、特に土器付着物の炭素14年代法による結果がある。さほど古くはない古墳の年代を扱うのに、このような理化学的年代決定方法に、大きく依存するということ自体が、やはり問題であろう。これでは、考古学と理化学の双方による古墳の推定年代の結果について、相互比較をすることができないからである。

さらに、年代測定にあたる理化学研究者より、測定試料としては保存の良い単年性陸産植物が最適であり、何を炊き出してできたのか不明な土器付着物は、年代がかなり違ってくる可能性があることが指摘されている。

事実、単年性の植物にあたる箸墓古墳周濠の桃核や、ホケノ山古墳石槨内の小枝の分析報告では、新しい年代の数値を示しているのに対し、同じ箸墓古墳周濠出土土器の付着物や、ホケノ山古墳の木棺材では、それより古い年代の数値が出ていることは、これまでに知られているとおりである。

年代値の使用にあたっては、どんな測定試料か、またそれが信頼できるのか冷静な判断が必

要であると、年代測定者より助言されているのが現在の状況である。近年は、年代測定事例を重ねる中で、過去に比べて信頼度が増してきているとされ、桃核のような単年性陸産植物の測定が進むにつれて、考古の側との比較も可能になってきているようである。

ただし、古墳時代のような大陸資料との比較が可能な時期の年代については、すべてを理化学的分析結果に頼るのではなく、本来は、考古学で主体的に決める方法を探ることが必要であろう。

## 古墳出現年代と邪馬台国

邪馬台国大和説においては、邪馬台国と箸墓古墳などの大和の大型古墳が連続することになる。このため、大和説では今や古墳の出現時期が遡らないと成り立たないという、重要な要件になっている。

しかし、邪馬台国の問題には多くの要素があり、古墳の出現時期の問題は、その中の一つに過ぎない。古墳の出現年代が上がれば、大和説ですべてが解決できるようなものではないはず

である。

本来、古墳出現3世紀説は、かつて唱えられた過去の年代論でもあるが、それでも九州説を否定することはできなかったように、今またそれが形を変えて復活しても、大和説が肯定されることはないといえる。むしろ、今日では古墳の時期が遡るほど、さらに多くの矛盾が生じることになろう。

箸墓古墳は、古代史の喜田貞吉により崇神朝の基準となる古墳とされてきた。しかも、邪馬台国との関係では、小林行雄も「伝説の範囲を出ない」というように、考古学界ではそれまで、全く問題にされることはなかった。

箸墓古墳が最古の大型前方後円墳となった今日でも、奈良時代に編纂された『日本書紀』において、築造の伝承が伝えられているような古墳が、はたして3世紀まで遡るものかという疑問は当然残るのである。

第Ⅶ章

# 考古学が示す邪馬台国大和説の不成立

これまで大和の弥生遺跡と纏向遺跡の内容、また箸墓古墳の時期について、邪馬台国との関係を比較して述べてきた。これらのことからも邪馬台国大和説が成り立つことは考えられないことは明らかであるといえよう。そこで、このほかの考古資料からみて、さらに大和説不成立を示す根拠について述べておきたい。

## 古墳出現期は中国王朝との交流断絶期

北部九州にみるような弥生時代首長墓出土の中国漢代の副葬遺物は、中国漢王朝への遣使という文献資料による史実と対比されるものであろう。さらに北部九州では「金印」という究極の遺物の出土まである。そして、卑弥呼の時代も複数回にわたる魏王朝との交流を行っていた時期である。

ところが、近畿中部の初期大型古墳においては、このような中国王朝との交流を反映する高位の副葬遺物というものを、ほとんどみることはできない。

古墳出現期の時期を容易に決め難いのは、前期初めの大型古墳においては、北部九州弥生首

長墓で多くみられる漢鏡などのような、中国王朝との関係を示す確実性のある副葬品がみられないことが大きな要因なのである。

このような時期こそ、邪馬台国の時代より後、中国大陸が混乱期に入り、楽浪・帯方郡が消滅し、中国王朝との通交関係が断絶していた時代、すなわち、4世紀に入ってからのことと考えるのが、時代状況からみても整合するものといえよう。

## 近畿大和にみられない古墳出現の基盤

前方後円墳の出現過程の追究において、これまで最も積極的に関連調査を行い、発言してきた近藤義郎は、すでに、「……ここ四〇年このかた、弥生墳丘墓の全土的調査・研究が進んだ結果、今では大和に前方後円墳秩序を創出するほどの勢力の存在を認めることが難しくなったようだ。」と述べている（近藤義郎『前方後円墳と吉備・大和』）。

この見解は、これまで大和地域の遺跡や墳墓の調査において感じられてきたことを、結論的に示すものである。今日までの長い調査歴にもかかわらず、大和地域では、未だに大型前方後

円墳に連続するような、弥生時代以来の首長墓の存在は不明確な状況にある。

その一方で、北部九州や吉備・山陰・北陸などでは、多くの副葬品を保有する、あるいは大型の墳丘をもつような墳墓などから、弥生時代の有力首長墓の存在はすでに明らかになっているのである。このことは大和において、『魏志』にみられるような、各地域の「王」なり首長の存在というものを遺跡や墳墓の上で明確にすることは、おそらく将来的にもかなり困難であることを示すものである。そして箸墓古墳の出現も庄内式以後の時期となれば、卑弥呼の活動時期とはかなりの時間差をみなくてはならない。

近藤が述べた、考古学的にみると大和においては古墳を出現させうるような勢力基盤が認め難いという事実こそが、明らかに邪馬台国大和説が成立しえないことを示しているといえよう。

## 北部九州弥生首長墓の系譜

大和において、弥生時代の首長墓と認められるような墳墓と、その系譜が未だに確認できないことは、北部九州のあり方と対照的といってよい。北部九州においては、大型墳丘墓はなく

とも、王墓とされることの多い中国鏡を豊富に副葬する首長墓の存在は、かなり古くから知られている。

まず、江戸時代後期には三雲南小路・井原鑓溝遺跡が、そして明治時代には、須玖岡本遺跡で多量の中国鏡を有する墳墓が知られている。その後、昭和40（1965）年には銅鏡40面出土の平原1号墓が明らかになった。北部九州では、弥生時代中期から後期末に至る王墓級の副葬品をもつ墳墓の存在が、実に江戸時代以来、長期にわたって連綿と見出されているのである。今日に至るまで、未だに北部九州と対比できるような有力首長墓が不明確な、大和を始めとする近畿中部の状況とは、比較もできないほどの違いである。

そして、これら北部九州の有力な弥生首長墓は、すべてが不時発見によるものである。築造以来、その存在が明らかな近畿中部の大型古墳とは異なるのである。

これまで知られている北部九州の王墓とされる首長墓は、あくまでも、そのすべてではなく、今後さらに明らかになる余地を十分に残しており、現在の墳墓資料のみで邪馬台国問題を語ることはできない、ということになろう。

## 三角縁神獣鏡と大和説

三角縁神獣鏡が、大正期の富岡謙蔵以来、魏鏡とされ、さらに卑弥呼の「銅鏡百枚」と関連づけることは、これまで梅原末治も述べてきたところである。

小林行雄も、卑弥呼の時代に「百面」という大量の鏡が一時に輸入されたのであれば、その候補として三角縁神獣鏡を挙げるほかはないとして、これらは250年頃にはすでに輸入されていたと考えたのである。さらに小林は、椿井大塚山古墳被葬者の「同笵鏡の配布」という理解に立って、「……このように広範囲にわたって、地方の首長と政治的交渉をもちえたような強大な勢力の所有者が、おそくとも四世紀前葉において、京都府南部に存在したという状態は、おそらく三世紀中葉以来一貫したものであろうということを結論するにいたった。」とする。

そして、「ここでこの状態を三世紀中葉にまでさかのぼらせて考えるということが、邪馬台国の時代を意味することはいうまでもないことである。」と三角縁神獣鏡からみた、邪馬台国大和説に至る根拠を、確信をもって述べている（小林行雄「三角縁神獣鏡の問題」）。

小林は、異論があることは認めながらも、前期初めの古墳が示す状況は、邪馬台国の時代に

まで遡らせることは可能である、と考えたのであろう。

しかし、大型前方後円墳の始まりが、3世紀末から4世紀の初め頃を上限とするという、文献に依るこれまでの想定は、土器や埴輪の年代観からみると、さらに下降するものとみられる。箸墓古墳が4世紀でもそれほど古くない頃となれば、三角縁神獣鏡は卑弥呼の時代より一世紀前後の時間的間隔が生じる。そして、三角縁神獣鏡が近畿の古墳を中心として出土しているとなれば、それは製作地は別にしても、邪馬台国とは時代も地域も異なる鏡であることは明らかであろう。

そうなると、このような鏡をもとに、邪馬台国の位置問題を考えることは適当ではない、ということになる。三角縁神獣鏡魏鏡説の主な根拠となる銘文や紀年銘などについても、それは4世紀の、しかも近畿のこととして説明されるべきものであろう。

すでに斎藤忠は、卑弥呼の時期にあたる「……三世紀前半の頃の文化の痕跡を、古墳発見の三角縁神獣鏡等を資料としてもとめ、その由来を古いものとなして論ずることは危険といわねばならない。」と指摘している（斎藤忠「考古学から見た邪馬台国」）。この斎藤の見解が示すように、考古学界においても三角縁神獣鏡を卑弥呼の「銅鏡百枚」に結びつける考えばかりではな

いのである。これまでの三角縁神獣鏡の検討では、紀年銘など、邪馬台国大和説に適合できるような要素がいくつか含まれていることは事実であろう。

しかし、それはむしろ古墳時代初めの銅鏡に、なぜか邪馬台国時代の記憶がとどめられているということであり、それはまた、邪馬台国の位置論とは別の問題である。そして、三角縁神獣鏡魏鏡説においては、この鏡は4世紀の古墳から出土するのであるが、それは3世紀に輸入されて古墳に副葬されるまで保有されたという、いわゆる「伝世」が絶対の条件となっている。

この伝世という理解について、たしかに古墳の副葬品においては必ずしも否定されるものではない。

しかし三角縁神獣鏡は、その出土量が示すように、稀少な副葬遺物ではなく、むしろ腕輪形石製品などとともに、多量副葬品としての性格をもっている。しかも、この鏡は、中国鏡と比べても、大型であることが特色とされている。さらに縁周りをあえて断面三角形とする主な目的は、鏡の重量感をさらに増すことにあったことは、その重さから実感するところである。

このように三角縁神獣鏡の製作意図の中に、その大きさと重さを重視するという、鏡本来の用途とは離れたところがあり、そこに中国鏡とはかなり異なる印象を受けるのである。

いずれにしろ、このような性格の鏡が、中国鏡として数多く伝世されて副葬品の主体となるようなことは考え難いであろう。そして、伝世鏡が成り立つ条件としては、３世紀代の大和において、大陸より鏡を移入する経路として北部九州地域との密接な関係がなければならない。魏王朝より邪馬台国へ送られる、銅鏡を含む数々の賜物は、すべて北部九州の伊都国を経由しているからである。

しかし、弥生時代と同じく庄内期の大和においても、大陸ばかりか北部九州との関係がほとんどみられないことは、この時期に伝世されるべき銅鏡が大和へ搬入されていないと考える。これまで長らく邪馬台国大和説において、根拠とされてきた遺物は、三角縁神獣鏡の他にみられない。大和説に適合できるような古墳副葬遺物は、伝世という条件を課した三角縁神獣鏡以外には見当たらないというのが実情であったのであろう。

## 邪馬台国大和自生説の困難さ

さらに、邪馬台国が大和において自生的に出現したというのであれば、すでに弥生時代の早

い段階から近畿大和が北部九州より、対外交流や文化内容においても卓越性を持っていなければならないことになる。

しかし3世紀以前、時期を遡るほど北部九州の弥生文化は、中国王朝との交流実態を示す有力首長墓の副葬遺物を始めとして、近畿大和と比較にならないほどの内容をもっていることは明らかである。首長墳墓の地域比較においても、大和地域の墳墓が、北部九州に次ぐ瀬戸内・山陰・北陸地方の大型墳丘墓にも達していないという、その事実を認識する必要がある。古墳の出現年代を遡らせ、それを邪馬台国と結びつけるということは、むしろ近畿大和における邪馬台国の自生的な成立を、さらに困難にさせることになるのである。

このことから、有力首長墓の存在が確認できず、さらに対外関係と無縁ともいえるこの時期の大和地域において、北部九州の諸国を統属し、積極的に中国王朝と外交を行った邪馬台国のような国が自生するということは、考え難いことといえよう。

## 纒向遺跡の鉄器生産が示すもの

先にふれたように、庄内式の終わり頃、纒向遺跡で出土した鉄器製作にかかわる鞴《ふいご》の羽口には、福岡県・博多遺跡群と同じ形のものがある。そして、ここでは半島南部の陶質土器も伴っている。これをみても、この時期の鉄器生産技術というものが、半島南部より北部九州を経て及んだものであることは疑いない。

この庄内式の終わり頃には、北部九州においても大和・河内の庄内式土器が他地域の土器と共にみられるように、ようやく近畿中部と北部九州との交流関係がうかがえるようになる。このような流れの中で、纒向遺跡では鉄器製作技術が受容され、その生産が始まったものといえよう。この博多遺跡群について重要なことは、遺跡の所在するところが、『魏志』にいう「奴国」の領域にあたることである。これまで北部九州との接点が、ほとんどなかった纒向遺跡において、この時期に至り、かつての奴国より、ようやく鉄器生産技術が到来することになったわけである。博多遺跡群における鉄器生産の規模は、この時期では列島内最大級という圧倒的なものである。北部九州から発する鉄器生産技術の広がりは、纒向遺跡のみならず、関東地方の遺跡にまで及ぶという、はるかに広域な地域にわたっている。

それは庄内期に始まる地域間交流が要因であるが、そのような時代において、纒向遺跡では

奴国域より鉄器生産技術の供与を受けるなどということは、邪馬台国大和説においては考え難いことであろう。大和地域、あるいは近畿中部の出土鉄器の少なさについては、北部九州との比較の上、鉄器に関わる研究者からたびたび指摘されてきたところである。

纒向遺跡の鉄器生産が、箸墓古墳の造営が始まるような時期に、ようやく北部九州からの技術導入で始まっているという事実は、やはり鉄の問題においても、邪馬台国大和説とは相いれるものではないことを示しているといえよう。

## 庄内式土器とその動き

大和説において、奈良盆地東南部の纒向遺跡周辺に邪馬台国を想定する最も大きな理由は、小林行雄も述べたように、ここに箸墓古墳や現崇神・景行陵を始めとする、前期の大古墳群が存在するからである。この古墳群の内外に広がる纒向の遺跡内容が、必ずしも邪馬台国にふさわしいからではないのである。

纒向遺跡の中心となる時期は、弥生後期に続く庄内式から古墳時代の布留式の初めである

が、この庄内式の土器が示す内容も纒向遺跡の内容と共に、邪馬台国問題にかかわる近畿大和の特性を示すものと思われる。

近畿中部の庄内式土器が注目されるのは、この土器が古墳時代の布留式土器へと発展し、さらに各地に広がるため、古墳と共に古墳文化の成立と拡大を象徴する土器と考えられているからである。土器といえども、その動きが古墳と一致しているということは、庄内式土器の出現から布留式土器への変遷過程というものが、古墳出現に至る社会動向を、かなり反映しているものとみることができるのである。

庄内式土器にはいくつかの器種があるが、最初に注目されたのは、その発見史にみるように、庄内甕と呼ばれる煮炊き用に使われた甕形の土器である。この庄内甕が現れる以前の近畿中部では、タタキ板による打圧で成形する厚い器壁と平底をもつ甕が広く使用されていた。

庄内甕がこのような在来の甕と大きく異なるところは、タタキ板は使用するが、そのあと甕の内面部分をかなり削り込んで薄く仕上げていることである。甕の内底までも均一に薄く削るため、底の形も平底ではなく、丸底に近くなる。

この結果、これまでの甕よりもかなり洗練された形となり、煮炊きの効果も高い甕となるの

である。これは、土器の製作技術や用途面においても、これまでの近畿ではみられない、かなり先進的な甕であるということができる。

庄内式土器を設定した田中琢が、「古墳時代の土器が土師器であり、甕の内面へらけずりに代表される技法が畿内の土師器に個有のものならば、……」（田中琢「布留式以前」）と述べるように、この削り込みの技法が現れたことは、これまでの近畿中部の甕を大きく変えることになったのである。

しかし、この新たに出現した甕は、近畿地方で全く独自に自生したものではない。すでに先行して、同じ製作方法と近い形をもっている吉備地域の甕の影響によって生まれたものであることはほぼ明らかになっている。

そして、この庄内甕の誕生経緯で注意されるのは、その出現地と製作の中心地が、近畿中部では纒向遺跡周辺と大阪平野の中河内という、この二つの地域に限られることである。近畿中部の域内で使われる弥生後期の土器については、その内容に大きな違いというものはみられない。そこに一部の地域のみに限って、他地域の影響による進化した甕が現れるということは、かなり異例のことである。この大和・河内の二つの地域が、庄内期においては、近畿中部の中

でも、特に地域間交流の中心地となったからであろう。

さらに古墳時代に入ると、この地域で最も早く大型古墳群が出現するように、古墳時代の始まりと、その発展に大きく関わる特別なところとなる。庄内甕の出現は、古代を通じて大和・河内がその中枢地域となる、その端緒となるものといえるのである。

ただし、このような庄内甕が近畿中部で新しく登場しても、弥生後期以来の甕も依然として共に使われていたことが発掘調査により分かっている。

庄内式の時代が、未だ弥生後期の地域色をかなりとどめている段階であることは、近畿のみならず、各地域で使用される甕の特徴ある形からも分かるように、それは列島各地でも同じ状況であることが知られるのである。庄内式の時代とは、列島各地で未だ弥生時代後期の強い地域性を保っている中で、各地域間の交流が進むことにより、古墳時代の地域統合へ向けた動きが本格的に始まる時期であるといえよう。

このようなありさまを、この庄内式土器から布留式土器への移り変わりが、よく示しているのである。

## 庄内甕と大型墳丘墓地帯

次に庄内甕の誕生と発展の過程が、何を示しているかということである。

庄内甕にみる新しい技法や形は、近畿在来のものではなく、吉備から導入されたものである。そして、このような土器製作の技法や形は、吉備の地域ばかりにみられるものではない。吉備と共に、東部瀬戸内・山陰・北近畿・北陸という地域の甕においても、すでに共通して認められるのである。これらの地域は日本海沿岸部から東部瀬戸内という、まさに近畿中部を囲むような長大な地域である。

重要なことは、この庄内甕と同じ技法を持つ甕が、早くから使用されている地域とは、後の古墳の要素を多分に持っている大型墳丘墓が築かれている地帯であるということである。北部九州と共に古墳の出現にあたり、その影響が考えられる注目すべき地域なのである。

庄内甕は、墳丘墓の発達がほとんどみられない近畿中部において、これら列島有数の大型墳丘墓の地域に準じて、ようやく出現した新しい甕とみることができる。

纒向遺跡では、この山陰・北陸地方の土器も、吉備と共にかなり出土しているため、これら

大型墳丘墓地帯と大和・河内の地域とは、次第に深い関係をもつようになってきたことが知られるのである。

## 庄内甕の発展と広がり

庄内甕の成立が示す、このような近畿中部と大和の状況をみると、これら大型墳丘墓地帯と比較して、近畿中部の地域は、墳墓の規模や内容ばかりではなく、土器の製作技術においても、それらの地域を超えるものではなく、むしろ受容する立場にあることを示している。

それは、この時期の纒向遺跡が他地域との交流関係が始まっても、未だ北部九州や対外関係ともほぼ無縁な状況にあり、墳墓ばかりか、金属器の少なさや鉄器生産にも先進性が認められないことと通じるのである。

庄内期の大和地域においても、吉備をはじめとする大型墳丘墓地帯、さらには北部九州に対する優位性というものは、依然として認めることはできないのである。

その後、庄内期の後半に入ると、大和の庄内甕は近畿在来のタタキ板の使用から、さらに吉

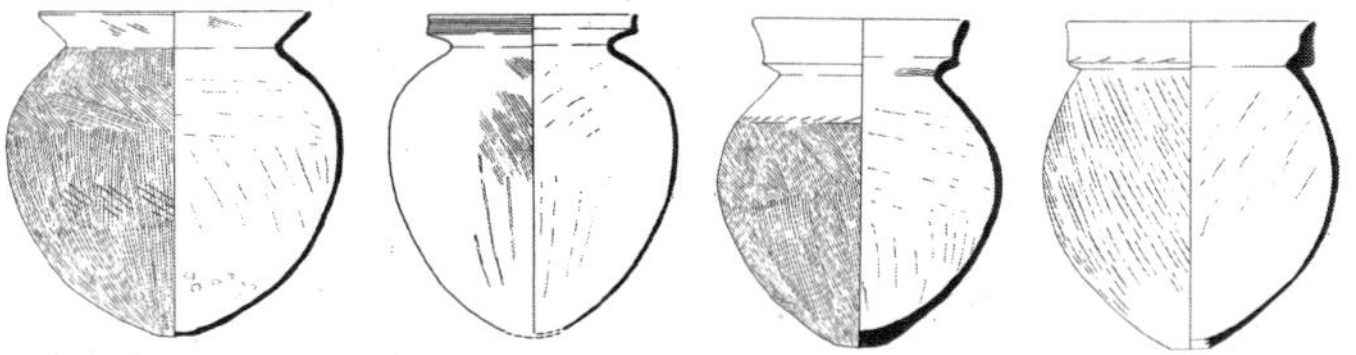


図20　庄内甕と纒向出土大型墳丘墓地帯の甕（著者作成）

備などの地域と同じような、細かいハケによる表面の平滑な調整へと変化してゆく。このさらに進化した後半期の庄内甕が、次期の布留式の甕へと発展していくのである。

そして、庄内式の末期以降、このような庄内・布留式土器が北部九州を含め、各地に広がり始め、各地域の土器にみる地域色が払拭されてゆく。

このような庄内甕の動きからみると、これまで顕著な卓越性がみられなかった大和の状況が大きく変わるのは、庄内式も末期の頃という、かなり新しい時期のことで、それは箸墓古墳の造営が始まる頃のことになる。

この段階まで下らないと、大和から他地域への強い影響力が及ぶことはないというのが、庄内式土器の動向からみた大和地域の実態なのである。

## 庄内式の時代と邪馬台国

邪馬台国大和説が成立するには、西日本地域、少なくとも近畿から北部九州までの統合化が達成されていることが前提となる。

庄内期のような、未だ弥生後期と変わらぬ強い地域性が各地にみられ、ようやくそれらの地域の間で交流が始まるような時代に、大和から北部九州に至る広域なまとまりがあったとは、とても考えられない。この段階に至っても、未だ近畿大和の優位性をうかがうことのできないという古墳出現前段階の大きな社会動向は、邪馬台国大和説では、とうてい理解することはできないであろうし、『魏志』が伝える邪馬台国と、それをめぐる時代状況とは全く異なったものであるといえよう。

卑弥呼の時代は、魏王朝との頻繁な通交関係とともに、狗奴国との抗争が大きな出来事とされている。この狗奴国との関係というものは、隣接する国々の間における争いであり、限られた地域の中の問題である。中国王朝との明確な通交関係がみられず、列島内の地域間の交流が進むような庄内期と同じ時代のこととは、とても考えることはできない。

このような邪馬台国との時代状況の大きな違いをみるならば、庄内式にみる汎日本的な、統合化に進む大きな動きというものは、3世紀中頃の卑弥呼の時代よりも、さらに後の時代のこととみることができよう。

## 箸墓古墳と纏向遺跡の発展は4世紀

このようにみると、箸墓古墳の造営が始まり、纏向遺跡が最も拡大化する庄内式末期から布留式の初めにかけての時期というものは、やはり4世紀に入ってからのことであろう。近畿大和に邪馬台国の痕跡というものが確認できない以上、ここに邪馬台国と同時代の箸墓古墳や纏向遺跡が存在するなどということは、ありえることではないからである。

箸墓古墳や纏向遺跡が邪馬台国の時代となれば、近代邪馬台国論争の始まりの頃、白鳥庫吉が述べた、「然れば倭女王卑弥呼其嗣者壹與は崇神天皇と同時代の人たりしなり」(白鳥庫吉「倭女王卑弥呼考」)という、かつて考古学で否定された年代観にまた戻ることになるのである。

このように考えると、魏との通交や狗奴国との抗争がみられた3世紀の卑弥呼の時代以降、

中国王朝との通交が途絶え、中国が動乱期に入った時期の列島内において、かつてなかった規模の各地域間の交流関係が始まった。その最終的な帰結として、大和における箸墓古墳の出現と、各地における前方後円墳及び布留式土器の広がりにみるような、歴史的な画期となるという流れが理解できるのである。

それはまさに、纒向遺跡を基盤とする箸墓古墳にあらわされる古墳の出現が、4世紀のいわゆる大和政権の成立とみることは、これまでの考古学界の主たる見解でもあった。

## 北部九州地域の卓越性と邪馬台国

これまで、邪馬台国にも関わると思われるいくつかの考古資料からみた近畿大和の状況を、ほかの地域と間接的ではあるが比較を行ってきた。ここで感じられることは、一言でいえば、弥生時代から庄内期に至るまでの北部九州地域の圧倒的ともいうべき卓越した内容である。

箸墓古墳出現以前の列島内の状況を考古資料でみるならば、金印にみる対中国王朝の外交を頂点として、大陸製品の受容と有力首長墓の出現、銅鏡の普及や鉄器を始めとする金属製品の

使用度とその総合的な生産力という、いくつかの事例をみるだけでも、やはり北部九州が群を抜いた地域であることは、十分に認識することができよう。

これを図式的にみると、北部九州から始まり、主に西日本、そして近畿と順次段階的な文化の波及状況を考えることができる。その近畿の中でも、地理的にやや閉鎖的な位置環境にある邪馬台国時代の大和は、内容的には北部九州と比較できるようなものではない。

邪馬台国の位置問題についても、このような北部九州を起点とする、大きな文化の流れの中にあることは明らかで、その中で近畿中部の優位性を説くことは不可能である。

このような北部九州と近畿大和との関係が変わり始めるのは、庄内式の末期からのことであろうが、それは、もはや卑弥呼の時代よりさらに後のことである。この北部九州地域にみられる突出した先進性は、地理的な位置条件に立った中国王朝との外交を主とする、対外的な通交や交易の集中的な掌握によるものであろう。

特に、その窓口となる奴国・伊都国のような、大陸に向けて開かれた港湾都市国家の存在は重要である。このような国々は条件的にも、やはり北部九州においてこそ、その成立が可能で

あったといえよう。邪馬台国は、このような対中国外交を専権として、他地域とは隔絶した内容をもつ、北部九州地域の中においてのみ出現することが可能であったと理解するのが、やはり順当な見方といえよう。

このような趨勢《すうせい》においては、邪馬台国大和説は成り立つ術はないのである。

## 纒向遺跡と宮跡伝承

纒向遺跡の遺跡名である「纒向」という名称については、現在のこの付近の地名ではなく、明治22（1889）年の町村制施行時に新たに成立した「纒向村」に起因しており、調査契機となった現在の小学校名にも、その名は引き継がれている。この纒向村の名称のもとになったのは、直接的にはこの地域の表徴である、「纒向（巻向）山」を根拠としているという。

ここは万葉集にも「巻向」として現れる地域であり、この時の奈良県内の新しい村名には、このように古代の地名や天皇の宮にちなんだ名がつけられていることが多い。そして「纒向」

といえば『日本書紀』にみえる、垂仁・景行天皇の宮である「纒向珠城宮」・「纒向日代宮」の存在が想起される。かつて纒向遺跡の調査の初め頃、遺跡近くに立つ宮跡伝承地の看板をみて、このような宮の存在を認識したことがある。

このような宮跡伝承が、はたして古墳時代の前期頃まで遡るのかはともかく、時期的にみると、『日本書紀』にみる崇神朝の箸墓古墳造営の記事を思い合わせても、この遺跡の存在は、このような伝えを否定するものではない。

纒向遺跡は少なくとも邪馬台国との関係よりも、後の大和政権の成立前後の状況に、より時代的に適合するところがあるといえよう。

## 大型前方後円墳と邪馬台国

箸墓古墳を卑弥呼の墓と考えた笠井新也は、昭和18（1943）年の論文「箸墓古墳の考古学的考察」の中で、「……現在の崇神陵の比定が誤っていない限り、箸墓古墳の年代は愈々《いよいよ》崇神朝、少なくともその前後にあるといはなければならないのである。」と述べている。笠井の

年代観は、当時の古代史の通説に依っていたが、その後、現崇神陵が築かれた時期は4世紀のこととされ、卑弥呼は崇神朝の時代の人物ということはできなくなった。

しかし、笠井が箸墓古墳の墳形の比較検討より、その時期を現崇神陵の被葬者の活動時期か、少なくともその前後の時期にある、と述べていることは誤りではない。

箸墓古墳は墳丘長300m近い大型前方後円墳である。そして同じような墳形・規模をもつ古墳は、5世紀の百舌鳥・古市古墳群にもみることができる。これらの古墳群には、この時期最大級の現仁徳・応神陵を始めとする大型古墳がみられるが、その中には中国史書に倭国王として登場する人物の古墳が含まれていることは確実であろう。

それならば、箸墓古墳は卑弥呼の墓ではありえない。箸墓古墳の被葬者は、このような倭国王と同じ系列の古墳につながる、大和政権にかかわりのある人物であるとしか言いようがないからである。

白鳥庫吉とともに、邪馬台国九州説を強く唱えたことで知られる東洋史家の橋本増吉（1880〜1956）は、大正12（1923）年発表の論文「邪馬台国の位置に就いて」の中で、前方後円墳のような「進歩した特種の造営物」が、「畿内大和の地に発源したものとすれば、

大和朝廷の威力がもはや著しく発達した後であると認めなければならないのである。」と述べている。この前方後円墳に対する橋本の見方は、その後の小林行雄や斎藤忠の見解と同様である。それが箸墓古墳のような大型前方後円墳に対する、論争を超えた常識的な理解とみるべきであろう。

そして、これまで考古学界においては、古いという認識のなかった箸墓古墳が、特殊埴輪が確認されたことにより、一転して最古の大型前方後円墳になったという経緯がある。このことは、本来的に大型前方後円墳の出現というものが、当初、考古学界で予想されたほど、その年代は古くはなかったということを示すものといえるのである。

## 古墳に依拠する大和説

このようにみてくると、これまでの考古学による邪馬台国大和説が依拠するところは、一体何かということになる。

その主な根拠をみると、古くは古墳出土の三角縁神獣鏡を伝世の魏鏡として扱い、また近年

では、古墳の出現年代が3世紀に遡ることなどである。この古墳年代遡上説は、先にふれたように新しい見解ではなく、古墳の年代が検討され始めた初期の頃の説に戻るにすぎないということである。

これは、かつて大和説において邪馬台国の地と推定された「三輪山に近い大和平野東南部」にある纏向遺跡が、再び邪馬台国と関連づけられることと同じ動きである。

箸墓古墳や現崇神陵などの大和の前期大型古墳の出現基盤を、さらに邪馬台国時代の大和に求めたことが大和説の根底にあったわけだが、大型古墳出現前までの纏向遺跡や庄内式土器の実態というものは、未だこの地域の優位性を示すようなものではないことは、先に述べたとおりである。これら邪馬台国大和説の主要な根拠というものをみていくと、それは3世紀代の大和の墳墓や遺物などではなく、4世紀の大型古墳とその副葬品が根拠とされていたということになるのである。

大和説の根拠とするものが、結果的に邪馬台国とは時代も地域も異なるものであれば、それ自体が成り立つことも困難であるということになろう。

## 「狗奴国」と大和説

なお、文献上のことであるが、考古と地域に関わることなのでふれておきたいことは、邪馬台国と抗争関係にあった狗奴国にかかわる「狗奴国東海説」である。『魏志』には、女王の境界が尽きる所の、「その南に狗奴国あり」と記されているため、特に白鳥庫吉以来、邪馬台国の所在地を考える上で、狗奴国は重要な位置にあるとみられてきた。近年の邪馬台国大和説では、狗奴国の所在位置を東海地方に求めることが多い。この狗奴国東海説がみられるようになったのは、昭和43（1968）年に刊行された、考古学の田辺昭三の『謎の女王卑弥呼』からのことであろう。

しかし、これまで邪馬台国大和説においては、東洋史の内藤湖南ばかりではなく、考古学の小林行雄も狗奴国は九州中部の熊本県域あたりとしている説に同調しているのである。小林は、狗奴国について、「……これは熊本県に拠点をもち、のちの熊襲とも関係のある国であったとおもわれる。」と述べている（小林行雄「女王と魏の鏡」）。

狗奴国東海説は、箸墓古墳3世紀説と同様、本来の邪馬台国大和説においては、みられなかっ

たものである。狗奴国の位置が九州の中部付近であれば、邪馬台国大和説では非常な遠隔地となるからであろう。近年の大和説では、狗奴国の位置ばかりではなく、いくつかの重要な前提が、かつての頃よりかなり変化してきているといえる。そして、出土土器の動きからみると、大和では唐古・鍵と纒向のいずれの遺跡においても、他地域より搬入される土器の首位を占めるのは、伊勢湾岸地域など東海地方の土器であるという事実がある。

この搬入土器にみる傾向は、この時期に限ったことではなく、伝統的に大和は東海圏の地域とは、各時代を通じて深い交流関係にあることは知られている。そこに対立的な抗争関係が生ずるということは、まず考え難いことなのである。

また、邪馬台国と狗奴国との位置関係は、その抗争の状況をみるならば、大きく隔たりのあるものではなく、互いの領域は近接しているものとみられる。東海地方の伊勢湾岸地域と近畿大和との間には、やはりかなりの距離感がある。大和の側からみても、この地域を狗奴国にあてることについては、とうてい実感することはできない。

この「狗奴国東海説」はこれまでの大和説の矛盾に対して、唱えられたものであろうが、これにより狗奴国の位置は、それまでとは全く位置と方向が異なることになった。『魏志』の解

釈において、狗奴国の位置は、邪馬台国の所在地に直接かかわる重要性をもっており、大和説においても、それは容易に変更できるものではないはずである。

## 地理からみた邪馬台国

「狗奴国東海説」はあくまで邪馬台国大和説が前提となっている。邪馬台国大和説が成り立たなければ「狗奴国東海説」はあり得ないわけだが、本来的に『魏志』に記されるという大陸情勢にかかわるような地理的な位置に、大和や東海地域が存在するものか、きわめて疑問である。そこで、歴史地理に関わることでもあるが、狗奴国と邪馬台国をめぐる位置的な関係にもふれておきたい。

邪馬台国・卑弥呼の時代は、中国大陸では魏・呉・蜀が争った、いわゆる三国志の時代である。なぜ魏が邪馬台国を重視し、中国正史の『魏志』へ詳細に書かれることになったのか。その主な事情は、この魏と呉の東方諸国をめぐる抗争関係によることがその主因であったとしか考えられないであろう。

中国内部の抗争の余波が半島南部、あるいは日本列島付近の海域にまで及ぶことは、中国史の中でもほとんどないからである。当時、呉は、魏の東方にある公孫氏と高句麗に対し、使者を送って魏に対する反覆をうながし、また公孫氏・高句麗も使者を通じ、呉に応じる気配にあった。さらに呉は、「夷州」（台湾と思われる）などへ軍勢を送り、探索させている。このような日本近海付近の呉の動きに対して、魏が警戒しないはずはないであろう。

そしてその後、魏は自立した公孫氏に大遠征を起こして滅ぼし、さらに高句麗や韓族も討っている。このような時期に、邪馬台国から魏に使者が送られたのである。

『魏志』に、邪馬台国のおよその位置を「会稽・東冶の東」とするのは、魏からすると邪馬台国はまさに呉の東方にある国との認識があったことを示していよう。呉と結ぶ気配をみせるような敵対国があり、情勢の不安定な東方諸国の中で、通交を求めてきた邪馬台国の存在は、まさに東方からの呉の影響力を排除することができる重要な要地となる。魏が帯方郡吏を邪馬台国へ派遣し、卑弥呼を「親魏倭王」とまで認めるほど重視した理由はここにこそあるのであろう。

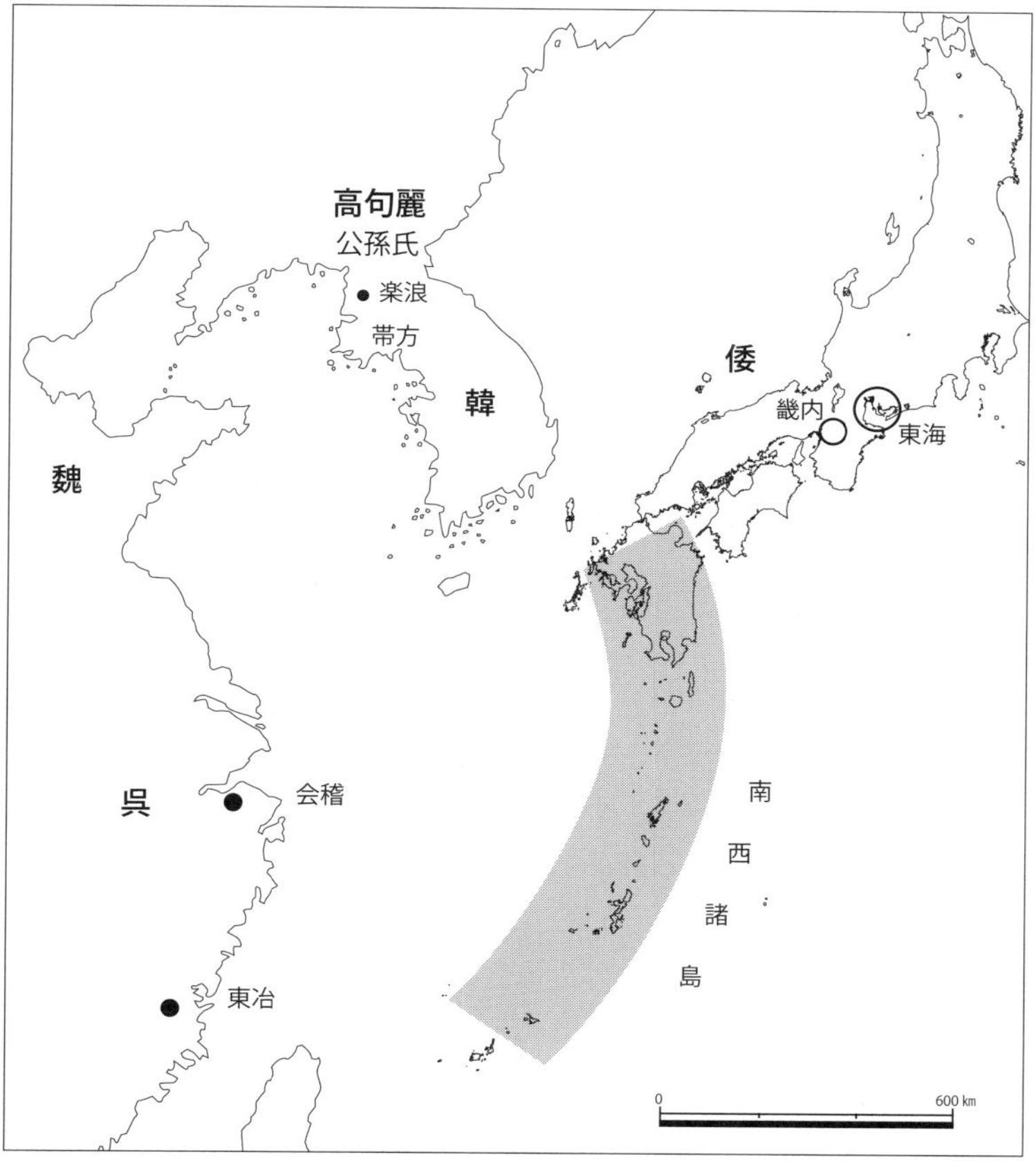


図21　『魏志』にみる邪馬台国の範囲（著者作成）

## 大陸・半島情勢とは無関係の近畿・東海地域

それであれば、邪馬台国はこのような混沌とする大陸情勢に関係するような地理的な位置になければならない。呉が公孫氏・高句麗と日本近海の海路を通じて使者を交換していたのであれば、日本列島の中で、その海域に最も近い陸地となると、それは九州しか考えることはできない。

邪馬台国は「会稽・東治の東」とされているのである。現実の地理状況からみれば、この地域は半島南部以南、九州北端から南西諸島までの呉に面した所ということになる。これらの使者は、この海域を南北に往来し、魏を脅かしていたことになる。

邪馬台国大和説であれば、近畿なり東海地域は「会稽・東治」ともかなり離れ、呉の方面とは地理的にはむしろ正反対の方向になる。このような遠方に、魏が呉との対抗上、特に重視する邪馬台国が所在するはずはないであろう。

当時の中国の政治情勢をみると、日本列島の中においては、九州以外に邪馬台国の存在を考えることはできないことになる。いずれにしろ、「狗奴国東海説」は邪馬台国大和説が前提となっ

ている。大和説が成り立たなければ、また地理的関係からみても、それは成立することはないといえるのである。

第Ⅷ章

# 邪馬台国の位置と今後の行方

## 邪馬台国問題の本質

弥生時代における中国・漢王朝との関係は、中国史書が示すところと共に、これまで北部九州において出土した「金印」を始め、墳墓出土の璧や多数の銅鏡など、漢代の考古資料に明らかである。このような中国王朝との国レベルの直接的な関係を始め、間接的な文化の波及と受容においても、古代中国の存在というものは、日本の古代社会において多大な影響を及ぼしている。この邪馬台国の問題も、歴代の中国王朝や中国文化というものに対し、どのように対応してきたのかという、日本古代史の根本にかかわることであるといってよい。

邪馬台国問題の本質は、日本の古代史に通底している古代の中国王朝との関係史というところにあろう。

## 中国王朝との通交形態

このような古代の日中関係史の初期段階においては、まず、その通交形態が問題となる。『魏

志』にみる卑弥呼の魏王朝との通交は、朝鮮半島中部に所在した帯方郡を通じて行われている。

それ以前、すでに漢の武帝による朝鮮四郡の設置（BC・108）を契機として、楽浪郡を通じて漢王朝との通交が始まっている。考古資料では、これ以降、北部九州の有力首長墓では朝鮮半島系遺物に代わり、中国・前漢代の副葬品が現れることは、知られるとおりである。

列島内の倭人の小国家においては、中国王朝の郡県が約400年もの間、朝鮮半島中部付近にまで及んでいたことの影響は、きわめて大きかった。もし楽浪郡と帯方郡の存在がなければ、日本の古代史はやや異なったものになったのではなかろうか。

## 弥生時代延長上の邪馬台国外交

弥生時代の漢王朝と、卑弥呼の時代の魏王朝との通交においては、楽浪・帯方郡が介在するという共通性が特に注意される。それは、この後に続く古墳時代の対中国外交の方式とは全く異なっているからである。

古墳時代中期、5世紀のいわゆる「倭の五王」の段階では、すでに楽浪・帯方郡は消滅して

いる。この結果、朝鮮半島における中国王朝との外交の基点というものが失われている。このため、これに代わるものとして、おそらく百済を介したであろう中国南朝との限定的な通交に変化している。

邪馬台国による外交の方式は、楽浪郡を通じて中国王朝との直接交流を行うという、弥生時代の北部九州の小国家による通交形態と変わるところはなく、むしろその延長上にあるといえるのである。弥生・庄内期の近畿大和ではこのような、中国王朝と関係する徴候というものは全く見られない以上、その通交関係の主体は、もはや奴国や伊都国のような、北部九州の国々以外には考えることはできない。邪馬台国の外交は、これら北部九州の小国家による、これまでの中国王朝との外交関係の伝統の上にあるものとみることができる。

したがって邪馬台国は、その地域国家としての性格ばかりではなく、その所在地自体についても、それまでの北部九州の小国家と大きく変わるものではない、と考えられるのである。

## 邪馬台国と伊都国

『魏志』によれば、邪馬台国の外交は伊都国を窓口としている。ここには「一大率」が置かれ、また帯方郡使が留まり、さらに魏王朝からの重要な文書・賜物の点検が行われ、その後に邪馬台国への伝送を行うところであったという。この北部九州の伊都国から近畿大和までは、帯方郡から伊都国までの距離に及ぶほどの遠距離である。

魏王朝との通交において直接かかわるような、きわめて重要な港津がある伊都国は、地理的に邪馬台国とは、かなり遠隔の地にあるとは考え難い。伊都国で厳重な点検を受けた魏の皇帝からの重要文書や多種多量の下賜品を、さらにまた近畿大和のような遠方にまで運ぶようなことは想定できないからである。

これら国の外交にかかわる重要な品々の移動を考えれば、伊都国は邪馬台国と絶えず往還できるような、比較的遠くない位置にあったとみるべきであろう。

この邪馬台国と伊都国との関係についてみると、後の近畿で同じような事例がある。それは、大和にある宮都と、その外港である難波などの大阪湾岸地域との間にみられる関係である。

飛鳥時代のことではあるが、『日本書紀』には皇極朝のこととして、高句麗使や百済使の船が難波の港に着くと、そこで都より派遣された大夫《だゆう》らにより、使節からの貢物の点検を行ったという記事がある。このような都と外港との関係性は、邪馬台国の位置問題についての手掛かりともなろう。

仮に邪馬台国が大和であるならば、後の事例からみてその外港の位置は、おそらく河内潟や大阪湾岸地域であろうから、伊都国が外港である邪馬台国は大和ではありえない、ということにもなる。

大和で古代の主要な宮が所在するところは、奈良盆地東南部（磯城・磐余・飛鳥）と北部（平城宮）であるが、いずれもこの大阪の湾岸地域までの距離は40㎞に満たない。

対外通交、特に中国王朝との外交が始まる時、大和にみるような、地勢的に防御・安全性が優先される都の地域と、交易主体の開放的な港湾地域とは密接な関係ながら、両者の立地は大きく異なるものである。このような大和にみる後の宮都の事例は、実際の邪馬台国の位置についても、いくつか示唆を与えるものといえる。

いずれにしろ、邪馬台国の位置は伊都国と大きく離れると考えることはできない。このよう

な地理的な位置関係をみても、邪馬台国の所在地は北部九州の中に求めるのが適当であろう。

## 邪馬台国「七万余戸」と弥生遺跡

邪馬台国の所在地を北部九州の域内とすると、九州説の難点とされる主な理由に、『魏志』に伝える邪馬台国の戸数、「七万余戸」の記述がある。邪馬台国九州説においては、遺跡に対する異論が多い。その大きな理由は、邪馬台国時代の北部九州においては、戸数「二万余戸」の奴国、あるいは伊都国をはるかに超える遺跡は認め難い、ということである。

それは大正期以来、北部九州の遺跡踏査を重ねた中山平次郎（1871〜1956）が、九州説の有力候補地である筑後山門郡には際だった遺跡がみられないとし、邪馬台国九州説を否定した大きな理由である。

当時、九州考古学の現状に最も通じた中山が、この踏査の結果をもって邪馬台国大和説を支持するのであれば、考古学上から中山の見解を否定することは、かなり困難な状況であったであろう。

小林行雄も、「三世紀のことはわからないが、一、二世紀でも、また四、五世紀でも、九州地方に奴国より戸数の多い国がありえたと想像することは、考古学的には不可能である。これは邪馬台国九州説にとって、致命的ともいえる難点となろう。」と述べている（小林行雄『女王国の出現』）。

しかし、北部九州において奴国をはるかに上回るという遺跡がみられないというのであれば、それは近畿大和の遺跡と比較した上のことでなければならないであろう。先にふれた大和の弥生時代の大型遺跡の多くは、すでに大正期には知られている遺跡ばかりで、今後これらを凌ぐ新たな大型集落遺跡が見つかることは、まず考えられない。しかも、これらの遺跡は、内容をみても奴国の遺跡に及ぶものではない。また纏向遺跡は、時期や性格も異なる上、対外交流や鉄器生産をみても比較にならない。むしろ庄内式の末期には、奴国域より鉄器生産技術を受容しているような立場の遺跡である。

北部九州において、奴国以上の遺跡の存在が考え難いということは、近畿大和においても、同じことという以上に、さらに不可能なことになるのである。

邪馬台国の戸数、「七万余戸」の文言は、文献上のことである。奴国をはるかに超えるとい

う大遺跡は、弥生時代の北部九州・近畿大和、いずれの地域においても認め難いといえそうである。

## 卑弥呼の宮殿の行方

このような遺跡の現状をみると、女王が都する所とされた邪馬台国中枢に相当する遺跡は、必ずしも湾岸地域にある奴国級の大型遺跡であると想定することはできないであろう。

邪馬台国の位置を北部九州に考えている斎藤忠は、このような立場にあり、「宗教的な性格をもった女王の国は、一大率のおかれた怡土国《(ママ)》などよりも戸数も少く、ただ神聖な環境にあったことをも否定すべきではなかろう。したがって、必ずしも遺跡・遺物の豊富な地を絶対の条件として求める必要もないのではなかろうか。」と述べている（斎藤忠『古墳文化と古代国家』）。

もし、女王卑弥呼の宮殿が、このような遺跡であったとするならば、やはり後の大和の宮との類似性を想起しないわけにはいかない。大和においては、古墳時代の宮とされる遺構は、未だに明らかではない。飛鳥時代においても後半期にならないと、宮の実態というものが、遺跡

として確認できないのである。

その理由の一つに、古墳時代の宮は、おそらく弥生時代の中心的な環濠集落のように、長期にわたり、人口が集中する大型の遺跡とは、異なるものであろうと考えられる。先に都と港の関係より、邪馬台国と後の大和の都との関係についてふれたが、卑弥呼の宮殿の位置についても、このように感じるところが多い。北部九州においては、奴国や伊都国のような交易や生産で栄える港湾都市が都となるのが、むしろ自然なことのように思われよう。

しかし邪馬台国は、このような自然発生的な好立地な条件にある大型遺跡ではないとなれば、むしろ、後の大和の宮のように、交易などよりも対外関係や安全性を意図した都として、その位置するところが選択されていることも考えられるのである。邪馬台国の都についても、時代と地域は異なってはいても、後の大和の宮と何かしら通じるところがあるように思えるのである。

## 東アジアの3世紀

邪馬台国所在地論の根底には3世紀の日本において、列島規模の統一政権が存在したのか、という問題がある。その時期については、すでに東洋史・古代史の多くがそれを4世紀に求めている。

この問題について、古代史家の平野邦雄は、3世紀の段階で朝鮮半島の韓族が小国分立の状態にあるとき、倭のみが畿内ヤマトによる統合を遂げたはずはない、という白鳥庫吉・橋本増吉の説についてふれ、さらに、「これらの学説は、明治、大正時代にすでに唱えられていた古典的な学説であるが、現在でも古代史学の中枢にある。これを覆すには、それなりの説得性のある実証をともなわなければならない。」と述べている（平野邦雄『邪馬台国の原像』）。

また、東洋史家の和田清（1890〜1963）も、邪馬台国の頃の極東アジアでは夫余・高句麗だけがわずかに統合的形成を作りかけていたが、ほかはその域に至らずとし、その中で日本のみが独り統一しているはずはないとする。

そして、「考古学者が「大和地方から当時の遺物と見るべき立派なものが沢山出るから、大

和こそ女王国であるべきだ」といふ説の如きは、到底一顧の価値だも《ママ》ない。」と断定的に述べている（和田清「魏志倭人伝に関する一解釈」）。

近代において、邪馬台国の検討は、まず内藤湖南・白鳥庫吉という東洋史家によって始まったことでも分かるように、この問題は、基本的に3世紀の東アジア・中国史にかかわるものである。

邪馬台国の時期の日本が統一していたのか否か、という根本的な問題をまず重視した古代史・東洋史の視点に対して、考古学の大勢としては3世紀のことでありながら、大型古墳の存在と関係づけたり、あるいは三角縁神獣鏡のような個別的な考古資料に拘泥するきらいがあったということは否めない。

## 邪馬台国と大和政権の間

以上のように、大和の遺跡・古墳の実態からは、3世紀の大和地域に、邪馬台国の存在を認めることはできない、ということができる。

大正期において、高橋健自が述べたような、考古学からみて邪馬台国が近畿大和か北部九州かという、第一次的な解決をはかることについては、現在の考古資料の総合的な見地からも十分可能であると思う。

しかし、考古学による邪馬台国の解明においては、その所在地と共に、さらに大きな問題がある。それはかつて、中山平次郎がしきりに唱えた、北部九州の弥生文化と近畿の前期古墳文化との連続性という考古学的事実である。大和の前期大型古墳では、銅鏡や腕輪形石製品の多量副葬など、中山が指摘した事実が今日に至ってもさらに事例を加えており、その関連性はもはや疑いえないからである。

けれども、中山が提起したこの問題については、これまで考古学、特に邪馬台国大和説からの見解というものは、全くといってよいほどみることはできない。それが邪馬台国問題の核心であるにもかかわらず、大和説ではとうてい説明ができるものではないからであろう。

これまでみたように、弥生・庄内期の大和地域は、北部九州地域とは大きな違いがみられる。その大和が古墳時代に入ると、突如として大型前方後円墳の出現地になることは、むしろ意外な感がある。古代大和の発展は古くからと思われがちであることが、邪馬台国大和説の根底に

あったわけだが、それは必ずしも自明のこととはいえないのである。

今後は、邪馬台国の地域内の位置問題と共に、考古学的には、まだ不十分な3・4世紀の考古資料の時間的な対応関係をさらに明確にすることが必要となろう。そして、『魏志』以降の時代については、この間の文献史料がほとんどなく、邪馬台国のその後の動向については全く不明な状況にある。

このため、邪馬台国からいわゆる大和政権の確立までの過程を解明するためには、今後の考古学的検証にかかっており、本来の邪馬台国問題の解明は、むしろこれからのことといえよう。

# おわりに

邪馬台国の所在地は、古代国家の形成を考えるにあたり、その前提となるものである。細部の位置は不明であっても、少なくとも九州か大和かということすら分からないということは、その出発点が定まらないということである。そのような状態で今日に及んできたわけである。しかし、今後もこの状態が続くようであれば、もはやこの問題は古代研究の障害という以外、何物でもないだろう。それが、あえてこのような形で本書にまとめた大きな理由である。

結論は、九州説の内容を肯定するというよりも、大和説は成り立たないという、いわば消去法による邪馬台国位置論という結果になった。この時期の大和からみれば、やはり楽浪・帯方郡は遠いと感じないわけにはいかないのである。

これまでの邪馬台国論には、非常な蓄積があり、その中には大作や今後に続く優れた有益な論も多い。ただし、これまでは北部九州と対比すべき大和の状況が不明確で、双方が同じ条件

で比較できる状況にはなかった。それが、ここまでこの問題が長引いた大きな理由であろう。しかし、今日では大和の状況、特に纒向遺跡と箸墓古墳の内容がある程度分かってきた以上、もはや決着はついたのではないか、というのが間近に見てきた著者の立場である。

また、『魏志』は中国正史であるため、位置問題についても、これまで特に東洋史家を中心とした解釈と大局的な観点により、文献上からは、ほぼ九州説が大勢であるといえるのが主な邪馬台国論考を通覧してみた感想である。

一貫して大和説を唱えた小林行雄も、「……『倭人伝』に記された内容には、一字一句の疑いをもいだかないという立場をとれば、邪馬台国の所在地としては、当然、九州説をとるほかはないのである。」と述べているとおりなのである（小林行雄『古墳時代の研究』）。

結果は考古の視点からみても同じ結論になったものと思っている。考古であれば、明確な事実をそのまま解釈するのが通例だが、大和説においては「伝世鏡論」などのように、そこに改変なり理屈を加えないと成り立たないため、大勢を変えるまでには至らないという印象がある。

また、大和説の大きな問題は、これまでよりその基本となるべき基準を変えてきたことであ

ろう。特に狗奴国の位置を近畿のさらに東方にあてるということは、内藤湖南も述べてはいないし、古墳の出現時期をさらに遡らせることは、小林行雄も認めていないことである。

これら大和説の重鎮たちが示した重要な基準を変えるのであれば、相当の根拠が必要となるが、それなくして簡単に変更するということは、それまでの長い経緯や研究実績を考慮していないということにもなる。それが矛盾を避けるための変更であっても、大和説自体の信用性を高めることにはならず、さらにこの問題の解決を先に延ばすことにしかならないのである。

邪馬台国大和説は、長く唱えられ、またその影響力も強かったが、まずは考古の示す事実結果というものを正しく受け止めないことには、そこから次の段階へ向けて、古代史への新たな歴史意識を生成することはできないであろう。いずれにしろ、この時期の基本的な事実の前後関係を整理することにより、古代史の流れというものはかなり見通しがよくなるはずである。

そして、古墳時代のはじまりのような大きな転換期については、国内の動向からではとうてい説明がつかない。それが邪馬台国から続く古代史の根底にあるとみてよいであろう。

邪馬台国にかかわり、大和という地域の内側から見た感想を述べたわけだが、この位置問題

は高橋健自が述べるように、あくまでも第一次問題である。今後は、これまでの厚い研究史や対外関係にも目配りをしながら、さらに資料の検討を重ねていきたいと思っている。

考古という立場上、煩雑な説明となったところが多かったが、邪馬台国に関心を持つ方々のご参考になれば幸いである。

# 引用・参考文献


石田英一郎編　1966『シンポジウム　日本国家の起源』角川書店

梅原末治　1933「讃岐高松石清尾山石塚の研究」『京都帝国大学文学部考古学研究報告』

梅原末治　1940「上代古墳出土の古鏡に就いて」『鏡剣及玉の研究』吉川弘文館

大阪府立弥生文化博物館　2004『大和王権と渡来人』

大三輪町役場　1959『大三輪町史』

笠井新也　1924「卑弥呼即ち倭迹迹日百襲姫命（一）」『考古学雑誌』第14巻第7号

笠井新也　1942「卑弥呼の冢墓と箸墓」『考古学雑誌』第32巻第7号

笠井新也　1943「箸墓古墳の考古学的考察」『考古学雑誌』第33巻第3号

笠井倭人　1983「前人未発の大和説をうち立てた笠井新也」『季刊　邪馬台国』16号　梓書院

川越哲志　2000『弥生時代鉄器総覧（東アジア出土鉄器地名表Ⅱ）』広島大学文学部考古学研究室

川部浩司　2009『大和弥生文化の特質』学生社

上牧町教育委員会　2015『上牧久渡古墳群発掘調査報告書』

喜田貞吉　1914「古墳墓年代の研究」『歴史地理』第24巻第5・6号
小林行雄　1959a『古墳の話』岩波書店
小林行雄　1959b「古墳がつくられた時代」『世界考古学体系　第3巻　日本Ⅲ　古墳時代』平凡社
小林行雄　1960a「女王と魏の鏡」『図説世界文化史体系』日本Ⅰ　角川書店
小林行雄　1960b「御肇国天皇」『図説世界文化史大系』日本Ⅰ　角川書店
小林行雄　1961a「古墳時代はいつごろはじまったか」『古墳時代の研究』青木書店
小林行雄　1961b「三角縁神獣鏡の問題」『古墳時代の研究』青木書店
小林行雄　1967『女王国の出現』文英堂
小林行雄　1976「神功・応神紀の時代」『古墳文化論考』平凡社
小林行雄　1979「総論・古墳の年代」『考古学ジャーナル』№164
小林行雄・近藤義郎　1959「古墳の変遷」『世界考古学大系』3　日本Ⅲ　平凡社
近藤義郎　2001『前方後円墳と吉備・大和』吉備人出版
近藤義郎・春成秀爾　1967「埴輪の起源」『考古学研究』第13巻第3号
斎藤　忠　1966a『古墳文化と古代国家』至文堂

斎藤　忠　1966b「考古学から見た邪馬台国」『シンポジウム　邪馬台国』創文社
斎藤　忠　1966c「崇神天皇陵に関する考古学上よりの一試論」『古代学』第13巻第1号
斎藤　忠　1997『斎藤忠著作選集』3　雄山閣
佐伯有清編　1981『邪馬台国基本論文集Ⅰ・Ⅱ』創元社
酒井龍一　1977「古墳造営労働力の出現と煮沸用甕」『考古学研究』第24巻第2号　考古学研究会
桜井市文化財協会　2006『東田大塚古墳』
桜井市纒向学研究センター・桜井市教育委員会　2013『纒向遺跡発掘調査概要報告』桜井市埋蔵文化財発掘調査報告書　第40集
桜井市立埋蔵文化財センター　2007『ヤマト王権はいかにして始まったか』
島本　一　1937「太田遺跡随録」『大和志』第4巻第11号　大和国史会
末永雅雄　1963「新沢千塚古墳群」『奈良県観光』第84号　奈良県観光新聞社
末永雅雄・小林行雄・中村春寿　1938「大和に於ける土師住居址の新例」『考古学』第9巻第10号
関川尚功　1986「近畿・庄内式土器の動向」『三世紀の九州と近畿』河出書房新社
関川尚功　2009「土器からみたホケノ山古墳と箸墓古墳」『季刊　邪馬台国』102号　梓書院

関川尚功　２０１１「考古学から観た箸墓古墳の年代」『情報考古学』Vol. 17、№ 1、2
関川尚功　２０１２「考古学から観た箸墓古墳の年代」（再録）『季刊　邪馬台国』第１２６号　梓書院
関川尚功　２０１５ａ「考古学から観た邪馬台国大和説への疑問（１）」『季刊　邪馬台国』第１２６号　梓書院
関川尚功　２０１５ｂ「考古学から観た邪馬台国大和説への疑問（２）」『季刊　邪馬台国』第１２７号　梓書院
関川尚功　２０１６ａ「考古学からみて邪馬台国大和説は成り立つか？」『季刊　邪馬台国』第１２９号　梓書院
関川尚功　２０１６ｂ「考古学から観た邪馬台国大和説への疑問（３）」『季刊　邪馬台国』第１３０号　梓書院
関川尚功　２０１８「邪馬台国大和説と箸墓古墳・纒向遺跡」『季刊　邪馬台国』第１３４号　梓書院
関川尚功　２０１９ａ「上牧銅鐸と大和の銅鐸出土地」『奈良県内市町村埋蔵文化財技術担当者連絡協議会年報—平成30年度—』
関川尚功　２０１９ｂ「近畿の考古資料からみた狗奴国」『「狗奴国東海説」再考』考古学研究会東海支部
関川尚功　２０１９ｃ「大和型庄内甕の出現とその意義」『古墳出現期土器研究』第６号
高槻市教育委員会　１９９９『邪馬台国と安満宮山古墳』吉川弘文館
田中　琢　１９６５「布留式以前」『考古学研究』第12巻第2号
田辺昭三　１９６８『謎の女王卑弥呼』徳間書店

高橋健自　1922「考古学上より観たる耶馬台国」『考古学雑誌』第12巻第5号
田原本町教育委員会　1997「清水風遺跡第2次調査」『田原本町埋蔵文化財調査年報1996年度』
田原本町教育委員会　2008『唐古・鍵遺跡Ⅰ』
田原本町教育委員会　2013『弥生の王都　唐古・鍵』
都出比呂志　1986「墳丘築造以前の土器」『京都府山城町　椿井大塚山古墳』山城町教育委員会
都出比呂志　2005『前方後円墳と社会』塙書房
坪井清足　1956『岡山県笠岡市高島遺跡調査報告』
天理市教育委員会　2000『西殿塚古墳　東殿塚古墳』
天理大学附属天理参考館分室編　1998『別所裏山遺跡・豊田山遺跡発掘調査報告』埋蔵文化財天理教調査団
富岡謙蔵　1920『古鏡の研究』
中村一郎・笠野　毅　1976「大市墓の出土品」『書陵部紀要』第27号
中村俊夫他　2012「シンポジウム「炭素14年代法と箸墓古墳の諸問題」（第3回）」『情報考古学』Vol.18　No.1、2
中山平次郎　1929「須玖岡本の鏡片研究（三）」『考古学雑誌』第19巻第2号
中山平次郎　1929「考古学上より見たる神代史」『考古学雑誌』第19巻第10号

中山平次郎　1931「邪馬台国及び奴国に関して」『考古学雑誌』第21巻第5号
奈良県立橿原考古学研究所編　1976『纒向』桜井市教育委員会
奈良県立橿原考古学研究所　1996『中山大塚古墳』
奈良県立橿原考古学研究所　2002『箸墓古墳周辺の調査』
奈良県立橿原考古学研究所　2008『ホケノ山古墳の研究』
奈良県立橿原考古学研究所　2011「桜井茶臼山古墳第7・8次調査概要報告」『東アジアにおける初期都宮および王墓の考古学的研究』
奈良県立橿原考古学研究所　2018『黒塚古墳の研究』
奈良県立橿原考古学研究所附属博物館　2005『巨大埴輪とイワレの王墓』
奈良県立橿原考古学研究所附属博物館　2009『銅鐸』
西嶋定生　1966「古墳出現の国際的契機」『日本の考古学』Ⅳ　月報4　河出書房
西嶋定生　2002『西嶋定生東アジア史論集』第4巻　岩波書店
橋本増吉　1923「邪馬台国の位置に就いて」『史学』二—三、四
原口正三　1968「大阪府松原市上田町遺跡の調査」『大阪府立島上高等学校研究紀要』復刊第3号

原口正三・田中　琢ほか　1962『河内船橋遺跡出土遺物の研究(2)』大阪府教育委員会
春成秀爾　1984「箸墓古墳の埴輪」『国立歴史民俗博物館研究報告』第3集
平野邦雄　2002『邪馬台国の原像』学生社
藤沢一夫　1994「わかき小林行雄氏との交流」『小林行雄先生追悼録』
藤田三郎　2019『唐古・鍵遺跡』新泉社
北條芳隆　2014「纒向遺跡出土の巴形石製品に接して」『纒向学研究』第2号
森岡秀人・西村　歩　2006「古式土師器と古墳の出現をめぐる諸問題」『古式土師器の年代学』大阪府文化財センター
森　浩一　1971「脚光をあびる古墳」『大和百年の歩み』文化編
森　浩一・石部正志　1966「畿内およびその周辺」『日本の考古学』Ⅳ　河出書房
森　暢郎　2014「纒向遺跡出土の巴形石製品について」『纒向学研究』第2号
森本六爾・小林行雄　1939『弥生式土器聚成図録』東京考古学会
和田　清　1947「魏志倭人伝に関する一解釈」『歴史』第1巻第1号

### ま行



### ら行



### わ行

た行



な行



は行

## 索引

### あ行



### か行



### さ行

**〈著者プロフィール〉**

**関川　尚功**（せきがわ　ひさよし）

1951 年、長野県生まれ。関西大学文学部史学科卒業。
1974 年、奈良県立橿原考古学研究所入所。
学生時代を含め約 40 年、大和の遺跡や古墳の発掘と検討に携わる。
纒向遺跡、藤ノ木古墳、太安萬侶墓などの調査に従事。
2011 年、橿原考古学研究所を退職。
著作に、石野博信先生と共著『纒向』、橿原考古学研究所の論文掲載多数。

**考古学《こうこがく》から見《み》た邪馬台国《やまたいこく》大和説《やまとせつ》　～畿内《きない》ではありえぬ邪馬台国《やまたいこく》～**

初版　2020 年　9 月 20 日発行
3 刷　2024 年　7 月 20 日発行

著　者　関川尚功

発行者　田村志朗

発行所　㈱梓書院
〒 812-0044 福岡市博多区千代 3-2-1
tel 092-643-7075　fax 092-643-7095

印刷・製本 / 亜細亜印刷



ISBN978-4-87035-680-1

## ◆弦書房の本

### 九州遺産　近現代遺産編101

**砂田光紀**　近代九州を作りあげた遺構から厳選した101箇所を迫力ある写真と地図で詳細にガイド。産業遺産（橋、ダム、灯台、鉄道施設、炭鉱、工場等）、軍事遺産（飛行場、砲台等）、生活・商業遺産（役所、学校、教会、劇場、銀行等）を掲載。〈A5判・272頁〉【9刷】2000円

### イタリアの街角から
スローシティを歩く

**陣内秀信**　太陽と美食の迷宮都市、南イタリアのプーリア州を皮切りに、イタリアの建築史、都市史の研究家として活躍する著者が、路地を歩き、人々とふれあいながら、イタリアの都市の魅力を再発見。蘇る都市の秘密に迫る。〈四六判・260頁〉【3刷】2100円

### 田んぼは野鳥の楽園だ

**大田眞也**　田んぼに飛来する鳥一七〇余種の観察記。豊かな自然＝田んぼの存在価値を鳥の眼で見たフィールドノート。春夏秋冬それぞれに飛来する鳥の生態を克明に観察、撮影、文献も精査してまとめた田んぼと鳥と人間の博物誌。〈A5判・270頁〉2000円

### ツバメのくらし写真百科

**大田眞也**　四季折々のツバメの素顔をいろいろな角度、場所で撮影。春の渡来から秋の渡去、さらに越冬するツバメにもカメラを向ける写真版ツバメの生態観察記。好評の『ツバメのくらし百科』のビジュアル版。【カラー写真200点】〈A5判・159頁〉1900円

＊表示価格は税別

◆弦書房の本

## 米旅・麺旅のベトナム

**木村聡**　フランスの植民地、ベトナム戦争の経験さえも取り入れながら育まれた豊かな米食文化の国「ベトナム」を30年以上にわたって取材し続けた写真家による写真記録集。もうひとつの瑞穂の国・箸の国は、懐かしさと驚きにあふれていた　〈A５判・２２０頁〉　**１８００円**

## 博多ふるさと野菜

**博多ふるさと野菜を語る会編**　博多の食文化が育んだ博多野菜は三大地方野菜のひとつ。生産者、研究者、市場関係者、食文化研究家、料理人など食に関わるさまざまな人たちが、ふるさとの野菜の特長とおいしい食べ方を紹介する。　〈A５判・１３６頁〉　**１５００円**

## 外来食文化と日本人

**八百啓介・九州外来食文化研究会編**　ロールケーキで町おこし、ブランド飴「三官飴」、彩色おこわ、泡立つお茶、バナナと砂糖の話など食の多様性を紹介。「外来食」はどのように受容され定着し、さらに海外へ発信されるまでに成長したのか。〈四六判・１８０頁〉　**１８００円**

## 砂糖の通った道
### 菓子から見た社会史

**八百啓介**　砂糖と菓子の由来を訪ねポルトガル、長崎、台湾へ。それぞれの菓子はどのような歴史的背景の中で生まれたのか。長崎街道の菓子老舗を訪ね、ポルトガルの菓子を食べ、史料を分析して見えてくる〈菓子の履歴書〉　〈四六判・２００頁〉　**【２刷】　１８００円**

＊表示価格は税別

〈著者略歴〉

宮田静一（みやた・せいいち）

昭和二四年（一九四九）、大分県宇佐市生まれ。昭和四七年（一九七二）、日本獣医畜産大学卒業。安心院町の国営パイロット事業で三ヘクタールのぶどう農園を開園。平成一五年（二〇〇三）国土交通省観光カリスマ百選「農村民泊さきがけのカリスマ」として選定される。

NPO法人安心院町グリーンツーリズム研究会会長。NPO法人大分県グリーンツーリズム研究会会長。未来ある村 日本農泊連合代表。著書に『しあわせ農泊――安心院グリーンツーリズム物語――』（西日本新聞社、二〇一〇）。

農《のう》泊《はく》のススメ

二〇二〇年十一月三十日発行

編著者 宮《みや》田《た》静《せい》一《いち》

発行者 小野静男

発行所 株式会社 弦書房
（〒810・0041）
福岡市中央区大名二―二―四三
ELK大名ビル三〇一
電　話　〇九二・七二六・九八八五
FAX　〇九二・七二六・九八八六

組版・製作　合同会社キヅキブックス
印刷・製本　シナノ書籍印刷株式会社



ISBN978-4-86329-216-1 C0076